Assessment-Center-Training für Führungskräfte

Christian Püttjer und **Uwe Schnierda** kennen die Wünsche und Hoffnungen, aber auch Sorgen und Nöte von Bewerberinnen und Bewerbern seit rund 20 Jahren. Ihre umfassenden Erfahrungen aus der Optimierung von Bewerbungsunterlagen, aus Einzelcoachings und aus Seminaren bringen sie in ihre praxisnahen Ratgeber ein, die exklusiv im Campus Verlag erscheinen. Die konkreten Tipps, die klare Sprache und die motivierende Unterstützung von Püttjer & Schnierda haben schon über einer Million Leserinnen und Lesern weitergeholfen.

PÜTTJER & SCHNIERDA

Assessment-Center-Training für Führungskräfte

Die wichtigsten Übungen –
die besten Lösungen

Campus Verlag
Frankfurt/New York

Bibliografische Information der Deutschen Nationalbibliothek:
Die Deutsche Nationalbibliothek verzeichnet diese Publikation in der
Deutschen Nationalbibliografie. Detaillierte bibliografische Daten
sind im Internet unter http://dnb.d-nb.de abrufbar.
ISBN 978-3-593-39319-3

9., überarbeitete Auflage 2010

Das Werk einschließlich aller seiner Teile ist urheberrechtlich geschützt.
Jede Verwertung ist ohne Zustimmung des Verlags unzulässig. Das gilt
insbesondere für Vervielfältigungen, Übersetzungen, Mikroverfilmungen
und die Einspeicherung und Verarbeitung in elektronischen Systemen.
Copyright © 2001 Campus Verlag GmbH, Frankfurt am Main. © der über-
arbeiteten Auflage 2010 Campus Verlag GmbH, Frankfurt am Main.
Umschlagfoto: Becker Lacour, Frankfurt/Main
Gestaltung: hauser lacour, Frankfurt/Main
Satz: Publikations Atelier, Dreieich
Druck und Bindung: Beltz Druckpartner, Hemsbach
Gedruckt auf Papier aus zertifizierten Rohstoffen (FSC/PEFC).
Printed in Germany

Besuchen Sie uns im Internet: www.campus.de

Inhalt

Vorwort zur 9. Auflage 9

Bewerben mit der Püttjer & Schnierda-Profil-Methode® 11

Unser Training für Ihr Assessment-Center 13
    Sondersituation Assessment-Center 14
    Erfolg durch Vorbereitung 15

1. **Der Siegeszug des Assessment-Centers** 18
    Verbreitung und Einsatz 19
    Typische Übungen 25
    Schwächen im Verfahren 30

2. **Erwartungen der Unternehmen** 35
    Fachliche Kompetenz 37
    Soziale Kompetenz 39
    Methodische Kompetenz 41

3. **Subjektive Faktoren der Bewertung** 44
    Allgemeine Wahrnehmungs- und Bewertungsfehler 46
    Typologie der Beobachter 54

4. **Beispielhafte Abläufe von Assessment-Centern für Führungskräfte** 60
    Mitarbeiterpotenzialanalyse
    bei einem Telekommunikationsunternehmen 61
    Assessment-Center
    bei einem Automobilunternehmen 62
    Assessment-Center bei einer Krankenkasse 64
    Assessment-Center bei einer Landesbank 65
    Assessment-Center bei einem Warenhauskonzern 67
    Management-Audit bei
    einem Telekommunikationsunternehmen 68

5. Einzelassessment ... 70
   Einschätzung von Top-Kandidaten ... 71
   Übungen im Einzelassessment ... 73

6. Gut informiert: Auf der Suche nach Interna ... 76
   Ein Bild aus verschiedenen Perspektiven ... 78

7. Selbstpräsentation ... 80
   Fehler bei der Selbstpräsentation ... 81
   Gelungene Selbstpräsentation ... 87
   Schema für die Selbstpräsentation ... 88
   Kommunikationstricks für die Selbstpräsentation ... 92
   Der Einsatz der Selbstpräsentation ... 100

8. Heimliche Übungen ... 104
   Anfangsphase ... 107
   Kaffee- und Mittagspausen ... 109
   Schlussphase ... 112

9. Gruppendiskussionen ... 117
   Themenstellungen ... 121
   Überzeugungsstrategien ... 134
   Ausgewählte Übungen zur Vorbereitung ... 150

10. Konstruktionsübungen ... 158
    Darauf sollten Sie achten ... 158

11. Rollenspiele ... 161
    Die Relevanz für den beruflichen Alltag ... 162
    Mitarbeitergespräch ... 164
    Kundengespräch ... 173
    Körpersprache im Rollenspiel ... 182

12. Vorträge ... 187
    Vortragsthemen ... 189
    Vortragstypen ... 191
    Vorbereitung von Vorträgen ... 193
    Körpersprache im Vortrag ... 206

13. Aufsätze 211
Aufsatztypen 213
Formale Gestaltung 216

14. Postkorb 218
Sinn und Zweck des Postkorbs 219
Techniken zur Bewältigung 220
Übung Postkorb 224

15. Fallstudien und Business-Cases 235
Übung Fallstudie: Cosmetics Worldwide AG 237

16. Tests 247
Intelligenztests 248
Konzentrationstests 250
Persönlichkeitstests 253
Lösungen 255

17. Job-Interviews 258
Selbsteinschätzung und Leistungsmotivation 260
Stärken und Schwächen 266
Emotionale Stabilität und Stressresistenz 272
Körpersprache im Job-Interview 274

18. Selbst- und Fremdeinschätzung 278
Peer-Ranking und Peer-Rating 279

19. Englisch – die neue Herausforderung 282
Ihre Selbstpräsentation auf Englisch 282
Englisch im Job-Interview 283

Fit für das Assessment-Center 288

Register 289

Vorwort zur 9. Auflage

Sie möchten sich auf ein Assessment-Center vorbereiten? Sie möchten erfahren, was Sie in diesem Auswahlverfahren erwartet? Und Sie möchten wissen, wie Sie sich gut vorbereiten können? Dann empfehlen wir Ihnen dieses Buch, das mittlerweile in der neunten Auflage vorliegt.

Tipps aus der Praxis

Seit fast 20 Jahren coachen und trainieren wir Führungskräfte, damit sie in Assessment-Centern besser abschneiden. Dabei bekommen wir ständig Informationen aus erster Hand, die natürlich auch in diesen Ratgeber eingeflossen sind. Diese Informationen geben wir gerne an Sie weiter, damit Sie in Ihrem Assessment-Center ebenfalls mit einem souveränen Auftritt überzeugen.

Dieser Praxisratgeber ist an unser Vorgehen im Coaching angelehnt: Schritt für Schritt machen wir Sie mit den unterschiedlichen Übungstypen vertraut. Sie lernen gängige Aufgabenstellungen kennen, erhalten wertvolle Hintergrundinformationen darüber, worauf Personalentscheider achten; Sie erfahren, welche typischen Fehler unvorbereitete Kandidaten machen, und lernen, wie Sie es besser machen können.

Die Erfahrung bestätigt es immer wieder: Assessment-Center sind keine Selbstläufer! Wer Mitarbeitergespräche ohne Kommunikationstechniken, seine Selbstpräsentation ohne ein klares berufliches Profil, Gruppendiskussionen ohne Moderationswissen und Vorträge unstrukturiert und ohne Kernbotschaften angeht, hat schlechte Karten.

Punkten Sie mit guter Vorbereitung

Wir möchten Sie optimal auf ein Assessment-Center vorbereiten. Trainieren Sie mit uns! Natürlich können wir Sie nicht bis ins letzte Detail auf das Assessment-Center vorbereiten, das gerade Sie erwartet. Wir bekommen aber von Leserinnen und Lesern per E-Mail und auch in unserer Beratungspraxis immer wieder bestätigt, dass die gründliche Auseinandersetzung mit typischen Aufgabenstellungen, häufigen Fehlern und überzeugenden Argumentationsstrukturen dabei hilft, im Assessment-Center deutlich besser abzuschneiden.

Und darauf kommt es uns auch an: Wir möchten, dass Sie verstehen, was die Firmen in einem Assessment-Center von Ihnen erwarten und wie Sie diesen Erwartungen gerecht werden können.

Jetzt stellen wir Ihnen noch kurz die Grundlage unserer Beratungstätigkeit vor, die von uns entwickelte Profil-Methode®. Und dann geht es los mit Ihrem Assessment-Center-Training.

Wir wünschen Ihnen für Ihr Assessment-Center viel Erfolg!

Christian Püttjer & Uwe Schnierda

Bewerben mit der Püttjer & Schnierda-Profil-Methode®

Gesichtslose Massenbewerber machen es sich und den Unternehmen unnötig schwer, zueinander zu finden. Machen Sie es besser: Sie werden sich im Bewerbungsverfahren mehr Gehör verschaffen, wenn Sie Ihr Profil vermitteln können. Die Profil-Methode®, die wir dazu in unserer fast 20-jährigen Beratungspraxis entwickelt haben, hat schon vielen Bewerbern zu mehr Erfolg verholfen (www.karriereakademie.de).

Drei Kernelemente kennzeichnen die Profil-Methode®: Punkten Sie mit einem passgenauen Auftritt, vermitteln Sie Ihre Stärken, und treten Sie glaubwürdig auf.

1. Passgenauigkeit: Je besser Sie im Assessment-Center auf die Anforderungen eingehen, desto höher ist Ihre Erfolgsquote. Machen Sie sich den Blick der Personalverantwortlichen zu eigen. Argumentieren Sie von den Anforderungen der zu vergebenden Stelle her. So wird Ihr Auftritt passgenau.

2. Stärkenorientierung: Niemand lässt sich durch Krisen- und Problemschilderungen von etwas überzeugen – auch Unternehmen nicht! Verzichten Sie auf Selbstabwertungen, stellen Sie lieber Ihre Vorzüge in den Mittelpunkt Ihrer Bewerbung. So werden Ihre Stärken sichtbar.

3. Glaubwürdigkeit: Verbiegen Sie sich nicht im Auswahlverfahren, Ihre Persönlichkeit ist gefragt! Verstecken Sie sich nicht hinter Leerfloskeln und abstrakten Formulierungen, liefern Sie stattdessen nachvollziehbare Beispiele, die Ihren Auftritt mit Leben füllen. So gewinnen Sie Glaubwürdigkeit.

Alle im Campus Verlag erschienenen Bewerbungsratgeber von Püttjer & Schnierda basieren auf der Profil-Methode®. Erfahren Sie in diesem Ratgeber, wie Sie Schritt für Schritt Ihr eigenes Profil entwickeln und vermitteln können.

Unser Training für Ihr Assessment-Center

Vielen Führungskräften läuft ein Schaudern über den Rücken, wenn sie den Begriff »Assessment-Center« hören. Kein anderes Personalauswahlverfahren löst so starke Emotionen aus wie das Assessment-Center. Dabei handelt es sich eigentlich »nur« um ein Einschätzungsverfahren. Unternehmen wollen mit dieser Methode das Potenzial von Bewerberinnen und Bewerbern ausloten. Im Mittelpunkt dieses Verfahrens stehen die außerfachlichen Kompetenzen, also zum Beispiel Durchsetzungsvermögen, Teamfähigkeit, Kreativität, Belastbarkeit, Kommunikationsfähigkeit oder analytisches Denkvermögen.

Außerfachliche Kompetenzen stehen im Mittelpunkt

Die Beurteilung der außerfachlichen Kompetenz kann eigentlich kein Grund sein für die starken emotionalen Reaktionen, die Bewerber zeigen, wenn es um Assessment-Center geht. Denn auch in Vorstellungsgesprächen wird ja nicht nur die fachliche Eignung von Bewerbern hinterfragt: Personalverantwortliche versuchen, die Persönlichkeit der Bewerber einzuschätzen. Auch in unternehmensinternen Weiterbildungsmaßnahmen spielt der Ausbau der außerfachlichen Kompetenz eine zentrale Rolle. Führungskräfte nehmen regelmäßig an Seminaren und Trainings zur Verbesserung ihrer Präsentationstechniken, ihrer Gesprächstechniken in der Beratung und im Verkauf und zum Ausbau ihrer Motivations- und Führungsfähigkeit teil. In diesen Seminaren und Trainings werden den Teilnehmern klare Vorgaben für das erwünschte Verhalten gemacht. Schließlich geht es darum, sich ein höheres Level der eigenen Fähigkeiten zu erarbeiten.

Unnötige Sorgen?!

Im Unterschied zu Weiterbildungsseminaren fehlen im Assessment-Center diese Vorgaben. Es wird für die Teilnehmer nicht deutlich, welches Verhalten das Unternehmen in den einzelnen Übungen erwartet. Ein Feedback über die erzielten Leistungen gibt es – wenn überhaupt – erst am Ende. Die Kandidaten können nach den einzelnen Übungen nicht einschätzen, ob sie erfolgreich waren oder wie sie es hätten

Welches Verhalten wird erwartet?

besser machen können. Diese Unsicherheit werden wir Ihnen mit diesem Ratgeber nehmen. Wir zeigen Ihnen, wie Sie Assessment-Center erfolgreich bestehen und nehmen Ihnen die Furcht durch zielgerichtete Vorbereitung.

Sondersituation Assessment-Center

Die Übungen lassen sich vorbereiten

Die meisten Unternehmen schüren bewusst die Furcht der Bewerber. Man lässt kaum Informationen nach außen dringen, und nur ungern lassen sich die Konstrukteure von Assessment-Centern in die Karten schauen. Viele Unternehmen setzen Standardübungen ein, die bereits in der psychologischen Fachliteratur thematisiert wurden. Aus diesem Grund sind die Unternehmen nicht daran interessiert, dass potenzielle Kandidatinnen und Kandidaten sich schon im Vorfeld ein klares Bild über die Durchführung von Assessment-Centern machen können. Denn die Übungen der verschiedenen Assessment-Center gleichen sich: Es erwartet Sie zum Beispiel fast immer eine Gruppendiskussion, ein Vortrag und ein Rollenspiel. Die Aufgabenstellungen in den Übungen variieren zwar von Unternehmen zu Unternehmen, dennoch ist die Grundstruktur weitgehend gleich.

Da im Assessment-Center oftmals Führungskräfte aus unterschiedlichen Unternehmensbereichen und mit unterschiedlichem Ausbildungshintergrund eingeschätzt werden, müssen die Aufgaben so allgemein gehalten sein, dass sie von allen Teilnehmern bewältigt werden können. Beispielsweise würde eine Aufgabenstellung in der Gruppendiskussion wie »Bewerten Sie die Unterschiede der Produkthaftung im europäischen Vergleich« Bewerberinnen und Bewerbern mit juristischer Vorbildung unzulässige Vorteile verschaffen und das Ergebnis verzerren.

Stellen Sie sich auf allgemein gehaltene Aufgaben ein

Auch die Gefahr, dass die Kandidaten schauspielern und sich im späteren Berufsalltag anders verhalten als im Assessment-Center, veranlasst die Unternehmen dazu, nicht zu viele Informationen über die Durchführung von Assessment-Centern nach außen dringen zu lassen. Der bevorzugte Tipp von Personalexperten lautet daher meist: »Verhalten Sie sich im Assessment-Center ganz natürlich.« Dieser Tipp ist natürlich für die Vorbereitung von keinem großen Nutzen. Denn mit »natürlichem Verhalten« bekommt eine Führungskraft weder ein Assessment-Center noch die beruflichen Aufgaben, mit denen sie tagtäglich konfrontiert wird, in den Griff.

Zum Beispiel sind die »natürlichen« Reaktionen von Menschen auf Stress Angriff oder Flucht. Diese Reaktionen sind sowohl im Berufsalltag als auch im Assessment-Center völlig kontraproduktiv. In Assessment-Centern geht es deshalb nicht um Ihr natürliches Verhalten, sondern um situationsangemessenes Verhalten. Das hat nichts mit Schauspielerei zu tun. Es geht darum, deutlich zu machen, dass Sie über ein methodisches Arsenal verfügen, das Sie bei der Bewältigung beruflicher Aufgaben gezielt einsetzen können. Wenn Sie im Assessment-Center auf die Übung Rollenspiel treffen mit der Aufgabenstellung: »Ein Kunde hat sich über die Qualität unserer Produkte beschwert, sorgen Sie in einem Gespräch dafür, dass er weiter bei uns kauft«, dann müssen Sie zeigen, dass Sie die Situation in den Griff bekommen können. Dies gelingt Ihnen nicht mit »natürlichem Verhalten«, sondern Sie müssen die richtigen Methoden einsetzen, um den Kunden zuerst zu beschwichtigen und dann zu überzeugen. Dabei hilft Ihnen der gezielte Einsatz Ihrer Körpersprache genauso weiter wie die richtige Gesprächstechnik.

Verhalten Sie sich situationsangemessen

In diesem Ratgeber werden wir Ihnen die geeigneten Techniken für alle Übungen in Assessment-Centern vorstellen und Ihnen mit Beispielen die Umsetzung verdeutlichen. Damit werden Sie sich eine Toolbox von Methoden zulegen, mit der Sie die Anforderungen im Assessment-Center bewältigen können.

Gezielter Einsatz der richtigen Methoden

Erfolg durch Vorbereitung

In Assessment-Centern werden berufliche Aufgabenstellungen in komprimierter Form abgebildet, um das Verhalten von Führungskräften in diesen Situationen zu überprüfen. Genauso, wie Sie sich auf Ihre beruflichen Aufgaben mit einer Ausbildung, einem Studium oder Weiterbildungsseminaren vorbereitet haben, sollten Sie sich auch auf Assessment-Center vorbereiten. Die meisten Unternehmen erwarten dies sogar von Ihnen. Wer sich als Führungskraft im Auswahlverfahren nicht auf unbekannte Situationen einstellen kann, dürfte aus Sicht der Unternehmen auch Schwierigkeiten damit haben, neue berufliche Aufgaben zu bewältigen.

Machen Sie sich im Vorfeld mit den gängigen Aufgaben vertraut

Für Ihre Vorbereitung bedeutet dies, dass Sie sich intensiv mit den Übungen, gängigen Aufgabenstellungen, den Besonderheiten der Durchführung und den Vorlieben der Beobachter auseinandersetzen sollten. Führungskräfte sind in unseren Beratungsstunden regelmäßig überrascht, dass sie ihre bisherigen beruflichen Erfahrungen für die Bewältigung von Übungen in Assessment-Centern nutzen können. Denn die Präsentation von Themen, das Führen von Mitarbeitergesprächen, die Diskussion in Arbeitsgruppen und die Anfertigung von Entscheidungsvorlagen gehören zum Arbeitsalltag von Führungskräften. Die Erfahrungen aus dem Tagesgeschäft sind aber nicht alles. Die Situation Assessment-Center stellt zusätzlich besondere Anforderungen.

Auch Ihr Stressverhalten wird überprüft

Die Teilnehmer eines Assessment-Centers müssen nicht nur erfolgversprechend handeln, sie müssen den Beobachtern auch mit ihrem Verhalten deutlich machen, dass sie die richtigen Lösungswege verfolgen. Da der Beobachtungsschwerpunkt auf den außerfachlichen Kompetenzen liegt, hilft der Rückgriff auf Fachwissen nicht viel weiter. Auch die hierarchische Struktur, die die Abstimmung und das Treffen von Entscheidungen im Berufsalltag erleichtert, ist im Assessment-Center nicht vorhanden. Hinzu kommt, dass Kandidaten bewusst unter Druck gesetzt werden, um ihr Stressverhalten zu überprüfen.

BERATUNG

Aus unserer Beratungspraxis
Der strenge Chef

Eine Führungskraft, die aus ihrem Berufsalltag gewöhnt war, kurz angebunden und direkt mit Mitarbeitern zu kommunizieren, bekam in der Übung Mitarbeiter-Kritikgespräch mit diesem Verhalten Schwierigkeiten. In dieser Übung sollte ein Mitarbeiter wegen ständigen Zuspätkommens kritisiert werden. Unsere Führungskraft stieg sofort und direkt in das Gespräch ein mit den Worten: »Sie wissen, warum Sie hier sind. Ein weiteres Zuspätkommen dulde ich nicht. Ich hoffe, dass Sie in Zukunft wissen, was Sie zu tun haben. Ich möchte ungern auf Ihre Arbeitskraft verzichten.«

Der vorgegebene Zeitrahmen des Gesprächs betrug zehn Minuten. Unsere Führungskraft hatte in weniger als einer Minute ihren Gesprächsbeitrag geleistet und wusste dann nicht mehr weiter. Der zu kritisierende Mitarbeiter übernahm nach dieser ersten Minute die Gesprächsführung. Er konfrontierte die Führungskraft damit, dass er wegen wiederkehrender Führungsfehler schon seit längerem auf der Suche nach einer neuen Stelle sei. Er würde von sich aus kündigen. Dann kritisierte er die Arbeitsweise in seiner Abteilung und schwärzte Kollegen an. Die Führungskraft, die Widerspruch nicht gewohnt war, ließ sich völlig überfahren, reagierte viel zu spät und mit der falschen Maßnahme: Sie ging auf die Vorwürfe des Mitarbeiters ein und versprach eine Prüfung der Zustände.

> **Fazit:** Im Assessment-Center müssen Sie damit rechnen, dass Sie ständig unter Druck gesetzt werden. Problemstellungen lassen sich nicht mit hierarchischer Autorität lösen. Außerdem zählen nicht nur die Ergebnisse. Die Beobachter sind vor allem an den Lösungswegen interessiert, die die Kandidaten einschlagen. Die vorgegebene Zeit muss stets voll ausgenutzt werden, um möglichst viele Informationen zu sammeln und Interessen abzugleichen. Nur so lässt sich eine gute Bewertung durch die Beobachter erzielen.

Das Assessment-Center ist kein undurchschaubares Auswahlinstrument. Durch eine gute Vorbereitung lässt sich die Erfolgsquote erheblich steigern. Selbst unter Experten gilt das Assessment-Center als »reaktives Verfahren«, das heißt, dass die Ergebnisse durch intensive Vorbereitung positiv beeinflusst werden können.

Steigern Sie Ihre Erfolgsquote durch gute Vorbereitung

Die Bewältigung der Sondersituation Assessment-Center gelingt Ihnen, wenn Sie sich umfassend mit den Übungen, den Aufgabenstellungen und dem Ablauf auseinandersetzen. Hierbei begleitet Sie unser Ratgeber, den wir aus unserer Beratungspraxis heraus geschrieben haben. Unsere langjährige Erfahrung im Coaching von Führungskräften wird auch Ihnen bei der Vorbereitung auf Assessment-Center zugute kommen.

1. Der Siegeszug des Assessment-Centers

Was ist ein Assessment-Center? Warum wird es bei der Auswahl von Führungskräften eingesetzt? Welche Unternehmen benutzen es? Antworten auf diese Fragen bekommen Sie in diesem Kapitel. Wir erläutern Ihnen, warum das Auswahlverfahren Assessment-Center seinen Siegeszug in den Unternehmen angetreten hat.

Die fachliche Kompetenz tritt in den Hintergrund

Assessment-Center sind Gruppenauswahlverfahren zur Feststellung der beruflichen Eignung von Bewerberinnen und Bewerbern. Im Rahmen dieses Verfahrens führen mehrere Kandidaten über einen längeren Zeitraum unterschiedliche Übungen vor verschiedenen Prüfern durch. Bei der Beobachtung und Bewertung der Kandidaten geht es um deren konkret sichtbares Verhalten. Dieses wird bewertet, indem die in den einzelnen Übungen festgelegten Beobachtungsdimensionen, die für die ausgeschriebene Stelle vorher als wichtig eingestuft worden sind, in ihrer unterschiedlichen Ausprägung erfasst werden.

Im Mittelpunkt: Soft Skills

Die Methode selbst entstammt der Arbeits- und Organisationspsychologie. In den sechziger Jahren lieferten Psychologen Beweise dafür, dass nicht nur die fachlichen Qualitäten bei der erfolgreichen Bewältigung beruflicher Aufgaben wichtig sind. Besonders die Aufgaben von Führungskräften entfernen sich immer weiter von den fachlichen Aspekten. In den leitenden Positionen tritt die Strukturierung von Arbeitsprozessen, die Mitarbeiterführung und -motivation sowie die Informationsauswertung und -vermittlung in den Vordergrund. Um festzustellen, ob Mitarbeiter diese Führungsqualitäten besitzen, erwiesen sich die gängigen Personalauswahlverfahren als nicht aussagekräftig genug. Die Analyse der Bewerbungsunterlagen und der Vorstellungsgespräche ist nicht ausreichend. Um außerfachliche Kompetenzen überprüfen zu können, entwickelten Psychologen ein eignungsdiagnostisches Instrument: das Assessment-Center.

Das in den USA seit den sechziger Jahren eingesetzte Beurteilungsinstrument Assessment-Center trat in den achtziger Jahren auch in Deutschland seinen bis heute anhaltenden Siegeszug an. Je intensiver die Diskussion über den Stellenwert der außerfachlichen Kompetenzen wurde, desto häufiger wurden Assessment-Center eingesetzt. Führungskräfte werden heutzutage im Verlauf ihrer beruflichen Entwicklung früher oder später auf Assessment-Center treffen, die in Weiterbildungen und Trainings von vielen Unternehmen eingesetzt werden.

Auch bei der Auswahl von Spezialisten hat der Einsatz von Assessment-Centern zugenommen. Der Hintergrund ist eine Entwicklung, die man als »Job Enrichment« bezeichnet: Verantwortung und Entscheidungsbefugnis von Mitarbeitern wachsen ständig. Die Verzahnung einzelner Unternehmensbereiche ist enger geworden, und abteilungsübergreifende Projektarbeit ist schon lange kein Einzelfall mehr. Damit diese Ausweitung der Mitarbeiterverantwortung Erfolg hat, können sich auch Spezialisten nicht mehr ausschließlich auf ihr Fachwissen verlassen. Sie müssen in der Lage sein, mit anderen zusammenzuarbeiten, Informationen weiterzugeben und Unternehmensabläufe mitzugestalten. Um dies zu überprüfen, werden auch bei der Auswahl von Spezialisten vermehrt Assessment-Center eingesetzt.

Wachsende Verantwortlichkeiten der Mitarbeiter

Verbreitung und Einsatz

Im Personalauswahlverfahren setzen die Unternehmen verschiedene Methoden ein, um die für sie geeigneten Führungskräfte herauszusieben. Die Infobox »Bewerberauswahl« gibt Ihnen einen Überblick über die gängigen und die selteneren Verfahren der Personalauswahl für die Zielgruppe Führungskräfte.

Welche Methoden werden bei der Personalauswahl eingesetzt?

ÜBERSICHT

Bewerberauswahl

→ Analyse der Bewerbungsunterlagen — 96 %

→ Interviews und Vorstellungsgespräche
 − strukturiertes Interview mit der Personalabteilung — 55 %

→ FORTSETZUNG AUF DER NÄCHSTEN SEITE

– unstrukturiertes Interview mit der Personalabteilung	41 %
– strukturiertes Interview mit der Fachabteilung	36 %
– unstrukturiertes Interview mit der Fachabteilung	49 %
→ Assessment-Center	14 %
→ Tests	
– Persönlichkeitstest	7 %
– Leistungstest/Konzentrationstest	3 %
– Intelligenztest	2 %
→ Referenzen	56 %
→ grafologische Begutachtung	7 %

Das Assessment-Center als unternehmensinternes Auswahlkriterium

Die prozentualen Angaben beruhen auf der Befragung von 105 deutschen Unternehmen, die die aufgeführten Verfahren bei der Auswahl von externen Bewerbern für untere, mittlere und obere Führungspositionen einsetzen. Bei der unternehmensinternen Personalauswahl steigen die Werte für den Einsatz des Assessment-Centers auf 20 Prozent an. Tests und grafologische Gutachten führen auch nach unseren Erfahrungen als Auswahlinstrument eher ein Schattendasein.

Auch in unserem Beratungsalltag spiegelt sich die vorgestellte Auswahlpraxis wider. Die typische Reihenfolge der Bewerbungsaktivitäten beginnt mit der Aufbereitung und dem Versand der schriftlichen Unterlagen. Es folgt die Einladung zu einem Vorstellungsgespräch. Daran schließt sich entweder ein zweites Vorstellungsgespräch oder ein Assessment-Center an.

Die Anzahl der Führungskräfte, die sich von uns Beratung für die Vorbereitung von Assessment-Centern einholen, hat in den letzten Jahren kontinuierlich zugenommen. Um festzustellen, wie groß das außerfachliche Potenzial von Bewerbern ist, setzen Unternehmen und öffentlicher Dienst bei der Personalauswahl von Führungskräften neben den herkömmlichen Instrumenten immer häufiger Assessment-Center ein. Dabei benutzen sie nicht immer diese Bezeichnung. Oft verstecken sich Assessment-Center auch hinter anderen Bezeichnungen, beispielsweise:

→ Mitarbeiterpotenzialanalyse
→ Bewerberrunde mit individuellen Gesprächen und berufstypischen Übungen
→ Management-Audit
→ soziales Kompetenztraining
→ Personalentwicklungsseminar
→ Kooperationstraining
→ Führungsverhaltenstraining
→ Einzelassessment

Hinter welchen Bezeichnungen verbergen sich Assessment-Center?

Allen diesen Auswahlverfahren ist gemeinsam, dass die Übungen aus dem in den sechziger Jahren entwickelten Assessment-Center die Basis bilden. Zwar wurden die Aufgabenstellungen im Verlauf der Zeit modifiziert, die Aufgabentypen sind jedoch die gleichen geblieben. Nicht alle Unternehmen setzen sämtliche Übungen des Assessment-Centers ein, und der übliche Zeitrahmen von zwei Tagen wird von manchen Unternehmen aus Kostengründen gerne reduziert – neben eintägigen Assessment-Centern gibt es auch halbtägige. In Ihrer Vorbereitung sollten Sie sich jedoch nicht beschränken: Trainieren Sie alle für Assessment-Center typischen Übungen. Dann werden Sie Modifikationen der Unternehmen begegnen können, da Sie umfassend präpariert sind.

Eine halb- bis zweitägige Dauer ist üblich

Um Ihnen die Verbreitung und den Einsatz von Assessment-Centern nochmals deutlich zu machen, haben wir für Sie in der Infobox »Unternehmen, die Assessment-Center einsetzen« eine Liste von Unternehmen zusammengestellt, die mit dieser Methode arbeiten. Dabei handelt es sich um Unternehmen, die generell Assessment-Center im Rahmen von Personalentscheidungen einsetzen. Dies heißt nicht, dass sie bei jeder Personalauswahl davon Gebrauch machen. Wann ein Assessment-Center eingesetzt wird, hängt von verschiedenen Faktoren ab: Wie hoch ist der Anteil der außerfachlichen Anforderungen bei der zu besetzenden Position? Wer hat die Personalentscheidungen zu verantworten (Gruppen- oder Alleinentscheidungen)? Wie werden die Personalentscheidungen nach innen und außen legitimiert?

ÜBERSICHT

Unternehmen, die Assessment-Center einsetzen

3 M	Bosch
	Brose Fahrzeugteile
AachenMünchener	Bull
Accenture	Bundesamt für Wehrtechnik
Access	und Beschaffung
Agentur für Arbeit	Bundeswehr
Airbus	Burda
Alcatel-Lucent	
Aldi-Gruppe	Claas
Allianz Lebensversicherung	Commerzbank
Amann & Söhne	Conti-Gummi
AMD	Crown Westfalenbank
AOK – Allgemeine Ortskrankenkasse	CSC in Deutschland
Aral	Daimler
ASSTEL Versicherungsgruppe	DAK
Audi	Datev
Auswärtiges Amt	Deutsche Ärzte Finanz
AXA	Beratungs- und Vermittlungs-AG
Bahlsen	Deutsche Bahn/DB
Bahr Baumarkt	Deutsche Bank
Barmer Ersatzkasse	Deutsche Flugsicherung
Basellandschaftliche Kantonalbank	Deutsche Post
	Deutsche Postbank
BASF	Deutsche Rockwool
Basler-Versicherung	Deutsche Shell
Bausparkasse Schwäbisch-Hall	Deutsche Sparkassenakademie
Bayer	Douglas Holding
Bayern LB	Dresdner Bank
Berliner Bank	DZ Bank
Bertelsmann	
BHW	EADS Germany
Blaupunkt	Ebay
BMW	E.on

Edeka Zentrale
Effem
Esso
Euler Hermes
euro engineering
Eurogate
Evonik Degussa

Ferrero
Festo
Ford-Händler Dienstleistungs
    GmbH
Ford Werke

GEA Group
Gerling Konzern
Girmes
Gothaer Versicherungsbank

Hamburg-Mannheimer
    Versicherung
Haniel & Cie.
Heidelberg
Heilit & Woerner Bau
Henkel
HOCHTIEF
Hugo Boss
HSH Nordbank

IBM Deutschland
Industrieanlagen
    Betriebsgesellschaft
Infineon

Johnson & Johnson
Jungheinrich

K & L Ruppert

Kaufhof
Kienbaum Unternehmens-
    beratung
Ernst Klett
Klöckner & Co.
Knürr
Körber
Kostal
Kreditanstalt für Wieder-
    aufbau

Landesbank Baden-
    Württemberg
Landesbank Berlin
Linde
LRG Groupe SA
Lufthansa

MAN
Mannheimer Versicherungen
MC Marketing Corporation
Melitta
Merck
Messer
Metro
MLP
Mövenpick
Münchener Rückversicherung
MVV Energie

NCR
Nord/LB
Natuzzi
Nürnberg Messe

Dr. Oetker
Opel
Otto-Versand

→ FORTSETZUNG AUF DER NÄCHSTEN SEITE

Pepsi-Cola	Sony
Personal- und Kader- selektion/PKS	Sparkasse Bremen
	Springer
Pfleiderer	Streiff & Helmod
Philip Morris	Südzucker
Philips	
Prym	Tchibo
PWC	Telekom
	Tengelmann Warenhandels-
Quelle	gesellschaft
	Tetra Pak
RAG	Thalia
R + V Allgemeine	Thyssen Krupp
Versicherung	TUI
Raab Karcher	
Reemtsma	Unilever
Reuschel & Co.	
Rewe-Handelsgesellschaft	Varta
Rheinmetall	Verlagsgruppe Bauer
Roche	Versicherungskammer
Rohde & Schwarz	Bayern
Russel Reynolds	Victoria Versicherung
RWE	Villeroy & Boch
	Vodafone
Sandoz	Volksfürsorge Versicherung
Sanol Schwarz	Volkswagen
SAP	
Schering	West LB
Schwäbisch Hall	Westdeutscher Rundfunk
Schwarz Pharma	Wirtschaftsvereinigung Stahl
SEB	
Siemens	Zahnradfabrik Friedrichs-
SKF	hafen

Typische Übungen

Über Assessment-Center bei der Personalauswahl sind zahlreiche Gerüchte, Übertreibungen und Vereinfachungen in Umlauf gekommen. Das Assessment-Center emotionalisiert alle Beteiligten: Kritiker und Befürworter genauso wie Beobachter und Kandidaten. Die Berichte in den Medien sind oft sehr widersprüchlich und teilweise genauso emotional gefärbt wie Erlebnisberichte aus dem Bekanntenkreis. Sie werden es schwer haben, sich aus Erzählungen von Teilnehmern ein genaues Bild über den Ablauf eines Assessment-Centers zu machen, das Ihnen eine gezielte Vorbereitung erlaubt.

Informieren Sie sich gezielt aus möglichst unabhängigen Quellen

Auch die Unternehmen werden Sie lange im Dunklen tappen lassen. Welche Übungen Ihr spezielles Assessment-Center beinhaltet, erfahren Sie nur selten mit der schriftlichen Einladung. Meist werden Sie nur eine allgemein formulierte Einladung erhalten, in der Ihnen mitgeteilt wird, dass Sie bitte den ganzen Tag für das Unternehmen zur Verfügung stehen. Informationen über die Übungen, die Sie erwarten, über die Anzahl der teilnehmenden Kandidaten und über die Anzahl der zu vergebenden Positionen enthält die Einladung in der Regel nicht. Diese Informationen bekommen Sie erst zu Anfang des Assessment-Centers.

Die ursprüngliche Idee, die hinter den Übungen von Assessment-Centern stand, war, typische Aufgabenstellungen aus dem Alltag von Führungskräften zu simulieren. Deshalb werden Sie im Assessment-Center zumeist mit Situationen konfrontiert, die Sie aus Ihrer beruflichen Tätigkeit kennen. Als Führungskraft gehört es mit zu Ihren Aufgaben, Ergebnisse zu präsentieren, in Konferenzen zu diskutieren und mit Mitarbeitern Gespräche zu führen. Da im Assessment-Center in der Regel Führungskräfte mit unterschiedlichem beruflichen Hintergrund ausgewählt werden, versucht man die Aufgaben so allgemein auszugestalten, dass sie von allen Kandidaten bearbeitet werden können. In der folgenden Infobox haben wir für Sie die Übungen, die Sie im Assessment-Center erwarten können, zusammengestellt.

Präsentieren, diskutieren und Gespräche führen

ÜBERSICHT

Übungen im Assessment-Center

→ Selbstpräsentation
→ Gruppendiskussionen
  – führerlos oder geführt
  – mit oder ohne Rollenvorgabe
→ Interviews
→ Rollenspiele
  – Mitarbeitergespräch
  – Kundengespräch
→ Fallstudien
→ Konstruktionsübungen
→ Vorträge
  – mündliche Themenpräsentation mit anschließender Diskussion
  – vorgegebenes oder selbstgewähltes Thema
→ Postkorb
  – mit schriftlicher Ergebnispräsentation
  – mit mündlicher Ergebnispräsentation und Befragung
→ Aufsätze
  – schriftliche Themenpräsentation
  – vorgegebenes oder selbstgewähltes Thema
→ Tests
→ Selbst- und Fremdeinschätzung

Wir stellen Ihnen jetzt im Überblick vor, was sich hinter den einzelnen Übungen verbirgt, welche Anforderungen überpüft werden sollen und was Sie bei der Übungsdurchführung beachten sollten. Zusätzlich stellen wir Ihnen Originalaufgaben aus Assessment-Centern vor. Im weiteren Verlauf unserer Ausführungen werden wir noch detaillierter auf die einzelnen Übungen eingehen, denen wir jeweils ein Kapitel gewidmet haben.

Beginnen Sie mit einer aussagekräftigen Selbstpräsentation

Selbstpräsentation: Die Selbstpräsentation steht üblicherweise am Anfang des Assessment-Centers. Ihre Aufgabe ist es, sich den anderen Kandidaten und den Beobachtern vorzustellen. Mit einer aussagekräftigen Selbstpräsentation können Sie sich einen entscheidenden Vorsprung erarbeiten, den die anderen Kandidaten nur schwer wieder aufholen können. Mit einer auf die ausgeschriebene Stelle zugeschnittenen Selbstpräsentation, aus der Ihre bisherigen beruflichen Erfolge deutlich werden, können Sie bei den Beobachtern entscheidende Sympathiepunkte sammeln, die positiv auf Ihre Bewertung in den anderen Übungen ausstrahlen werden.

Gruppendiskussionen: Die Gruppendiskussion ist ein zentraler Bestandteil des Assessment-Centers. Die Beobachter erleben die Kandidaten in dieser Übung im direkten Vergleich. Meist bekommen die Kandidaten in der Gruppendiskussion eine Aufgabe vorgegeben, die sie in einem festgelegten Zeitrahmen besprechen sollen. Oft wird von den Diskussionsteilnehmern erwartet, dass sie das Ergebnis der Diskussion am Ende zusammenfassen können.

Wenn alle Teilnehmer gleichberechtigt diskutieren, handelt es sich um eine führerlose Gruppendiskussion. Übernehmen ausgesuchte Kandidaten abwechselnd die Leitung, liegt eine geführte Gruppendiskussion vor. Bei Gruppendiskussionen mit Rollenvorgaben erhalten die Teilnehmer ein Schriftstück mit Informationen zur beruflichen Position, wesentlichen Charaktereigenschaften sowie der zu vertretenden Meinungen und Ansichten einer fiktiven Person. Oft sind in den Unterlagen auch Informationen über die Rollen der anderen Diskussionsteilnehmer enthalten.

Manchmal wird Ihnen eine Rolle zugeteilt

Interviews: Üblicherweise erhalten Sie eine Einladung zum Assessment-Center erst dann, wenn Sie ein Vorstellungsgespräch erfolgreich absolviert haben. Manche Unternehmen legen diese beiden Schritte der Bewerberauswahl jedoch zusammen und integrieren Vorstellungsgespräche in das Assessment-Center.

Rollenspiele: In Rollenspielen nehmen Sie eine fiktive Identität an und müssen am Berufsalltag orientierte Gesprächssituationen bewältigen. Allen Gesprächssituationen ist gemeinsam, dass Sie auf ein vordergründiges Problem einer Aufgabe stoßen, hinter dem sich jedoch immer auch eine Schwierigkeit im zwischenmenschlichen Bereich versteckt. Geht es beispielsweise zunächst um eine nicht eingehaltene Lieferfrist, über die sich ein Kunde beschwert, werden schnell

Wie gehen Sie mit Spannungen um?

persönliche Animositäten zwischen dem Außendienstmitarbeiter und der Auftragsbearbeiterin deutlich. Rollenspiele lassen sich unterteilen in fiktive Gespräche als Führungskraft mit Mitarbeitern und als Vertriebsmitarbeiter mit Kunden.

Wie lösen Sie Probleme?

Fallstudien und Konstruktionsübungen: Bei Fallstudien haben Sie ein vorgegebenes Szenario zu bearbeiten. Hier steht die Abstimmung im Team und die Erarbeitung eines gemeinsamen Lösungsweges im Vordergrund. Es gibt mehrere Lösungsmöglichkeiten, die aber jeweils gut begründet werden müssen. Bei Konstruktionsübungen müssen Sie in der Gruppe die Aufgabe bearbeiten, aus den zur Verfügung gestellten Materialien ein Objekt zu basteln.

Vortrag und Themenpräsentation: Als Führungskraft müssen Sie auch im Berufsalltag Ergebnisse präsentieren, über Vorgänge im Unternehmen informieren und Mitarbeiter für neue Aufgaben begeistern. Ihre rhetorischen Fähigkeiten werden von den Beobachtern in der Übung Vortrag (Themenpräsentation) bewertet.

Das Arbeiten unter Zeitdruck

Postkorb: Beim Postkorb haben Sie eine bestimmte Anzahl von Schriftstücken zu bearbeiten. Es handelt sich dabei um Aufzeichnungen betrieblicher Vorgänge, Entscheidungsvorlagen und private Notizen. Am ehesten lässt sich diese Übung mit »Ablage durchsehen und bearbeiten« beschreiben. Sie müssen Ihre Entscheidungen schriftlich darlegen und später im Gespräch begründen können. Das Zeitlimit für die Bearbeitung ist so gewählt, dass alle Kandidaten in Zeitnot geraten.

Aufsätze: Aufsätze werden im Assessment-Center vorwiegend dazu eingesetzt, Kandidaten zu beschäftigen, während mit anderen Bewerbern die aussagekräftigen Übungen Rollenspiel, Vortrag und Interview durchgeführt werden. Man möchte die Teilnehmer dauernd unter Druck setzen. Die ständige Beschäftigung soll Erholungspausen einzelner Teilnehmer vermeiden, damit die Ergebnisse insgesamt vergleichbar bleiben. Dennoch sollten Sie auch dann Ihr Bestes geben, wenn Sie gebeten werden, schriftlich zu Themen Stellung zu nehmen.

Tests: Tests werden ebenfalls hauptsächlich eingesetzt, um Kandidaten zu beschäftigen und den Druck aufrecht zu erhalten. Mit der knappen Zeitvorgabe für die Bearbeitung der Tests soll zusätzlich der Stressfaktor erhöht werden. Die Aussagekraft von Tests ist jedoch gering. Bei der Auswertung wird hauptsächlich darauf geachtet, ob die Testergebnisse in einem Widerspruch zu den durch die Beobachtung des Kandidaten erzielten Bewertungen stehen.

Permanenter Stress

Selbst- und Fremdeinschätzung: Bei der Selbst- und Fremdeinschätzung müssen Sie Ihre Leistungen im Assessment-Center in Bezug zu den Leistungen der anderen Kandidaten setzen. Sie werden am Ende des Assessment-Centers aufgefordert, eine Rangliste der Kandidaten zu erstellen. Zusätzlich fordert man Sie auf, die Leistungen der Teilnehmer in den einzelnen Übungen zu bewerten.

Eine Rangliste der Kandidaten

Das typische Szenario eines zweitägigen Assessment-Centers besteht aus den Übungen:

→ **Selbstpräsentation**
→ **Vortrag (Themenpräsentation)**
→ **Gruppendiskussion**
→ **Rollenspiele**
→ **Fallstudien**
→ **Postkorb**

Viele Unternehmen variieren diese Grundform: Es werden zusätzlich auch Tests, Aufsätze, Konstruktionsübungen, Planspiele und Selbst- und Fremdeinschätzungen eingesetzt. Mit Aufsätzen und Planspielen sollten Sie immer rechnen. Auf Tests, Konstruktionsübungen und Selbst- und Fremdeinschätzungen werden Sie nur vereinzelt treffen. Interviews werden seltener ins Assessment-Center integriert, sondern meist zu einem früheren Zeitpunkt durchgeführt.

Es werden Ihnen jedoch neben den offiziellen auch inoffizielle Übungen begegnen, beispielsweise in den Pausen. Diese »heimlichen« Übungen spielen in Assessment-Centern immer eine Rolle. Auch dazu haben wir für Sie Tipps und Hinweise in einem eigenen Kapitel aufbereitet.

Seien Sie auf inoffizielle Übungen gefasst

Die Aufgabenstellungen im Assessment-Center werden Ihnen von einem Moderator erläutert. Zusätzlich bekommen Sie für einzelne Übungen auch schriftliche Unterlagen ausgehändigt. Die Ihnen zur Verfügung stehende Vorbereitungszeit wird genau vorgegeben. Das Gleiche gilt für die anschließende Dauer der eigentlichen Übungsdurchführung. Den Zeitrahmen müssen Sie genau einhalten.

Ihre Flexibilität wird getestet

Um Ihre Flexibilität zu testen, wird der Zeitrahmen gelegentlich während einer Übung verändert. Beispielsweise werden Ihnen dreißig Minuten für eine Gruppendiskussion eingeräumt. Nach zehn Minuten wird jedoch der gesamten Gruppe mitgeteilt, dass der zur Verfügung stehende Zeitrahmen auf zwanzig Minuten reduziert wird, Ihnen damit nur noch zehn Minuten zur Ergebnisfindung bleiben. Man will mit dieser Maßnahme testen, ob Sie sich schnell auf neue Situationen einstellen können oder ob der erhöhte Zeitdruck Stress bei Ihnen auslöst.

Schwächen im Verfahren

Das Assessment-Center ist in deutschen Unternehmen ursprünglich als Instrument der Personalentwicklung eingeführt worden. Das heißt, die Unternehmen wollen in den Assessment-Centern analysieren, wo die beruflichen Stärken und Schwächen ihrer Führungskräfte liegen. Nach der Analyse werden dann Schulungs- und Trainingsprogramme speziell auf die getestete Führungskraft zugeschnitten. Kandidaten, die an einem Assessment-Center zur Personalentwicklung teilnehmen, haben aus ihrer Berufstätigkeit und der erlebten Unternehmenskultur heraus zumeist eine ungefähre Vorstellung davon, welches Verhalten man von ihnen erwartet.

Von der Personalentwicklung zur Personalauswahl

Das Assessment-Center wurde im Laufe der Zeit aber auch zu einem Instrument der Personalauswahl. Die Übungen lassen jedoch nach wissenschaftlichen Standards nur dann Aussagen über den zukünftigen beruflichen Erfolg des Bewerbers zu, wenn sie möglichst dicht am beruflichen Alltag orientiert sind. Aus diesem Grund werden bei Assessment-Centern zur Personalentwicklung die einzelnen Übungen möglichst auf die Anforderungen des Berufsalltags zugeschnitten. Beispielsweise werden in einem Assessment-Center für Führungskräfte aus dem Vertrieb andere Anforderungen gestellt als bei einem Assessment-Center für Führungskräfte aus dem Produktmanagement. Beim ersten kommt es mehr auf kundenorientiertes Gesprächsverhalten, Durchsetzungsvermögen, Belastbarkeit und Abschlusssicherheit an. Beim zweiten geht es mehr um Kreativität, Flexibilität, analytisches Denken, Präsentationsstärke und Organisationsgeschick.

Die Schwierigkeit für die Teilnehmer von Assessment-Centern zur Personalauswahl besteht darin, dass sie relativ ahnungslos sind, welches Verhalten von ihnen erwartet wird. Kritische Stimmen fordern daher, bei Assessment-Centern zur Personalauswahl vor jeder Übung den Kandidaten Informationen darüber zu geben, nach welchen Kriterien diese Übung ausgewertet wird. Dies findet in der Praxis jedoch nicht statt.

Bereiten Sie sich unbedingt sorgfältig vor

Ein generelles Problem aller Assessment-Center besteht darin, dass die Aufgabenstellungen in den einzelnen Übungen oft zu wenig Bezug zur zu besetzenden Position haben. Um Kosten zu sparen, wird gern auf standardisierte Assessment-Center zurückgegriffen. Der Kostenaspekt steht auch im Vordergrund, wenn die wissenschaftlich gesicherte Konstruktion von Assessment-Centern verlassen wird. Um Zeit und Geld zu sparen, werden viele Assessment-Center für Führungskräfte eintägig statt zweitägig durchgeführt. Durch den Einsatz eintägiger standardisierter Assessment-Center lassen sich sowohl die Entwicklungskosten einsparen als auch die Kosten für Spesen und Übernachtung aller Beteiligter senken. Die Beträge, um die es geht, sind im sechsstelligen Bereich angesiedelt. Ein zweitägiges Assessment-Center kostet die Unternehmen zwischen 50 000 und 75 000 Euro, eine eintägige Sparversion ist schon mit einem Kostenrahmen von 10 000 Euro realisierbar.

Das eintägige standardisierte Assessment-Center

Trotz aller Kritik am Assessment-Center hat es seine Berechtigung als Verfahren zur Personalauswahl. Das Assessment-Center ermöglicht als einziges Auswahlverfahren, Bewerber in berufsnahen Situationen in Aktion zu erleben. Da mehrere Beobachter an der Bewertung der Kandidaten beteiligt sind, kann ein breiter Konsens in der Einstellungsentscheidung erreicht werden.

Die Unternehmen wissen, dass der Erwerb außerfachlicher Kompetenzen nicht als Pflichtprogramm von oben herab verordnet werden kann. Daher wird von Ihnen als qualifiziertem Mitarbeiter verlangt, dass Sie sich mit diesen Anforderungen im Rahmen von Weiterbildungen auseinandergesetzt und sich außerfachliche Kompetenzen parallel zu Ihrer eigentlichen Berufstätigkeit angeeignet haben. Ohne Assessment-Center ist es schwer zu beurteilen, ob zukünftige Mitarbeiter diesen Anforderungen genügen.

Haben Sie sich die nötige außerfachliche Kompetenz erworben?

Das Assessment-Center ist eine besondere Situation, auf die Sie sich vorbereiten müssen. Genauso wie im Berufsalltag müssen Sie gezielt Ihre Kenntnisse und Fähigkeiten ausbauen, um erfolgreich zu sein. Viele Unternehmen setzen sogar voraus, dass Sie sich mit den speziellen Anforderungen eines Assessment-Centers vertraut gemacht haben. Besonders Personalverantwortliche schütteln oft zu Recht den Kopf, wenn Führungskräfte ohne gründliche Vorbereitung ins Assessment-Center gehen. Dieses Verhalten lässt sie auch auf einen sorglosen Umgang mit sonstigen beruflichen Anforderungen schließen.

Eine ausführliche Rückmeldung ist selten

In Assessment-Centern zur Personalauswahl werden Sie nur selten eine detaillierte Rückmeldung darüber bekommen, wo Ihre Stärken liegen und welche Fähigkeiten Sie weiter ausbauen sollten. Wie auch in anderen Personalauswahlverfahren gilt die Regel: »Bewerberauswahl ist keine Bewerberberatung.« Daher geben Ihnen die meisten Unternehmen auch nicht unmittelbar am Ende eines Assessment-Centers eine Rückmeldung darüber, welchen Eindruck Sie hinterlassen haben und welche Übungen Sie besonders gut oder schlecht absolviert haben. Eine Antwort auf die Sie am brennendsten interessierende Frage »Einstellung oder Absage?«, erhalten Sie in den meisten Fällen erst später.

Dass es beim Punkt Rückmeldung auch anders geht, zeigen die wenigen Unternehmen, die sich am Ende des Assessment-Centers mit Ihnen zusammensetzen und Ihnen intensives Feedback geben. Hierbei werden sowohl Ihre Stärken und Schwächen in Bezug auf das konkrete Anforderungsprofil erörtert als auch Möglichkeiten eingeräumt, Stellung zu Ihrem Verhalten im Assessment-Center zu beziehen.

Machen Sie sich mit den Anforderungen vetraut

Verlassen Sie sich nicht darauf, dass die Teilnahme an einem Assessment-Center Sie auf weitere vorbereitet. Aufgrund der mangelnden Rückmeldung werden Sie nach einem nicht bestandenen Assessment-Center nicht wirklich klüger sein als zuvor. Sie müssen von sich aus aktiv werden und sich mit den speziellen Anforderungen von Assessment-Centern vertraut machen. Die Leerfloskeln wie »Verhalten Sie sich ganz natürlich!« oder »Sehen Sie das Assessment-Center als Chance, etwas über sich zu lernen!« bringen Sie nicht weiter. Nach der Arbeit mit unseren Übungen, Hinweisen und Tipps werden Sie wissen, was im Assessment-Center von Ihnen erwartet wird, wie Sie die Anforderungen der Unternehmen erfüllen können und mit welchen Techniken Sie Ihren Erfolg im Assessment-Center sicherstellen.

Auf einen Blick
Der Siegeszug des Assessment-Centers

AUF EINEN BLICK

→ Assessment-Center sind Gruppenauswahlverfahren, mit denen die außerfachliche Kompetenz von Bewerberinnen und Bewerber überprüft werden soll.

→ Der Bewertungsmaßstab im Assessment-Center ist das sichtbare Verhalten der Teilnehmer.

→ Das Assessment-Center ist ein bevorzugtes Instrument der Auswahl von Führungskräften und ergänzt die üblichen Verfahren der Personalauswahl.

→ Assessment-Center verstecken sich oft auch hinter anderen Bezeichnungen wie beispielsweise Mitarbeiterpotenzialanalyse oder Personalentwicklungsseminar.

→ Assessment-Center werden sowohl zur Personalauswahl als auch zur Personalentwicklung eingesetzt.

→ Übungen in Assessment-Centern sind üblicherweise so allgemein gehalten, dass sie mit unterschiedlichem fachlichen Hintergrundwissen gelöst werden können.

→ In Assessment-Centern können Ihnen die folgenden Übungen begegnen:
  – Selbstpräsentation
  – Gruppendiskussion

→ FORTSETZUNG AUF DER NÄCHSTEN SEITE

- Interviews
- Rollenspiele
- Fallstudien
- Konstruktionsübungen
- Vorträge
- Postkorb
- Aufsätze
- Tests
- Selbst- und Fremdeinschätzung

→ Neben den offiziellen Übungen gibt es auch inoffizielle heimliche Übungen, beispielsweise während der Pausen.

→ Sie stehen während der gesamten Durchführung von Anfang bis Ende unter Beobachtung.

2. Erwartungen der Unternehmen

Bevor wir Ihnen die einzelnen Übungen im Assessment-Center detaillierter vorstellen, ist es wichtig für Sie nachzuvollziehen, warum Unternehmen die Hürde Assessment-Center vor die Übernahme einer anspruchsvollen Tätigkeit gesetzt haben. Welchen Anforderungen müssen qualifizierte Führungskräfte genügen, damit Unternehmen sie einstellen?

In den letzten Jahren hat sich in den meisten Unternehmensstrukturen einiges geändert. Die Kommunikations- und Entscheidungswege in Unternehmen sind durchlässiger geworden, und die Verantwortungs- und Handlungsspielräume der einzelnen Mitarbeiter sind größer als zuvor. Diese umfassenderen Entscheidungsbefugnisse bringen für den Einzelnen jedoch auch höhere Anforderungen mit sich. Wer entscheiden will, muss Informationen aufnehmen, strukturieren und weitergeben können. Führungskräfte müssen bei ihrem Handeln das Verhalten ihrer Kollegen, das Potenzial ihrer Mitarbeiter und die Vorgaben der Unternehmensleitung berücksichtigen. Kommunikation und Koordination sind wesentliche Elemente des Führungsalltags.

Die beruflichen Anforderungen an Führungskräfte sind gestiegen

Reines Fachwissen reicht für die Übernahme von Führungs- und Projektverantwortung nicht mehr aus. Daher wird vermehrt auf personenbezogene Eigenschaften wie Kommunikations-, Team-, Belastungsfähigkeit, Durchsetzungskraft, analytisches Denken, Initiative und Flexibilität bei Bewerberinnen und Bewerbern geachtet.

Projektarbeit ist mittlerweile ein fester Bestandteil der Arbeitsorganisation. Die abteilungsinterne Teamarbeit ist ergänzt worden durch die abteilungsübergreifende Projektarbeit, das heißt, für eine zeitlich begrenzte Aufgabenstellung arbeiten Experten aus ganz unterschiedlichen Unternehmensbereichen zusammen. Beispielsweise werden neue Automobile in Teams entwickelt, in denen Entwicklungs-

Kommunikative Fähigkeiten gewinnen immer mehr an Bedeutung und Fertigungsingenieure, Einkaufs-, Vertriebs- und Marketingspezialisten und Logistik- und Controllingfachleute ihre unterschiedlichen Ziele zeitgleich erreichen müssen.

Dabei ist für die einzelnen Projektteilnehmer wichtig, die eigenen Ziele zu verfolgen und trotzdem die gesamte Aufgabenstellung nicht aus den Augen zu verlieren. Der Rückzug auf die eigene fachliche Autorität hilft bei Konferenzen mit Vertretern aus anderen Fachdisziplinen nicht weiter. Es gilt, die Argumente der Kollegen nachzuvollziehen und eigene Argumente zielgruppenorientiert aufzubereiten. Ohne kommunikative Fähigkeiten und ergebnisorientiertes Handeln gelingt dies nicht.

Kundenorientierung wird wieder großgeschrieben

Außerdem haben die Unternehmen unter dem Schlagwort der Kundenorientierung den Käufer neu entdeckt. Der wachsende Anteil austauschbarer Güter und Dienstleistungen hat dazu geführt, dass neue Faktoren wettbewerbsentscheidend sind: Hierzu zählen alle Tätigkeitsfelder im Unternehmen, die den direkten Kundenkontakt pflegen, insbesondere Service, Vertrieb und Marketing. Wer innerhalb dieser Tätigkeitsfelder erfolgreich arbeiten will, muss in der Lage sein, Bedürfnisse von (potenziellen) Kunden zu erkennen. Jeder, der im Wettbewerb mit seinen Angeboten nicht untergehen möchte, muss rechtzeitig feststellen, was Kunden verlangen, welche Trends sich durchsetzen und welche Kundenwünsche sich verändert haben. In diesen Aufgabenfeldern sind personenbezogene Fähigkeiten wie Problemlösungsfähigkeit, Einfühlungsvermögen und Belastungsfähigkeit unverzichtbar.

Ein umfassendes Bild des Bewerbers soll entstehen

Diese gesamten Veränderungen in Unternehmen und im Wettbewerb zeigen, dass neben dem Fachwissen noch andere Faktoren eine Rolle spielen, um heute berufliche Aufgaben bewältigen zu können. Neben der fachlichen werden die soziale und die methodische Kompetenzen der Mitarbeiter immer wichtiger. Da die Gesamtheit der drei Kompetenzbereiche für den beruflichen Erfolg entscheidend ist, suchen Unternehmen nach Möglichkeiten, sich ein umfassendes Bild vom Bewerber zu machen. Das Assessment-Center ist das Verfahren, mit dem die soziale und die methodische Kompetenz von Bewerberinnen und Bewerbern festgestellt werden soll.

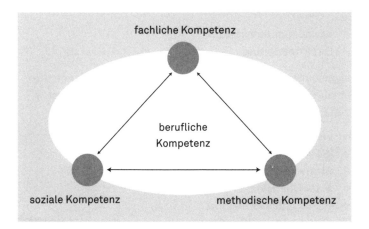

Die Dreiteilung der beruflichen Kompetenz

Im Folgenden wollen wir Ihnen die fachliche, die soziale und die methodische Kompetenz im Einzelnen erläutern.

Fachliche Kompetenz

Fachlich kompetent sind Sie, wenn Sie über Wissen verfügen, das Sie zum Experten in Ihrem Spezialgebiet macht. Grundlage Ihres Wissens sind die Kenntnisse aus Studium oder Ausbildung zusammen mit der jeweiligen Berufserfahrung auf Ihrem Gebiet. Ihre fachliche Kompetenz ist für die Unternehmen unverzichtbar, sie gibt Ihnen die Basis, mit der Sie berufliche Aufgabenstellungen meistern werden.

Gute Fachkenntnisse sind unabdingbar

Fachliche Kompetenz

Die fachliche Kompetenz einer Diplom-Kauffrau mit dem Schwerpunkt Marketing lässt sich durch ihr Wissen in folgenden Bereichen darstellen:

→ **Marktforschung**
→ **strategisches Marketing**
→ **internationales Marketing**
→ **Werbepsychologie**

BEISPIEL

→ FORTSETZUNG AUF DER NÄCHSTEN SEITE

- → Konsumentenverhalten
- → Direktmarketing

Ingenieure mit dem Schwerpunkt Konstruktion dokumentieren ihre fachliche Kompetenz durch Bezug auf ihr Wissen in den Bereichen:

- → Werkstoffkunde
- → Werkstoffprüfung
- → Statik und Festigkeitslehre
- → Maschinenelemente
- → technische Wärmelehre
- → Kinematik und Kinetik
- → Elektrotechnik für Maschinenbauer
- → rechnerunterstützte Konstruktion/CAD

Darüber hinaus verfügen alle Führungskräfte über Kenntnisse in PC-Anwendungsprogrammen, beispielsweise Textverarbeitung, Tabellenkalkulation oder Datenbanken. Diese Kenntnisse zählen ebenso zur fachlichen Kompetenz wie Ihre Sprachkenntnisse.

Auf die Vermittlung von Fachwissen kommt es an

Mit einer Einladung zum Assessment-Center ist Ihre fachliche Kompetenz für die neue Position in aller Regel unbestritten und vom Unternehmen akzeptiert. Dass fachliche Kompetenz alleine nicht ausreicht, werden auch Sie schon festgestellt haben. Ein Beispiel: Sie möchten sich einen neuen Computer zulegen und fragen einschlägige Experten aus Ihrem Bekanntenkreis um Rat. Wenn Sie Pech haben, ergießt sich ein Schwall von Fach- und Fremdwörtern über Sie, technische Details und Feinheiten werden in aller Ausführlichkeit erläutert, und die neuesten technologischen Entwicklungen aus dem Computerbereich werden auf Expertenniveau mit allen möglichen Vor- und Nachteilen vor Ihnen ausgebreitet. Sie bekommen zwar viel fachliche Information, verstehen aber die Konsequenzen für Ihren Computerkauf nicht und wissen immer noch nicht, welchen Computer Sie sich anschaffen sollen. Sie sind froh, wenn der von Ihnen angesprochene Experte nach seinem zwanzigminütigen Monolog endlich auf die Uhr schaut und feststellt, dass er dringend weiter muss.

Ihr Experte hat das gemacht, was Unternehmen bei Mitarbeitern am meisten fürchten: Nicht Sie als fragender Kunde standen im Mittelpunkt seiner Ausführungen, sondern sein Bedürfnis nach fachlicher Profilierung. Sonst hätte der Experte nach Ihren Anwendungswünschen gefragt, beispielsweise: »Wollen Sie Ihren neuen Rechner mehr für Textverarbeitung oder mehr für CAD einsetzen?«, »Ist ein Rechner, ein Monitor oder ein Drucker bereits vorhanden?«, »Welches Betriebssystem und welche Anwendungssoftware haben Sie?«, »Wollen Sie auf neue Programme wechseln?«

Auf die Wünsche des Gesprächspartners eingehen

Die Fähigkeiten, auf andere einzugehen, spezielle Wünsche hinsichtlich zukünftiger Anwendungen gemeinsam zu klären und dann entsprechende Kaufempfehlungen zu geben, sind bei dem geschilderten Experten nicht sehr ausgeprägt. In Begriffen der sozialen Kompetenz ausgedrückt, fehlen ihm Einfühlungsvermögen, Kommunikationsfähigkeit, Verkaufsgeschick und Kundenorientierung.

Soziale Kompetenz

Soziale Kompetenz ist Ihnen in vielfältiger Form bereits aus Stellenanzeigen bekannt: Teamfähigkeit, Durchsetzungsfähigkeit, Kommunikationsfähigkeit, Belastbarkeit, Kreativität, Zielstrebigkeit, Kontaktfreudigkeit, Eigeninitiative, Selbstbewusstsein, analytisches Denkvermögen, Kritikfähigkeit, Engagement, Flexibilität, Begeisterungsfähigkeit, Verantwortungs-, Leistungs- oder Entscheidungsbereitschaft. Diese Begriffe, die in vielen Stellenanzeigen auftauchen, sind ein fester Bestandteil der Anforderungsprofile von Unternehmen. Alle Angaben aus dem Bereich der sozialen Kompetenz zielen auf gewünschte Eigenschaften, die zukünftige Mitarbeiter mitbringen sollten.

Ihre Persönlichkeit zählt

Allgemein gesagt ist soziale Kompetenz im menschlichen Miteinander das Ausmaß, in dem der Mensch fähig ist, im privaten, beruflichen und gesamtgesellschaftlichen Kontext selbstständig, umsichtig und nutzbringend zu handeln, wobei soziale Kompetenz nicht als durchgängiges, situationsunabhängiges und generalisiertes Persönlichkeitsmerkmal angesehen werden kann. Daraus ergeben sich folgende Forderungen an den sozial kompetenten Mitarbeiter:

Anforderungen an sozial kompetente Mitarbeiter

→ Er erkennt die Anforderungen, die die soziale Situation an ihn stellt.
→ Er kann seine Möglichkeiten und seine Grenzen in dieser speziellen Situation einschätzen.
→ Er vermag eigene Ziele sowie Gruppenziele zu generieren.
→ Er ist in der Lage, situations- und zielangemessen zu handeln.
→ Er ist fähig, über einen Prozess zu reflektieren.

Die Umsetzung von Fachwissen und der Umgang mit Mitarbeitern

Diese Forderungen an sozial kompetente Mitarbeiter sind Ihnen gewiss in Ihrem Arbeitsalltag schon oft begegnet: Bei der Lösung von Aufgaben müssen Sie entscheiden, ob Ihr Wissen zur Problemlösung ausreicht oder ob Sie einen Spezialisten hinzuziehen sollen. Als Führungskraft müssen Sie immer wieder Zielvorgaben entwickeln und dafür sorgen, dass die einzelnen Arbeitsergebnisse zu einem Gesamtergebnis zusammengefasst werden können. Bei Schwierigkeiten in Ihrer Abteilung oder in Ihrem Bereich müssen Sie die Ursachen herausfinden und dafür sorgen, dass Arbeitsabläufe in Zukunft reibungslos gestaltet werden können. Sie werden mit Vorgaben von der Geschäftsleitung konfrontiert und müssen diese in Ihrem Arbeitsbereich umsetzen. Dabei müssen Sie den Informationsfluss aufrechterhalten und dafür sorgen, dass Ihre Mitarbeiter die Anweisungen nachvollziehen können. Bei großen Arbeitsbelastungen ist Ihre Fähigkeit gefragt, die Mitarbeiter bei der Stange zu halten und zu besonderem Einsatz anzuspornen.

Konkret beobachtbares Verhalten wird getestet

Bei der Überprüfung der sozialen Kompetenz von Bewerbern ergibt sich jedoch eine Schwierigkeit: das Problem der sozialen Erwünschtheit. Die meisten Menschen beschreiben nicht sich, sondern ein ihrer Meinung nach erwünschtes allgemeines Verhaltensprofil. Jeder Bewerber, jede Führungskraft schreibt sich Eigenschaften aus dem Komplex soziale Kompetenz zu, weil dieses Wunschbild allgemein vorherrscht. Dies führt dazu, dass in vielen Anschreiben, Einstellungsgesprächen und Vorstellungsrunden im Assessment-Center oftmals Formeln auftauchen wie: »Ich bin dynamisch, flexibel und kreativ und freue mich auf die Mitarbeit in Ihrem jungen Team«, »Meine Flexibilität und meine Kreativität möchte ich für Sie einsetzen« oder auch »Besonders hervorzuheben ist meine Kommunikations- und Motivationsfähigkeit und meine schnelle Auffassungsgabe«.

Diese Formulierungen sind abstrakte Worthülsen, die ohne konkrete Ausgestaltung durch Belege aus dem Arbeitsalltag sinnlos sind. Hier schließt sich der Kreis zum Assessment-Center: Um diesen Problemen zu entgehen, werden Assessment-Center eingesetzt, damit die soziale Kompetenz der Bewerberinnen und Bewerber nicht über deren Selbstzuschreibungen, sondern durch konkret beobachtbares Verhalten festgestellt wird.

Methodische Kompetenz

Ihre methodische Kompetenz ist immer dann gefragt, wenn es um die Anwendung Ihres Fachwissens geht. Methodische Kompetenz lässt sich auch als Transfer-Fähigkeit, als Theorie-Praxis-Kompetenz oder als Anwendungsfertigkeit beschreiben. Begrifflich können Sie den Bereich der methodischen Kompetenz mit seinen verschiedenen Ausprägungen an dem Zusatz »-techniken« erkennen: Gesprächstechniken, Fragetechniken, Problemlösungstechniken, Konfliktvermeidungstechniken, Kreativitätstechniken, Lerntechniken, Präsentationstechniken und Moderationstechniken zählen zur Methodenkompetenz.

Zahlreiche methodische Techniken spielen eine Rolle

Alle Führungskräfte, die im Beruf stehen, verfügen über einen Grundstock an derartigen Kenntnissen, er ist nur vielen nicht in dieser Form bekannt. Alle diese Techniken wurden und werden im Laufe des beruflichen Fortkommens im Berufsalltag und in Weiterbildungen und Seminaren ausgebaut und vertieft. Die Unternehmen möchten jedoch bereits bei der Einstellung von Führungskräften sicher sein, dass sie um die Bedeutung von methodischer Kompetenz wissen und über eine ausbaufähige Basis an Anwendungsfertigkeiten verfügen. Für die Bewerbungsphase ist es daher wichtig, dass Sie eine Vorstellung von der Bedeutung der methodischen Kompetenz haben und konkrete Beispiele aus Ihrem bisherigen beruflichen Werdegang anführen können, um Ihre methodische Kompetenz zu belegen.

BEISPIEL

Aufgaben im Griff

Wenn Sie Vorgaben Ihres bisherigen Vorgesetzten erfolgreich umgesetzt haben, verfügen Sie über Problemlösungstechniken. Sie waren beispielsweise in der Lage, das Grobziel »Gewinnsteigerung« in Teilziele zu untergliedern und diese Teilziele Schritt für Schritt zu erreichen. Beispielsweise indem Sie einen Katalog über verkaufsfördernde Maßnahmen erarbeiten, Wettbewerberanalysen durchführen, Leitfäden für Mitarbeiterschulungen entwickeln oder Point-of-Sale-Aktivitäten organisieren.

Für Ihre Vorbereitung auf Assessment-Center ist es zunächst wichtig, dass Sie wissen, welchen Stellenwert methodische Kompetenz in Ihrem zukünftigen Berufsalltag hat. Da es im Assessment-Center aber nicht nur auf Wissen, sondern insbesondere auf gezeigtes Verhalten ankommt, werden wir Ihnen für sämtliche Übungen zeigen, wie Sie den an Sie gestellten Anforderungen durch methodisch kompetentes Verhalten gerecht werden.

AUF EINEN BLICK

Auf einen Blick
Erwartungen der Unternehmen

→ Reines Fachwissen reicht für die Übernahme von Führungsaufgaben nicht aus. Die Unternehmen erwarten eine umfassende berufliche Qualifikation, die aus fachlicher Kompetenz, sozialer Kompetenz und methodischer Kompetenz besteht.

→ Fachliche Kompetenz ist das fachliche Wissen, über das Sie verfügen.

→ Soziale Kompetenz ist die Fähigkeit, mit Kollegen und Mitarbeitern Ziele zu definieren und gemeinsam erreichen zu können.

→ Methodische Kompetenz ist die Fähigkeit, Wissen konkret umsetzen zu können.

→ Wenn Sie eine Einladung für ein Assessment-Center erhalten, ist Ihre fachliche Kompetenz vom Unternehmen akzeptiert. Ihre soziale und Ihre methodische Kompetenz werden im Assessment-Center durch verschiedene Übungen erfasst und bewertet.

3. Subjektive Faktoren der Bewertung

Im Assessment-Center werden Sie von einer Gruppe von Entscheidungsträgern aus dem Unternehmen beobachtet und bewertet. Vor dem Assessment-Center werden diese Beobachter von den Moderatoren mit den Beobachtungsdimensionen vertraut gemacht. Trotzdem bleiben persönliche Vorlieben bestehen. Aber auch allgemeine Wahrnehmungs- und Bewertungsfehler verzerren die Ergebnisse im Assessment-Center.

Eine Gruppe entscheidet über Ihre Einstellung

Bei der Einführung des Assessment-Centers zur Personalauswahl war einer der Grundgedanken, dass die Entscheidung über die Einstellung weg von Einzelpersonen hin zu einer Gruppe verlagert werden sollte. Diese Gruppe der Entscheidungsträger, die Beobachterkonferenz, sollte nicht nur aus Personalexperten bestehen, damit bei der Einstellungsentscheidung auch Fachvorgesetzte beteiligt werden.

Auch heute finden Sie in der Beobachterkonferenz eines typischen Assessment-Centers mit acht bis zwölf Kandidaten vier bis sechs Beobachter aus den Fachabteilungen des Unternehmens. Diese Fachvorgesetzten sind üblicherweise ein bis zwei Hierarchiestufen über Ihrer Eingangsposition angesiedelt. Wenn Sie sich beispielsweise für eine Position als Abteilungsleiter bewerben, können Sie damit rechnen, dass Ihre Beobachter hierarchisch in der Position eines Hauptabteilungs- oder Bereichsleiters angesiedelt sind.

Die Moderatoren-Funktion

Diese Beobachter- oder auch Assessorenkonferenz des Assessment-Centers wird durch die Moderatoren ergänzt. Als Moderatoren fungieren Psychologen, Personalverantwortliche oder Personalberater. Wenn das Unternehmen selbst das Assessment-Center durchführt, wird entweder die Personalabteilung oder die Personalentwicklung mit dem Ablauf betraut. Dann übernehmen Personalexperten aus dem Unternehmen die Moderatorenrolle. Manche Unternehmen vergeben die Durchführung von Assessment-Centern auch an Personal- oder

Unternehmensberatungen. In diesem Fall wird ein externer Psychologe oder Berater als Moderator fungieren.

Bei den Moderatoren liegt die organisatorische Leitung und die inhaltliche Ausgestaltung der einzelnen Übungen. In der Regel sind die Moderatoren auch für die vorherige Schulung der Beobachterkonferenz zuständig. Allerdings werden Umfang und Tiefe dieser Schulungen eher knapp gehalten, sodass sie in vielen Fällen eher Schnellkurse in Sachen »Woran erkenne ich den Bewerber mit außerordentlichem Führungs- und Leistungspotenzial?« sind.

Den Beobachtern wird erläutert, was in den einzelnen Übungen geprüft werden soll. Besonderes Augenmerk wird bei der Schulung immer auf die Auswertung der Körpersprache der Kandidaten gelegt. Dies führt allerdings oft zu Vereinfachungen: Wir wissen von Beobachterschulungen, in denen zukünftigen Beobachtern beigebracht wurde, dass Teilnehmer an einer Gruppendiskussion, die ihre Arme vor der Brust verschränken, nicht bereit sind, sich den anderen Gesprächspartnern zu öffnen und zuzuhören. Weiter wurde vermittelt, dass der bei der Begrüßung empfangene weiche Händedruck von Kandidaten mit mangelndem Tatendrang und fehlendem Selbstbewusstsein gleichzusetzen sei oder das Wippen auf den Fußspitzen während des Vortrags als Arroganz des Kandidaten auszulegen sei. Dies sind natürlich Klischees und keine fundierten Erkenntnisse. Aber Sie müssen damit rechnen, dass sich die Beobachter sehr stark auf die vermeintlichen Aussagen bestimmter Gesten und Körperhaltungen stützen.

Die Bedeutung der Körpersprache

In der Praxis der Bewertung führt eine kurze und schlechte Vorbereitung der Beobachter zu Entscheidungen, die nicht mehr dem ursprünglichen Ziel entsprechen. Es wird dann nicht mehr derjenige Teilnehmer ausgewählt, der den späteren Berufsalltag am besten bewältigen kann, sondern derjenige, der am besten mit den Vorurteilen der Beobachter umgehen kann. Die differenzierte Bewertung und der präzise Abgleich der Anforderungen der ausgeschriebenen Position mit der Qualifikation der Teilnehmer treten in den Hintergrund. Es wird mehr der allgemeine Eindruck von Kandidaten erfasst.

Auch die Beobachter müssen gut vorbereitet sein

Zur Verteidigung der Beobachter muss gesagt werden, dass es schwer ist, eine wirklich objektive Bewerberauswahl zu treffen. Auch Personalexperten, die täglich mit Bewerberinnen und Bewerbern zu tun haben, unterliegen bei ihren

*Beobachter-
entscheidungen
unterliegen dem
Sympathie-Effekt*

Entscheidungen Sympathie-Effekten. Schließlich sind die üblichen Verfahren der Personalauswahl, Unterlagensichtung und Vorstellungsgespräche – obwohl sie von Spezialisten durchgeführt werden –, in der Vorhersage der Karriereentwicklung weniger aussagekräftig als Assessment-Center.

Gerade bei der Überprüfung der sozialen und der methodischen Kompetenz spielen subjektive Einschätzungen eine große Rolle. Die Beobachter sind mit der Aufgabe, das Verhalten von Teilnehmern eines Assessment-Centers differenziert auszuwerten, oft überfordert. Aber Entscheidungen müssen dennoch getroffen werden. Wenn nicht ausreichend rationale Argumente zur Verfügung stehen, werden alle Beobachter auf persönliche Erfahrungen und subjektive Vorlieben zurückgreifen.

Allgemeine Wahrnehmungs- und Bewertungsfehler

Damit Sie sich einmal in die Rolle des Beobachters hineinversetzen können, haben wir Ihnen zwei Beobachtungsbögen zusammengestellt, wie sie in Assessment-Centern benutzt werden.

Beobachtungs- und Bewertungsbogen für Assessment-Center

	Selbstpräsentation	Gruppendiskussion	Mitarbeitergespräch
Sachverhaltsanalyse		1 – 2 – 3 – 4 – 5	
Überzeugungsfähigkeit	1 – 2 – 3 – 4 – 5	1 – 2 – 3 – 4 – 5	1 – 2 – 3 – 4 – 5
Begeisterungsfähigkeit		1 – 2 – 3 – 4 – 5	
Selbstwahrnehmung	1 – 2 – 3 – 4 – 5	1 – 2 – 3 – 4 – 5	1 – 2 – 3 – 4 – 5
Kreativität	1 – 2 – 3 – 4 – 5		
Sprachliches Ausdrucksvermögen	1 – 2 – 3 – 4 – 5	1 – 2 – 3 – 4 – 5	1 – 2 – 3 – 4 – 5
Stressresistenz	1 – 2 – 3 – 4 – 5	1 – 2 – 3 – 4 – 5	1 – 2 – 3 – 4 – 5
Medieneinsatz	1 – 2 – 3 – 4 – 5		
Führungskompetenz		1 – 2 – 3 – 4 – 5	1 – 2 – 3 – 4 – 5

Subjektive Faktoren der Bewertung 47

	Selbst-präsentation	Gruppen-diskussion	Mitarbeiter-gespräch
Initiative		1 – 2 – 3 – 4 – 5	1 – 2 – 3 – 4 – 5
Ausdauer		1 – 2 – 3 – 4 – 5	1 – 2 – 3 – 4 – 5
Realitätssinn		1 – 2 – 3 – 4 – 5	1 – 2 – 3 – 4 – 5
Extraversion	1 – 2 – 3 – 4 – 5		
Einfühlungsvermögen		1 – 2 – 3 – 4 – 5	1 – 2 – 3 – 4 – 5
Flexibilität		1 – 2 – 3 – 4 – 5	

	Kundengespräch	Vortrag/Präsentation	Konstruktions-übung
Sachverhaltsanalyse	1 – 2 – 3 – 4 – 5	1 – 2 – 3 – 4 – 5	1 – 2 – 3 – 4 – 5
Überzeugungsfähigkeit	1 – 2 – 3 – 4 – 5		
Begeisterungsfähigkeit	1 – 2 – 3 – 4 – 5	1 – 2 – 3 – 4 – 5	
Selbstwahrnehmung	1 – 2 – 3 – 4 – 5	1 – 2 – 3 – 4 – 5	
Kreativität	1 – 2 – 3 – 4 – 5	1 – 2 – 3 – 4 – 5	1 – 2 – 3 – 4 – 5
Sprachliches Ausdrucksvermögen	1 – 2 – 3 – 4 – 5	1 – 2 – 3 – 4 – 5	1 – 2 – 3 – 4 – 5
Stressresistenz	1 – 2 – 3 – 4 – 5	1 – 2 – 3 – 4 – 5	1 – 2 – 3 – 4 – 5
Medieneinsatz		1 – 2 – 3 – 4 – 5	
Führungskompetenz			
Initiative	1 – 2 – 3 – 4 – 5	1 – 2 – 3 – 4 – 5	
Ausdauer	1 – 2 – 3 – 4 – 5	1 – 2 – 3 – 4 – 5	
Realitätssinn	1 – 2 – 3 – 4 – 5	1 – 2 – 3 – 4 – 5	
Extraversion		1 – 2 – 3 – 4 – 5	
Einfühlungsvermögen	1 – 2 – 3 – 4 – 5		
Flexibilität	1 – 2 – 3 – 4 – 5	1 – 2 – 3 – 4 – 5	

So wird bewertet

Sie finden in unseren Beobachtungsbögen waagerecht verlaufend die Übungen und senkrecht verlaufend die einzelnen Merkmale, die beobachtet und bewertet werden sollen. 1 bedeutet, dass die Ausprägung des Merkmals beim Teilnehmer sehr stark ist, 5 bedeutet, dass das Merkmal beim Teilnehmer völlig ungenügend ausgeprägt ist. Die Werte 2, 3 und 4 sind für die entsprechenden Abstufungen hinsichtlich der Ausprägung von Merkmalen vorgesehen.

Der allgemeine Eindruck ist oft entscheidend

Sie wissen wahrscheinlich aus eigener Erfahrung, dass die objektive Bewertung des Verhaltens von Menschen eine schwierige Aufgabenstellung ist. Schauen Sie sich einmal eine Diskussion im Fernsehen an und versuchen Sie, die zwölf Beobachtungsdimensionen der Übung Gruppendiskussion für jeden der Diskutierenden sauber getrennt zu bewerten. Schnell werden Sie feststellen, dass dies sehr schwer möglich ist und Sie eher auf einen allgemeinen Eindruck zurückgreifen werden. Das heißt, Sie werden nach der Diskussion sagen können, wer am überzeugendsten war, jedoch nicht die Punktwerte der einzelnen Beobachtungsdimensionen aufschlüsseln können.

So geht es auch den Beobachtern im Assessment-Center. Der Gesamteindruck eines Kandidaten verdrängt die Unterteilung in Beobachtungsdimensionen. Der Gesamteindruck wiederum wird von mehreren Effekten beeinflusst, die wir Ihnen im Folgenden vorstellen werden. Diese führen zu Wahrnehmungs- und Bewertungsfehlern der Beobachter:

→ **Sympathie- oder Antipathie-Effekte**
→ **Halo-Effekte**
→ **Simultan-Effekte**
→ **Tendenz-zur-Mitte-Effekte**
→ **Normalverteilungs-Fehler**

Nutzen Sie die Wahrnehmungsfehler der Beobachter

Diese Wahrnehmungs- und Bewertungsfehler werden Sie zusammen mit unseren Hinweisen zur Vorbereitung zu Ihrem Vorteil nutzen und können damit das Ergebnis beeinflussen. Setzen Sie gezielt die Kommunikations- und Präsentationstechniken ein, die wir Ihnen für die einzelnen Übungen vorstellen. Zunächst erläutern wir Ihnen, welche Bewertungsfehler auftreten können und wie sie die Meinungsbildung der Beobachter beeinflussen.

Subjektive Faktoren der Bewertung 49

Sympathie- oder Antipathie-Effekte

Entscheidend für Sympathie- oder Antipathie-Effekte ist unser innerer Maßstab an Zuneigung oder Abneigung. Derjenige, der uns sympathisch ist, hat einen entscheidenden Vorteil bei der Bewertung seiner Eigenschaften. Wir alle unterliegen ständig Sympathie- oder Antipathie-Effekten. Wenn wir jemanden sympathisch finden, ordnen wir alle seine Verhaltensweisen positiv besetzten Bereichen zu.

Reden ist Silber

Wir alle kennen Menschen, die viel reden. Wenn wir den Vielredner mögen, dann bezeichnen wir ihn als unterhaltsam, phantasievoll, gesprächig und aufgeschlossen. Wenn wir dagegen den Vielredner nicht mögen, dann bezeichnen wir ihn als geschwätzig, als Plaudertasche, als Zeitdieb und als Tratschmaul.

BEISPIEL

Sympathie-Effekte spielen auch im Assessment-Center eine große Rolle. Wenn Sie sich erst einmal die Akzeptanz der Beobachter erarbeitet haben und Ihnen Sympathie entgegengebracht wird, können Sie damit rechnen, wohlwollender beurteilt zu werden. Daher ist Ihre Selbstpräsentation zu Beginn des Assessment-Centers entscheidend für Sympathie- oder Antipathie-Effekte.

Wer sich am Anfang als interessanter Kandidat, der gut ins neue Unternehmen passen würde, darstellt, erzielt bei den Beobachtern den Zugehörigkeits-Effekt, der Sympathie auslöst. Dieser Sympathiebonus wird in den folgenden Übungen nachwirken. Beispielsweise wird Kandidaten, die sich in der Selbstpräsentation als leistungsorientierte und beruflich erfolgreiche Persönlichkeiten dargestellt haben, in der Gruppendiskussion eher die Rolle des kompetenten Moderators zugesprochen als Kandidaten, die sich in der Selbstpräsentation selbst angeklagt und frühere Arbeitgeber kritisiert haben.

Die Selbstpräsentation ist entscheidend

Antipathie-Effekte können Kandidaten im Assessment-Center schnell treffen, wenn sie die Beobachter an schwierige Mitarbeiter und Kollegen erinnern. Auch wenn der vorgege-

Ein souveräner Auftritt bringt Sympathie

bene Zeitrahmen der Übungen ständig überzogen wird, ergebnislos diskutiert wird, Mitarbeitergespräche zu autoritär oder zu therapeutisch gestaltet werden, stellt sich bei den Beobachtern die Erinnerung an Konflikte in ihrem beruflichen Alltag ein. Sobald sich bei den Beobachtern die Wahrnehmung »Kandidat wird Konflikte verursachen« verfestigt hat, sind diese Kandidaten aus dem Rennen.

Arbeiten Sie deshalb schon im Vorfeld des Assessment-Centers auf Sympathie-Effekte bei den Beobachtern hin. Ein souveräner Auftritt in den einzelnen Übungen bringt Ihnen die entsprechende Sympathie. Die Voraussetzung dafür ist, dass Sie wissen, worum es in den Übungen geht, damit Sie sich entsprechend verhalten können.

Halo-Effekte

Halo-Effekte gehören zum gängigen Fehlerrepertoire in psychologischen Untersuchungen. Halo-Effekte entstehen dadurch, dass ein besonders auffälliges Merkmal andere Eigenschaften wie ein »Heiligenschein« überstrahlt und damit die Meinung des Beobachters hinsichtlich der anderen Eigenschaften positiv beeinflusst.

BEISPIEL

Heiligenschein

Wenn ein Mensch eine herausragende gesellschaftliche Position bekleidet, beispielsweise als Oberarzt in einer Klinik oder als Professorin an einer Universität, wird man ihm auch Kompetenz auf Gebieten außerhalb seines Tätigkeitsbereiches zubilligen. Er erscheint dann ohne weitere Überprüfung nicht nur als guter Arzt oder Wissenschaftler, sondern auch als guter Redner, besondere Vertrauensperson oder Führungspersönlichkeit.

Besonders über die Körpersprache kann man im Assessment-Center einen starken Halo-Effekt erzielen. Wer souverän auftritt und seine Körpersprache im Griff hat, kann die Bewertung in den anderen Beobachtungsdimensionen stark beeinflussen. Wer beispielsweise in der Übung Vortrag sicher auftritt, bekommt gleichzeitig gute Bewertungen in der Stressresistenz, der Überzeugungsfähigkeit und der Kreativität.

Wer sich klar ausdrücken kann und seine Argumente gut strukturiert, kann auch über sein Kommunikationsverhalten für ihn günstige Halo-Effekte erreichen. Ein gut aufgebautes Kundengespräch lässt die Beobachter Flexibilität, Einfühlungsvermögen und Ausdauer vermuten.

Körpersprache beeinflusst auch andere Beobachtungsdimensionen

Simultan-Effekte

Ein Blick auf die Beobachtungsdimensionen der Übung Gruppendiskussion in unseren Bewertungsbögen zeigt Ihnen, dass dort pro Übung bis zu zwölf Eigenschaften jedes Teilnehmers zu beobachten und zu bewerten sind. Das menschliche Gehirn stößt bei derartig komplexen Aufgabenstellungen, die simultan bewältigt werden sollen, an seine Kapazitätsgrenzen. Mehr als fünf Eigenschaften kann ein Beobachter nicht gleichzeitig wahrnehmen. Die differenzierte Erfassung komplexer Wirklichkeit auf einen Blick ist Wunschdenken.

Die Beobachter bilden Metadimensionen

Die Konsequenz für das Assessment-Center ist, dass die Beobachter bewusst oder unbewusst einzelne Merkmale zu Blöcken zusammenfassen. Beispielsweise werden bei den zwölf genannten Merkmalen zur Übung Gruppendiskussion stillschweigend drei Blöcke mit je vier Merkmalen gebildet. Für jeden Block wird dann eine Metadimension gesucht, die Leitcharakter für die zugeordneten Dimensionen hat. So würde man beispielsweise als Metadimension Durchsetzungsfähigkeit wählen, die Leitcharakter für die einzeln aufgeführten Beobachtungsdimensionen Führungskompetenz, Initiative, Ausdauer und Flexibilität hätte.

Bei einer derartigen Blockbildung mit selbstgewählten Metadimensionen der Beobachter schlagen die geschilderten Sympathie- oder Antipathie-Effekte und die Halo-Effekte natürlich voll durch. Die von den Beobachtern aus pragmatischen Erwägungen heraus gebildeten, willkürlich und subjektiv festgelegten Metadimensionen entwickeln eine Eigendynamik bei der Beobachtung und Bewertung von Teilnehmern. So wird das Argument, dass Assessment-Center eine detaillierte und analytische Betrachtung der Kandidatinnen und

Nutzen Sie die Gestaltungsfreiräume für sich

Kandidaten ermöglichen, durch Simultan-Effekte ins Gegenteil verkehrt. Differenzierte Meinungsbildung wird wegen der eingeschränkten Wahrnehmungsfähigkeiten der Beobachter durch globale Einschätzung ersetzt. Diese können Sie jedoch wiederum durch Sympathie- und Halo-Effekte für sich nutzen.

Tendenz-zur-Mitte-Effekte

Bei Meinungsunsicherheit für den Mittelwert entscheiden

Ob wir den Geschmack von neuen Kartoffelchips, einen neuen Kinofilm oder die neue Freundin unseres besten Freundes einschätzen sollen: Immer dann, wenn wir uns unserer Meinung nicht ganz sicher sind, wählen wir einen mittleren Wert. Dieses Bewertungsverhalten hat für uns einen großen Vorteil: Findet unser soziales Umfeld den neuen Kinofilm, die neuen Kartoffelchips oder die neue Freundin hervorragend, können wir uns dieser Meinung ohne Gesichtsverlust anschließen. Ist das Gegenteil der Fall, signalisiert unser soziales Umfeld Ablehnung, können wir uns auch dieser Gruppenmeinung ohne größere Begründungen anschließen.

Psychologen und Sozialwissenschaftler kennen dieses Phänomen als Tendenz-zur-Mitte-Effekt. Wenn auf einer Skala von eins bis fünf menschliches Verhalten bewertet werden soll, wird sehr häufig der Mittelwert drei gewählt. Auch wenn eigentlich Unterschiede hätten deutlich werden müssen. Der Tendenz-zur-Mitte-Effekt ist sehr verbreitet und bei Bewertungen nicht in den Griff zu bekommen.

Nutzen Sie die Vorteile des Effekts

In der Personalarbeit ist diese Tendenz auch in Arbeitszeugnissen wiederzufinden. Überdurchschnittliche oder unterdurchschnittliche Bewertungen der Arbeitsleistung von Mitarbeitern müssen besonders begründet werden. Der Rückzug auf durchschnittliche Bewertungen hilft dabei, eigene Entscheidungen nicht besonders begründen zu müssen und die eigene Meinung unter Umständen ohne Gesichtsverlust verändern zu können.

Diese Vorteile des Tendenz-zur-Mitte-Effektes nutzen auch die Beobachter im Assessment-Center. Wenn Kandidaten keine besonderen Leistungen bringen, pendelt die Einschätzung der Leistung meistens um den Mittelwert. Dann ergeben sich in der abschließenden Auswertung der Beobachtungsbögen oft Aussagen wie: »Er ist 3,2 flexibel«, »Sie hat 2,8 als

Wert für Teamfähigkeit« oder »Die Führungsqualitäten liegen bei 2,6«.

Vermeiden Sie daher, im Assessment-Center einfach mitzuschwimmen. Im Endergebnis könnte Ihnen als 2,9-Kandidat dann eine 2,8-Kandidatin vorgezogen werden, ohne dass es besondere Unterschiede in ihrer Leistung gegeben hätte. Sie müssen sich im Assessment-Center positiv in Szene setzen. Wenn Sie das besondere Augenmerk der Beobachter erzielen, werden deren Bewertungen eher in Richtung Topbewertung tendieren. Nutzen Sie die Möglichkeit, sich mit der richtigen Vorbereitung von den anderen Teilnehmern abzuheben.

Setzen Sie sich positiv in Szene

Normalverteilungs-Fehler

Eine Hand voll Genies an der Spitze, wenige debile Gestalten am unteren Ende der Skala und der größte Teil der Menschheit mit durchschnittlichen Leistungen im Mittelfeld angesiedelt: Die Rede ist von der Normalverteilung der Intelligenz.

Die mangelhafte und oberflächliche Auseinandersetzung mit den empirischen Methoden der Sozialforschung, die die Basis für Auswahlverfahren wie das Assessment-Center bilden, hat dazu geführt, dass Beobachter die sogenannte Gaußsche Normalverteilung in jeder Teilnehmergruppe eines Assessment-Centers nachzuweisen versuchen. Diese Normalverteilung auf die Teilnehmergruppe übertragen würde bedeuten: Sind zwölf Kandidaten eingeladen, so werden ein bis zwei hervorragende, ein bis zwei völlig ungeeignete und acht bis zehn Kandidaten mit mittlerem Qualifikationsprofil von den Beobachtern ermittelt.

Die Beobachter und die Gaußsche Normalverteilung

Dass die Normalverteilung erst bei repräsentativen Gruppengrößen von 1000 und mehr Personen greift, stört die Beobachter nicht. Auch der Einwand, dass die Normalverteilung, wenn überhaupt, bei der Ausprägung des Intelligenzquotienten (IQ) und nicht bei der Erfassung des Emotionalen Quotienten (EQ = soziale und methodische Kompetenz), der in seinen verschiedenen Varianten im Assessment-Center ermittelt wird, eine Rolle spielt, hat manche Beobachter noch nicht erreicht.

Rechnen Sie mit Vereinfachungen

Globale, sich selbst erfüllende Prophezeiungen der Auswahlexperten über die normalverteilte Ausprägung sozialer und methodischer Kompetenzen bei den anwesenden Führungskräften ersetzen dann ein differenziertes, auf operationalisierten Beobachtungsdimensionen basierendes Urteil.

Typologie der Beobachter

Bestimmte Eigenarten der Beobachter sind feststellbar

Neben Effekten, die die Bewertung durch die Beobachter beeinflussen können, sollten Sie noch Vorlieben und Charakteristika einzelner Beobachtertypen beachten. Sicherlich ist jeder Beobachter wie auch jeder Kandidat auf seine Weise einzigartig. Dennoch lässt sich eine Typologie der Beobachter erstellen. Bestimmte Eigenarten von Beobachtern lassen sich in jedem Assessment-Center feststellen:

→ der Testgläubige
→ der Hierarchiegefangene
→ der Menschenkenner
→ der Unabhängige

Unsere Typologie der Beobachter ist etwas holzschnittartig und dadurch grob vereinfachend. Es gibt natürlich jede Menge Schattierungen zwischen den einzelnen Typen. Aber dennoch sollten Sie diese Charakteristika – auch wenn sie stark stilisiert sind – im Auge behalten.

Der Testgläubige

Der testgläubige Beobachter des Assessment-Centers folgt in seinen Wertungen des Verhaltens der Teilnehmer den Vorgaben der Moderatoren, weil er diese psychologisch geschulten Experten als höchste Instanz in Sachen Menschenkenntnis akzeptiert.

Dieser Typus übernimmt die Meinung der Moderatoren

Dieser Beobachtertypus hat sich zumeist wenig mit der Leistungsfähigkeit psychologischer Testverfahren beschäftigt. Auch eine eigenständige Auseinandersetzung mit dem Assessment-Center hat er bisher nicht geleistet. Er orientiert sich an dem, was ihm vorgegeben wird.

Wenn dem Testgläubigen von Psychologen Overheadfolien mit bunten Verlaufskurven über die Vorhersagegenauigkeit von Assessment-Centern präsentiert werden, so akzeptiert er dies genauso unkritisch wie vor 40 Jahren den Rorschach-Test (Tintenkleckse deuten), vor 30 Jahren die grafologische Analyse (Handschriftendeutung), vor 25 Jahren Intelligenz- und

Persönlichkeitstests und vor 20 Jahren die rein fachliche Bewerberauswahl (Noten).

Die unkritische und unreflektierte Übernahme von fremden Beurteilungsmaßstäben hat für den Testgläubigen den Vorteil, dass er sich im Krisenfall, also immer dann, wenn der ausgewählte Kandidat nicht mehr den Vorstellungen des Unternehmens entspricht, auf den Standpunkt zurückziehen kann, dass »die anderen Schuld sind«. Die anderen sind die Personalexperten und die Psychologen. Um sich selbst nicht angreifbar zu machen, orientiert er sich an den Urteilen des Moderators.

Die Übernahme von fremden Bewertungsmaßstäben

Der Hierarchiegefangene

Hierarchiegefangene Beobachter verkehren den ursprünglichen Sinn des Assessment-Centers ins Gegenteil. Als einer der Pluspunkte dieses Verfahrens wurde von seinen Verfechtern angeführt, dass Personalentscheidungen nicht mehr von einzelnen, sondern von einer Gruppe von gleichberechtigten Entscheidern getroffen werden.

Der hierarchiegefangene Beobachter hat diese Idee von der gleichberechtigten Gruppenmeinung in der Beobachterkonferenz schon umzusetzen versucht. Dabei hat er bei seinen Kollegen mit den eigenen Vorstellungen über den idealen Kandidaten dermaßen Schiffbruch erlitten, dass er nun immer erst abwartet, wie sich seine Kollegen entscheiden. Dann schließt er sich der Gruppenmeinung über den richtigen neuen Mitarbeiter für das Unternehmen an.

Er schließt sich der Gruppenmeinung an

Der Hierarchiegefangene weiß, dass er, um im Unternehmen den Aufstieg zu schaffen, in ferner Zukunft selbst das interne Assessment-Center zur Personalentwicklung absolvieren muss. Er versucht, durch vorweggenommene Anpassungsleistungen schon jetzt Pluspunkte zu sammeln. Er würde deshalb niemals dem Urteil des Experten aus der Personalentwicklung oder der Personalberatung widersprechen. Beim Ausfüllen seiner Beobachtungsbögen versteckt er sich gerne hinter der Gruppenmeinung. Er achtet mehr auf das, was die anderen ankreuzen, als auf das Verhalten der Kandidaten.

Im Assessment-Center orientieren sich hierarchiegefangene Beobachter an den Meinungsführern in der Beobachterkonferenz: dem Menschenkenner und dem Unabhängigen.

Orientierung an den Meinungsführern

Insbesondere dann, wenn diese auch in der betrieblichen Hierarchie über ihnen stehen.

Der Menschenkenner

Der Menschenkenner hält überhaupt nichts von dem Psychozauber, der im Assessment-Center veranstaltet wird. Er macht zwar gute Miene zum bösen Spiel, lässt sich als Beobachter aus dem Tagesgeschäft seiner Abteilung abkommandieren und nimmt an den Vorbereitungsveranstaltungen für die Beobachter teil. Aber er lässt sich bei seiner Meinungsbildung über geeignete Kandidatinnen und Kandidaten für das Unternehmen von dem »Psychologen-Schnickschnack« in keinster Weise beeinflussen.

Für ihn zählen traditionelle Werte wie Leistung und Fleiß

Der Hintergrund für die Ablehnung psychologischer Auswahlverfahren durch den Menschenkenner ist dessen gespaltene Sicht der Berufswelt. Dieser Beobachtertyp unterscheidet zwischen der beruflichen Praxis einerseits und der theorielastigen Ferne der Fort- und Weiterbildung andererseits. Personalexperten, Trainer, Weiterbildungsreferenten und Psychologen sind für den Menschenkenner lästige Zeitgenossen, die befriedet werden müssen, damit sie nicht bei der Erreichung der eigenen beruflichen Ziele stören.

Der Menschenkenner ist bei Weiterbildungsveranstaltungen an Formulierungen wie »Das ist doch graue Theorie«, »Damit würden die bei mir in der Abteilung keine Woche überleben« oder »Gutes Essen und Trinken hier; schade, dass die Trainer noch nie richtig gearbeitet haben« zu erkennen. Statt widersprüchlicher psychologischer Verfahren stehen bei ihm traditionelle Werte wie Leistung, Fleiß, Ausdauer und Belastungsfähigkeit hoch im Kurs – und die beurteilt er selbst.

Anfällig für Sympathie- oder Antipathie-Effekte

Wer im Assessment-Center seine eigenen Kenntnisse und Fähigkeiten so darstellt, dass das leistungsorientierte Menschenbild und die Wertvorstellungen des Menschenkenners getroffen werden, sammelt viele Pluspunkte. Der Menschenkenner bildet sich sein Urteil über geeignete Bewerber schnell, er ist damit sehr anfällig für Sympathie- oder Antipathie-Effekte.

Der Menschenkenner tritt auch oft in den Pausen zwischen den Übungen oder beim gemeinsamen Mittagessen in Erscheinung. Er geht dann auf die für ihn interessanten Kandidatinnen und Kandidaten zu, um mit ihnen Gespräche zu führen. Er fragt gerne nach Hobbys, bisherigen beruflichen Erfolgen und nach den zukünftigen Karriereplänen.

Aber Vorsicht: Lassen Sie sich nicht von ihm aufs Glatteis führen. Stellen Sie Ihre berufliche Leistung in den Vordergrund und machen Sie deutlich, dass die effektive Umsetzung betrieblicher Vorgaben für Sie höchste Priorität hat. Erzählen Sie dem Menschenkenner, welchen hohen Stellenwert beruflicher Erfolg für Ihre allgemeine Zufriedenheit hat. Beachten Sie dazu auch unsere Hinweise aus dem Kapitel »Heimliche Übungen«. Dort erklären wir Ihnen, wie Sie sich zwischen den einzelnen Übungen präsentieren sollten.

Stellen Sie stets Ihre beruflichen Leistungen in den Vordergrund

Der Unabhängige

Der Unabhängige ist der ideale Typus, den sich Unternehmen bei der Durchführung von Assessment-Centern wünschen. Er hat sich mit den Vor- und Nachteilen des Auswahlverfahrens Assessment-Center auseinandergesetzt und sich eine eigene Meinung gebildet.

Der Unabhängige lässt sich nicht von seiner Macht im Auswahlverfahren blenden, sondern versucht, in den verschiedenen Stufen des Auswahlverfahrens detailliert die Argumente herauszuarbeiten, die für oder gegen einen Kandidaten sprechen. Kennzeichnend für den Typ des unabhängigen Beobachters ist sein reflektiertes Wissen über die Grenzen von Personalauswahlverfahren.

Er weiß um die Grenzen des Personalauswahlverhaltens

Der Unabhängige hat sich seine eigene Meinung zu den Möglichkeiten des Assessment-Centers gebildet. Er weiß, dass neben dem Abschneiden im Assessment-Center noch andere Faktoren darüber entscheiden, wie die zukünftige Karriereentwicklung der neuen Mitarbeiter verläuft. Zu den weiteren Faktoren, die auf die berufliche Entwicklung neuer Mitarbeiterinnen und Mitarbeiter Einfluss nehmen, gehören für ihn

→ die richtige Auswahl der Mentoren und Ansprechpartner während der Einarbeitungszeit der neuen Mitarbeiter,
→ die Erfahrung, dass gezieltes Feedback bei besonders ge-

lungenen und bei weniger gelungenen Projekten der Mitarbeiter eine große Bedeutung für die weitere Leistungsbereitschaft hat,
→ die Auswirkungen, die sich aus Veränderungen in der Arbeitsorganisation ergeben (Organisationsentwicklung),
→ die Entwicklung des gesamtwirtschaftlichen Umfeldes (Konjunktur),
→ das Wissen um den Einfluss, den Veränderungen im Privatbereich auf die berufliche Leistungsfähigkeit von Mitarbeitern haben.

Dieser Beobachter gibt eine zweite Chance

Der Unabhängige sieht das Assessment-Center daher als eine Art Blitzlicht, das die augenblickliche Leistungsfähigkeit der Kandidatinnen und Kandidaten beleuchtet. Das positive oder negative Abschneiden in einer einzelnen Übung, wie der Gruppendiskussion oder der Themenpräsentation, registriert der Unabhängige zwar aufmerksam, dennoch bekommen jede Teilnehmerin und jeder Teilnehmer im Verlauf der verschiedenen Übungen immer noch eine zweite Chance. Er berücksichtigt beim Assessment-Center für Führungskräfte auch deren Tagesform, indem er die bisherige berufliche Entwicklung, so wie sie in den schriftlichen Unterlagen deutlich wird, in sein endgültiges Urteil mit einbezieht.

Eigene Bewertungskriterien und Gewichtung

Der unabhängige Beobachter bildet sich seine eigenen Bewertungskriterien. Die vorgefertigten Beobachtungsdimensionen des Assessment-Centers für Führungskräfte unterzieht er einer eigenen Gewichtung, deren Maßstab seine eigene Meinung ist. Er entwickelt die Dimensionen des durchgeführten Assessment-Centers nach seinen eigenen differenzierten Vorstellungen weiter.

Der Unabhängige nimmt mit seiner Position eine Vermittlerrolle zwischen dem Testgläubigen, dem Hierarchiegefangenen, dem Moderator auf der einen Seite und dem Menschenkenner auf der anderen ein. Er bemüht sich um ein aus seiner Sicht gerechtes Ergebnis.

Auf einen Blick
Subjektive Faktoren der Bewertung

AUF EINEN BLICK

→ Die Beobachterkonferenz des Assessment-Centers wird aus Fachvorgesetzten zusammengestellt, die üblicherweise ein bis zwei Hierarchiestufen über der zu vergebenden Position angesiedelt sind.

→ Die Beobachter werden vor dem Assessment-Center von Personalexperten mit den Bewertungskriterien vertraut gemacht.

→ Die differenzierte Einschätzung des Verhaltens von Kandidaten ist schwierig. Der Gesamteindruck verdrängt oft die einzelnen Beobachtungsdimensionen.

→ Beobachter greifen häufig auf subjektive Vorlieben und persönliche Erfahrungen bei der Einschätzung von Kandidaten zurück.

→ Die Bewertungen der Beobachter unterliegen diesen Wahrnehmungs- und Bewertungsfehlern:
  – Sympathie- oder Antipathie-Effekte
  – Halo-Effekte
  – Simultan-Effekte
  – Tendenz-zur-Mitte-Effekte
  – Normalverteilungs-Fehler

→ Die Vorlieben der Beobachter lassen sich in Beobachtertypen zusammenfassen. Die Typologie der Beobachter umfasst:
  – den Testgläubigen
  – den Hierarchiegefangenen
  – den Menschenkenner
  – den Unabhängigen

→ Die Vorlieben der Beobachter können Sie genauso wie die Wahrnehmungs- und Bewertungsfehler zu Ihrem Vorteil nutzen.

4. Beispielhafte Abläufe von Assessment-Centern für Führungskräfte

In diesem Kapitel können Sie sich einen Überblick über den Ablauf unterschiedlicher Assessment-Center verschaffen. Dazu zeigen wir Ihnen sechs Assessment-Center verschiedener Unternehmen für Führungskräfte.

Beispiele dafür, was Sie konkret erwartet

Wir haben die folgenden Assessment-Center als Überblick für Sie ausgewählt, weil der Ablauf und die Auswahl der Übungen Sie mit dem vertraut machen, was Führungskräfte üblicherweise erwartet.

Bei der ersten Mitarbeiterpotenzialanalyse handelt es sich um ein Einzelassessment, die folgenden Assessment-Center sind alle für Gruppen, fünf aus dem Bereich der Personalauswahl und eines aus dem Bereich der Personalentwicklung (Management-Audit).

Wir stellen Ihnen gerade diese Beispiele vor, weil sie repräsentativ für die ganze Spannbreite der Personalarbeit sind. Sie lernen sowohl verschiedene Assessment-Center-Typen kennen als auch den Einsatz der Assessment-Center-Methode in unterschiedlichen Branchen. Diese Beispiele werden Ihnen dabei helfen, einen besseren Eindruck davon zu bekommen, was Sie in Ihrem Assessment-Center erwarten könnte:

- → Mitarbeiterpotenzialanalyse bei einem Telekommunikationsunternehmen
- → Assessment-Center bei einem Automobilunternehmen
- → Assessment-Center bei einer Krankenkasse
- → Assessment-Center bei einer Landesbank
- → Assessment-Center bei einem Warenhauskonzern
- → Management-Audit bei einem Telekommunikationsunternehmen

Mitarbeiterpotenzialanalyse bei einem Telekommunikationsunternehmen

→ *Zweck:* Personalauswahl
→ *Typ:* Einzelassessment
→ *Position:* Abteilungsleiter
→ *Durchführung:* externe Unternehmensberatung
→ *Dauer:* halbtägig (8 bis 13 Uhr)
→ ein Teilnehmer, drei Beobachter aus den Fachabteilungen, zwei Moderatoren respektive Psychologen

Begrüßung: Zur Einführung erläutert der Moderator den Sinn des Einzelassessments anhand der Frage: »Welche Eigenschaften werden von dem zukünftigen Abteilungsleiter erwartet?« Er beantwortet die von ihm aufgeworfene Frage mit allgemeinen Vorgaben wie Motivationsfähigkeit, Arbeiten mit Zielen (Management by Objectives), Qualitätsmanagement, Prozessoptimierung, offene Kommunikation. Anschließend wird der Tagesablauf, das heißt die Reihenfolge der Übungen, erläutert.

Postkorb: 30 Minuten Vorbereitungszeit, 25 Vorgänge sind zu bearbeiten, die Termine überschneiden sich teilweise. 20 Minuten, um die Lösung des Postkorbs anhand des ausgearbeiteten Terminplans zu erläutern.

Vorbereitung Vortrag: 20 Minuten Vorbereitungszeit. Thema: »Wie stelle ich mir das Führen einer Abteilung vor?«

Vorbereitung Mitarbeitergespräch: 25 Minuten Vorbereitungszeit. Inhalt: Der zu kritisierende Mitarbeiter informiert seinen Vorgesetzten nicht ausreichend. Der Vorgesetzte wird formal und inhaltlich sehr oft übergangen. Der Mitarbeiter soll darlegen, warum er sich so verhält. Für die Zukunft soll ein anderes, auf den Vorgesetzten ausgerichtetes Verhalten vereinbart werden.

Pause

Selbstpräsentation: 5 Minuten, um den bisherigen beruflichen Werdegang darzustellen.

Interview: 40 Minuten. Fragen zur sozialen und methodischen Kompetenz und fachliche Fragen: »Warum haben Sie sich für diese Position beworben?«, »Was unterscheidet Sie von den anderen Mitbewerbern?«, »Was bedeutet Erfolg für Sie?«, »Wo liegen Ihre Stärken und wo Ihre Schwächen?«

Durchführung Mitarbeitergespräch: 20 Minuten. Der Mitarbeiter verhält sich zunächst sehr schweigsam, trotzig und uneinsichtig.

Durchführung Vortrag: 20 Minuten Präsentation des oben genannten Themas. Fragen während des Vortrages, kurze Diskussion im Anschluss.

Abschlussfrage: »Wie kommen Sie nach Hause?«

Assessment-Center bei einem Automobilunternehmen

→ *Zweck:* Personalauswahl
→ *Typ:* Gruppen-Assessment-Center
→ *Position:* Schichtbetriebsleiter (SBL) im Warenausgang Teile und Zubehör
→ *Durchführung:* externe Unternehmensberatung
→ *Dauer:* ganztägig (8 bis 18 Uhr)
→ sechs Teilnehmer, fünf Beobachter aus den Fachabteilungen, ein Moderator

Begrüßung und Einweisung: 60 Minuten

Gruppendiskussion mit Rollenvorgabe: 10 Minuten Vorbereitungszeit, 30 Minuten anschließende Diskussion. Ein Teilnehmer übernimmt die Rolle des Schichtbetriebsleiters, zwei übernehmen die Rolle von Meistern. Inhalt: Ein neues EDV-System wird eingeführt. Der Schichtbetriebsleiter soll mit den Meistern festlegen, welche neuen Arbeitsschritte sich aus dieser Prozessoptimierung ergeben und welche neuen Anforderungen im Rahmen der Arbeitsvorbereitung auf die Mitarbeiter zukommen.

Beispielhafte Abläufe von Assessment-Centern für Führungskräfte

Rollenspiel: 10 Minuten Vorbereitungszeit, 30 Minuten anschließendes Gespräch. Inhalt: Der Schichtbetriebsleiter führt ein Statusgespräch mit seinen beiden neuen Meistern, die diese Funktion erst seit zwei Wochen ausüben. Einer der beiden Meister hat Probleme mit einem unpünktlichen Mitarbeiter, den er in die Schicht des anderen Meisters verschieben will. Der Schichtbetriebsleiter soll Lösungen aufzeigen und die Abschiebung verhindern.

Vortrag: 30 Minuten Vorbereitungszeit, 10 Minuten Vortrag, anschließend 10 Minuten Diskussion. Thema: »Präsentation der Maßnahmen zur Einführung eines Anwesenheits-Verbesserungs-Prozesses (AVP).« AVP-Unterlagen zur Zielsetzung, zum Terminplan und zu den einzelnen Stufen werden in der Vorbereitungszeit zur Verfügung gestellt. Jeder Teilnehmer präsentiert seine Maßnahmen vor zwei Beobachtern und diskutiert anschließend mit ihnen.

Gruppendiskussion: 10 Minuten Vorbereitungszeit, 30 Minuten Diskussion. Thema: »Maßnahmen zur AVP-Einführung (siehe Vortrag) festlegen.« Diskussion unter drei Teilnehmern.

Planspiel: 30 Minuten. Einzelgespräch: jeweils ein Teilnehmer mit einem Beobachter. Eine Lagerskizze wird vorgelegt, dazu werden logistische Fragen gestellt (Wareneingang, Warenausgang, Kommissionierung etc.).

Postkorb: 30 Minuten. Festlegung des Terminplans für neun Aufgaben.

Konstruktionsübung: 60 Minuten. Es werden zwei Teams zu je drei Personen aus der Teilnehmergruppe gebildet. Pro Gruppe werden ein Leiter und zwei ihm zuarbeitende Mitarbeiter bestimmt. Die Aufgabe ist, eine Brücke aus Papier zu bauen. Die Brücke soll aus vier Pfeilern mit zwei Fahrbahnen bestehen. Team eins baut die Pfeiler, Team zwei die Fahrbahnen. Beide Teams arbeiten in separaten Räumen. Die beiden Leiter führen innerhalb der Konstruktionszeit zwei Abstimmungsgespräche in einem dritten Raum durch. Die Vorbereitungszeit beträgt 10 Minuten. Die Konstruktionszeit ist 40 Minuten lang. Das erste Gespräch der Teamleiter wird nach 10 Minuten Konstruktionszeit, das zweite nach 30 Minuten geführt. Für den abschließenden Zusammenbau stehen 10 Minuten zur Verfügung.

Interview: 40 Minuten. Einzelgespräch: jeweils ein Teilnehmer mit einem Beobachter. Fragen zum Profil des Teilnehmers und seinen Leistungen im Assessment-Center.

Abschluss: 35 Minuten

Assessment-Center bei einer Krankenkasse

→ *Zweck:* Personalauswahl
→ *Typ:* Gruppen-Assessment-Center
→ *Position:* Geschäftsstellenleiter
→ *Durchführung:* externe Unternehmensberatung
→ *Dauer:* ganztägig (13.30 Uhr bis in den späten Abend)
→ acht Teilnehmer, sechs Beobachter, ein Moderator

Begrüßung

Selbstpräsentation: keine Vorbereitungszeit, 3 Minuten für die Darstellung des eigenen beruflichen Werdegangs vor den Teilnehmern und den Beobachtern.

Aufsatz: 3 Stunden. Thema: »Wie sieht die Krankenkassengeschäftsstelle der Zukunft aus?« Die Bearbeitung des Aufsatzes wird immer wieder unterbrochen, um mit einzelnen Kandidaten die anderen Übungen – Gruppendiskussion, Kunden- und Kritikgespräch – durchzuführen.

Kundengespräch: Vorbereitungszeit 15 Minuten, 8 Minuten Gesprächsdauer, dann wird das Gespräch mit oder ohne Ergebnis abgebrochen.

Aufgabe: Vereinbaren Sie einen Gesprächstermin mit dem Geschäftsführer eines Unternehmens. Hintergrund: Zwei von 40 Mitarbeitern des Unternehmens haben von der gesetzlichen zur privaten Krankenkasse gewechselt. Der Geschäftsführer bevorzugt die privaten Kassen, lässt aber seinen Mitarbeitern die freie Wahl.

Gruppendiskussion: Vorbereitungszeit 15 Minuten, Diskussionszeit 20 Minuten. Thema: »Welche unterstützenden Maßnahmen braucht der Vertrieb?«

Mitarbeiter-Kritikgespräch: Vorbereitungszeit 10 Minuten, Gesprächszeit 10 Minuten. Aufgabe: »Bringen Sie einen Ihrer Außendienstmitarbeiter dazu, die vereinbarte Anzahl von Hausbesuchen bei Kunden auch tatsächlich durchzuführen.«

Hintergrund: Die Vorgabe der Hausbesuche, die von den anderen Mitarbeitern Ihrer Abteilung problemlos erreicht wird, wurde von dem zu kritisierenden Mitarbeiter mehrmals nicht erfüllt. Klären Sie im Gespräch, welche Gründe vorliegen und was vonseiten des Mitarbeiters oder von Ihrer Seite getan werden muss, damit die Vorgabe zukünftig eingehalten wird.

Abschluss

Assessment-Center bei einer Landesbank

→ *Zweck:* Personalauswahl
→ *Typ:* Gruppen-Assessment-Center
→ *Dauer:* zweieinhalbtägig; *1. Tag:* 15 bis 18 Uhr; *2. und 3. Tag:* jeweils 9 bis 21 Uhr
→ zwölf Teilnehmer, sechs Beobachter, ein Moderator

1. Tag
Begrüßung

Selbstpräsentation: keine Zeitvorgabe. Vorstellungsrunde der zwölf Teilnehmer und der sechs Beobachter.

2. und 3. Tag
Selbstpräsentation: 30 Minuten Vorbereitungszeit, 15 Minuten Vorstellung. Gewünschte Inhalte: Bisheriger Werde-

gang der Bewerber, Erwartungen an die Position und an die weitere berufliche Entwicklung.

Vortrag: 30 Minuten Vorbereitungszeit, 15 Minuten Vortrag. Zwei Texte mit bankspezifischen Themenstellungen zur Auswahl.

Gruppendiskussion: Vorbereitungszeit 20 Minuten, 45 Minuten Diskussion. Thema: »Eine neue Repräsentanz soll im Ausland eröffnet werden.« Zwei Gruppen zu jeweils sechs Teilnehmern diskutieren.

Gruppendiskussion: Vorbereitungszeit 20 Minuten, 30 Minuten Diskussion. Thema: »Bewerberauswahl, Bewerberprofile werden in den Unterlagen vorgegeben.« Zwei Gruppen zu jeweils sechs Teilnehmern diskutieren.

Mitarbeiter-Kritikgespräch: Vorbereitungszeit 10 Minuten, 10 Minuten Gespräch. Thema: »Ihr Sachbearbeiter zeigt schlechte Leistungen. Finden Sie heraus, welche Gründe vorliegen und wie zukünftig wieder gute Leistungen erreicht werden können.«

Mitarbeiter-Kritikgespräch: Vorbereitungszeit 10 Minuten, 10 Minuten Gespräch. Thema: »Sie leiten ein Vertriebsteam. Einer Ihrer Vertriebsmitarbeiter liefert schwache Abschlusszahlen. Machen Sie ihm deutlich, dass Sie bessere Abschlusszahlen von ihm erwarten.«

Aufsatz: 15 Minuten. Anschlussübung an das Mitarbeiter-Kritikgespräch. Aufgabe: »Fertigen Sie ein Protokoll über das zuvor geführte Kritikgespräch mit dem Vertriebsmitarbeiter an.«

Planspiel: 2 Stunden. Unternehmensplanspiel am PC. Drei Gruppen zu je vier Teilnehmern treten gegeneinander an.

Leistungs- und Intelligenztests: Test 1: Buchstaben herausstreichen. Die Buchstaben d und b in Buchstabenkolonnen erkennen und herausstreichen. Test 2: Zusammengehörende Begriffe erkennen. Test 3: Zahlenreihen fortsetzen. Test 4: Räumliches Denken.

Postkorb: 1 Stunde.

Abschluss

Assessment-Center bei einem Warenhauskonzern

→ *Zweck:* Personalauswahl
→ *Typ:* Gruppen-Assessment-Center
→ 48 Teilnehmer, drei Beobachter, ein Moderator
→ Es wurden 4 Assessment-Center mit jeweils 12 Kandidaten durchgeführt. Die vier Teilnehmergruppen wurden immer von denselben Beobachtern begutachtet. Von den 48 Kandidaten kamen 12 in das zweite, abschließende Assessment-Center, das 14 Tage später stattfand.

Begrüßung: Die Beobachter stellen sich der Gruppe kurz vor und bitten ihrerseits um eine ganz kurze Vorstellung der Bewerber in der Runde.

Selbstpräsentation: Vorbereitungszeit 30 Minuten, 10 Minuten Vorstellung, 10 Minuten Nachfragen beantworten.

Aufsatz: 30 Minuten. Es wird der Beschwerdebrief eines Kunden verteilt. Die Kandidaten sollen einen Antwortbrief formulieren.

Fallstudie: Vorbereitungszeit 20 Minuten, 45 Minuten Ausführung. Thema: »Welche Informationen sind notwendig, um eine Investitionsentscheidung für einen neuen Unternehmensstandort zu treffen?« Die Kandidaten bekommen Unterlagen mit Informationen ausgehändigt.

Gruppendiskussion: keine Vorbereitungszeit, 40 Minuten Diskussion. Die Gruppe wurde in einen Raum geführt, in dem zwölf Tische und Stühle in einem Halbkreis standen. Jeder konnte seinen Platz frei wählen. Dem Halbkreis gegenüber saßen die vier Beobachter. Thema: »Die Zukunft des Warenhauses.«

Abschluss: erst 90 Minuten Wartezeit, dann Einzelfeedback über die Leistungen im Assessment-Center. Absage oder Einladung zum zweiten Assessment-Center.

Management-Audit bei einem Telekommunikationsunternehmen

→ *Zweck:* Personalentwicklung, zusätzlich zur Vorgesetztenbeurteilung
→ *Typ:* Gruppen-Assessment-Center
→ *Dauer:* zweieinhalbtägig
→ 25 Teilnehmer, fünf Beobachter, ein Moderator

1. Tag

Begrüßung: Vorstellungsrunde. Fünf Gruppen zu je fünf Teilnehmern.

2. Tag

Gruppendiskussion: 30 Minuten Vorbereitung, 60 Minuten Diskussion. Thema: »Erarbeiten Sie in der Gruppe das Profil eines neuen Fernsehsenders! Klären Sie unter anderem, wen das neue Programm ansprechen soll, wie es heißen soll und welche Inhalte es haben soll.«

Mitarbeitergespräch: 20 Minuten Vorbereitung, 20 Minuten Gesprächsdauer. Thema: »Kündigen Sie einem Mitarbeiter, und handeln Sie eine kurze Kündigungsfrist und eine niedrige Abfindungszahlung aus.«

Mitarbeitergespräch: 10 Minuten Vorbereitung, 20 Minuten Gesprächsdauer. Thema: »Führen Sie mit einem Mitarbeiter ein Vorgespräch, um seine bisherigen Leistungen im Rahmen einer Beurteilung schriftlich festzuhalten.«

Postkorb: 2 Stunden. Thema: »Sie sind der Stellvertreter des Chefs. Bearbeiten Sie seinen Postkorb. Tragen Sie seine Termine in einen Terminkalender ein.«

Vorbereitung Vortrag: Nach dem Abendessen wird den Teilnehmern das Vortragsthema, das am folgenden Tag zu präsentieren ist, genannt. Die Teilnehmer bekommen dazu Material ausgehändigt.

3. Tag

Vortrag: 5 Minuten. Aufgabe: »Inhaltliche Zusammenfassung des am vorherigen Abend ausgegebenen Materials.« Anschließend 5 Minuten eigene Bewertung des Inhalts. Danach Diskussion ohne Zeitlimit.

Gruppendiskussion: Vorbereitung 30 Minuten, 60 Minuten Diskussion. Thema: »Entwickeln Sie Verkaufsförderungsmaßnahmen für schnurlose Telefone.«

Aufsatz: 2 Stunden. Thema: »Die Zukunft des Telekommunikationsmarktes.«

Abschlussgespräch: Bewertung der anderen Teilnehmer: Einschätzung der eigenen Leistung.

5. Einzelassessment

Assessment-Center werden nicht nur als Gruppenauswahlverfahren eingesetzt, manche Unternehmen überprüfen interessante Kandidaten auch im Einzelassessment. Wann Sie mit einem Einzelassessment rechnen müssen und welche Übungen Sie dort erwarten, erfahren Sie in diesem Kapitel.

Einzelassessment zur Personalentwicklung

Ab einer gewissen Hierarchiestufe lassen insbesondere Unternehmensberatungen Bewerber nur noch ungern in einer Gruppe gegeneinander antreten. Dies gilt insbesondere für Assessment-Center zur Personalentwicklung eines Unternehmens. Der Direktvergleich von Führungskräften, die sich alle auf der gleichen Stufe der Karriereleiter befinden, kann zu späteren Problemen im beruflichen Alltag führen. Zum einen gibt es oft Begründungsschwierigkeiten gegenüber den Mitarbeitern, wenn man abgelehnte Kandidaten wieder in ihre alte Position zurückschickt.

Zum anderen kann es später – da der Direktvergleich als Kampf gegeneinander empfunden wird – auch zwischen den Führungskräften zu Spannungen kommen, wenn die Ergebnisse den abgelehnten Bewerbern nicht plausibel gemacht werden können. Führungskräfte, die oft seit mehreren Jahren, manchmal Jahrzehnten, für ihr Unternehmen tätig sind, tolerieren den zwangsläufigen Karriereknick nach einem negativ verlaufenen Assessment-Center nicht so einfach. Sie fühlen sich vor den Kollegen bloßgestellt und befürchten Autoritätsverluste.

Gute Gründe für das Einzelassessment

Als Konsequenz suchen sie oft das Gespräch mit der Personalabteilung, um eine Relativierung des Ergebnisses zu erreichen. Dieser Weg endet jedoch fast immer in der Sackgasse: Personalentscheidungen gelten schon aus Gründen der inneren (Unternehmens-)Ruhe als unwiderruflich. Wer im Assessment-Center nicht den notwendigen Punkteschnitt erreicht hat, der eine weitere Karriere im Unternehmen eröffnet, wird nachträglich keine Aufhebung dieser Karriereblockade erreichen. Dieses Erlebnis treibt Führungskräfte dann häufig in die innere Kündigung. Nach dem Motto: »Wer mich nicht will, hat mich auch nicht verdient!« beginnt die Suche nach neuen Arbeitgebern.

Diese Abwanderung von Führungskräften ist für ein Unternehmen problematisch. Eine hohe Personalfluktuation stört innerbetriebliche Abläufe und verursacht hohe Kosten durch die dann notwendige Personalsuche und Einarbeitung neuer Mitarbeiter. Meist leisten die im Assessment-Center »durchgefallenen« Mitarbeiter in ihrer jetzigen Position gute Arbeit, und das Unternehmen ist grundsätzlich daran interessiert, diese Mitarbeiter zu halten. Damit sich Führungskräfte nicht in einem Direktvergleich mit anderen internen oder externen Bewerbern bloßgestellt oder abgewertet fühlen, greifen Unternehmen bei der Potenzialerfassung ihrer Leistungsträger zum Einzelassessment.

Einzelbeurteilung statt Direktvergleich mit anderen Bewerbern

Einschätzung von Top-Kandidaten

Beim Einzelassessment führt ein Kandidat die Übungen unter den Augen einer verkleinerten Beobachterkonferenz durch. Meistens werden zur Bewertung zwei Beobachter, die in der Regel Mitglieder der Geschäftsleitung sind, und ein für die Durchführung verantwortlicher Moderator eingesetzt. Die Ergebnisse des Einzelassessments werden in der Personalakte festgehalten und haben daher eine große Bedeutung für die weitere Entwicklung des Mitarbeiters.

Da nur ein Teilnehmer zu bewerten ist, ist die Aufmerksamkeit der Beobachter stark fokussiert. Ein kurzfristiges Abtauchen in die Gruppe ist nicht möglich. Es gibt auch in den Pausen keine Möglichkeit, kurz abzuschalten und Kraft zu tanken. Einzelassessment-Kandidaten werden einer größeren Stressbelastung ausgesetzt als die Teilnehmer eines Gruppen-Assessment-Centers.

Fokussierte Aufmerksamkeit der Beobachter

Der Vorteil für den Einzelassessment-Kandidaten liegt darin, dass die erzielten Ergebnisse nicht nach außen dringen und er ohne Gesichtsverlust wieder an seinen momentanen Arbeitsplatz zurückkehren kann. Der Wettbewerbscharakter des Gruppen-Assessment-Centers wird vermieden. Einzelassessments werden deshalb oft bei der internen Potenzialerfassung von Führungskräften höherer Hierarchiestufen eingesetzt.

Besetzung einer Top-Position

Zusätzlich werden Einzelassessments dann benutzt, wenn sowohl interne als auch externe Kandidaten für die Besetzung einer Top-Position infrage kommen. Die negativen Folgen, die sich aus einem Gruppen-Assessment-Center zwischen internen und externen Bewerbern für die zukünftigen Arbeitsabläufe im Unternehmen ergeben könnten, lassen sich auch mit wenig Phantasie ausmalen. Setzt sich der externe Kandidat im Gruppen-Assessment-Center gegen interne Kandidaten durch, wird er bei Arbeitsantritt einem Block ehemaliger Konkurrenten gegenüberstehen. Wenn es bei einzelnen Übungen zu persönlichen Spannungen zwischen den Teilnehmern gekommen ist, werden diese Spannungen im anschließenden Berufsalltag fortbestehen. Mit dem Einsatz von Einzelassessments können interne und externe Kandidaten getrennt begutachtet werden. Ein weiterer Grund für Einzelassessments ist, dass bei Top-Positionen oft gar nicht genug Bewerber vorhanden sind, die man gegeneinander antreten lassen könnte.

Durchführung durch Beratungsunternehmen

Da viele Unternehmen die Auswahl von Top-Führungskräften Personal- oder Unternehmensberatungen überlassen, werden Einzelassessments sehr häufig in Beratungsunternehmen eingesetzt. Die Entscheidung, einen bestimmten Bewerber als Top-Kandidaten vorzuschlagen, muss von den Personalberatungen umfassend vorbereitet werden. Personalakten liegen den Personalberatern nicht vor. Aus der schriftlichen Bewerbung und anhand von Referenzen kann die fachliche Kompetenz bewertet werden. In Top-Positionen sind jedoch die soziale und die methodische Kompetenz wesentliche Erfolgsfaktoren. Diese Bestandteile der beruflichen Qualifikation müssen eingehend erfasst und beurteilt werden. Das Einzelassessment ist für die Personalberatungen eine Möglichkeit, Situationen aus dem Berufsalltag nachzustellen und das Verhalten der Bewerber zu beurteilen.

Der Bewerber wird über die Aufgabentypen informiert

Da Top-Kandidaten eine überraschende Konfrontation mit einem Assessment-Center nicht akzeptieren würden, informieren Personalberatungen meistens die Kandidaten, die sie sichten sollen, vorher darüber, dass ein Einzelassessment durchgeführt wird. Anders als bei Gruppen-Assessment-Centern wird den Bewerbern auch der Ablauf des Einzelassessments mitgeteilt. Genaue Aufgabenstellungen werden natürlich nicht genannt, die Kandidaten werden jedoch darüber informiert, welche Aufgabentypen sie erwarten.

Übungen im Einzelassessment

Die Übungen im Einzelassessment entsprechen überwiegend denen von Gruppen-Assessment-Centern. Es erwarten Sie:

- → **Selbstpräsentation**
- → **Mitarbeitergespräch**
- → **Kundengespräch**
- → **Vortrag**
- → **Postkorb**
- → **Interview,**
- → **Fallstudien**
- → **Planspiele**

Auf gruppendynamische Effekte, die sich in der anschließenden Diskussion eines Gruppen-Assessment-Centers ergeben, wird verzichtet. Dafür stehen die Präsentationstechniken und die Techniken der Gesprächsführung im Einzelassessment im Vordergrund. Sie müssen in verschiedenen Gesprächssituationen Ihre Kommunikationsfähigkeit beweisen. Es wird getestet, ob Sie nahtlos von den Anforderungen eines Mitarbeiter-Kritikgesprächs zu den Besonderheiten eines Kundengesprächs wechseln können. Ihre Flexibilität ist gefragt.

Präsentationstechniken und Gesprächsführung stehen im Vordergrund

Generell verläuft Ihre Vorbereitung auf das Einzelassessment analog zu der Vorbereitung von Gruppen-Assessment-Centern. Damit Sie sich optimal darauf einstellen können, finden Sie spezielle Hinweise in den Kapiteln, die wir den einzelnen Übungen gewidmet haben. Da Sie nicht mit anderen Teilnehmern rechnen müssen, können Sie Einzelassessments gut vorbereiten.

Ihre Selbstpräsentation sollten Sie im Einzelassessment als Chance nutzen, den Beobachtern Ihr Profil deutlich zu machen. Erarbeiten Sie sich Sympathie-Effekte, indem Sie sich als kreatives Durchsetzungstalent darstellen. Heben Sie hervor, dass Sie Überdurchschnittliches geleistet haben und weiterhin leisten werden.

Im Mitarbeitergespräch wird erwartet, dass Sie Mitarbeiter wieder auf Kurs bringen können. Widerstehen Sie der Versuchung, auf hierarchische Autorität zurückzugreifen. Machen Sie dem Mitarbeiter klar, welche Konsequenzen sein Verhalten für das gesamte Unternehmen hat.

Richtiges Verhalten im Mitarbeitergespräch

Das Kundengespräch gestalten Sie erfolgreich, wenn Sie es schaffen, die Blockadehaltung des Kunden gegen Ihre Vorschläge aufzulösen. Erfragen Sie dazu seine Vorstellungen und gehen Sie auf seine Wünsche ein.

Im Vortrag müssen Sie zeigen, dass Sie komplexe Sachverhalte in verständliche Teilaspekte herunterbrechen und Fakten visualisieren können. Nutzen Sie Medien wie Flipchart und Overheadprojektor, um Dynamik zu erzeugen und die Aussagekraft Ihrer Argumente zu erhöhen.

Wenn Sie den Postkorb bearbeiten, sollten Sie zuerst alle Vorgänge sichten und erst dann Aufgaben delegieren, Termine zusagen und Entscheidungen treffen.

Im Interview wird man ein vertiefendes Vorstellungsgespräch mit Ihnen führen. Der Schwerpunkt wird auf Ihrer Selbsteinschätzung, Ihren Stärken und Schwächen und Ihren Karrierewünschen liegen.

Berücksichtigen Sie die Vorlieben der Beobachter

Fallstudien und Planspiele konfrontieren Sie mit fiktiven Unternehmensszenarien. Analysieren Sie das ausgehändigte Material und treffen Sie strategische Entscheidungen.

Besondere Erfolge erzielen Sie im Einzelassessment, wenn Sie auf die sprachlichen Vorlieben der Beobachter eingehen. In der Vorstellungsrunde zu Beginn des Einzelassessments sollten Sie auf Lieblingsformulierungen und häufige Schlagworte der Beobachter achten.

BEISPIEL

Der Draht zum Beobachter

Verwendet ein Beobachter Begriffe wie »Management by Objectives«, »Führung durch Zielvereinbarung«, »Profit-Center«, »unternehmerisches Denken«, »Eigenverantwortung der Mitarbeiter« oder »kreatives Potenzial«, sollten Sie einige dieser Begriffe gezielt in den sich anschließenden Übungen einsetzen.

Sie könnten einen Vortrag beispielsweise so beginnen:

»Um flexibel auf die Anforderungen der Märkte einzugehen, halte ich es für wichtig, die Mitarbeiterverantwortung zu stärken. Unternehmerisches Denken sollte für unsere Mitarbeiter zum Maßstab werden. Um kreatives Potenzial freizusetzen, muss noch konsequenter als bisher durch Zielvereinbarung geführt werden.«

Jeder Beobachter hat Lieblingsformulierungen oder bevorzugt bestimmte Managementkonzepte. Sie erreichen seine Sympathie, wenn Sie Gemeinsamkeit herstellen, indem Sie seine sprachlichen Vorgaben aufgreifen. Wenn Sie es schaffen, ein Wir-Gefühl herzustellen, gewinnen Sie Akzeptanz. Dieser Sympathiebonus wird Ihnen gute Bewertungen in den Übungen verschaffen.

Auf einen Blick
Einzelassessment

AUF EINEN BLICK

→ Assessment-Center werden nicht nur als Gruppenauswahlverfahren eingesetzt, es gibt auch Einzelassessments.

→ Beim Einzelassessment führt ein Kandidat die Übungen vor einer verkleinerten Beobachterkonferenz durch.

→ Die Konzentration der Beobachter auf die Leistungen des Kandidaten ist im Einzelassessment größer. Ein vorübergehendes Abtauchen in die Gruppe ist nicht möglich.

→ Einzelassessments werden vorwiegend zur Auswahl von Bewerberinnen und Bewerbern für Top-Positionen eingesetzt.

→ Die Übungen im Einzelassessment entsprechen bis auf die Gruppendiskussion den Übungen, die im Gruppen-Assessment-Center eingesetzt werden.

→ Bei der Vorbereitung von Einzelassessments gelten die gleichen Regeln wie bei der Vorbereitung von Gruppen-Assessment-Centern, außer dass Sie intensiver auf die Vorlieben der Beobachter eingehen können.

6. Gut informiert: Auf der Suche nach Interna

Wenn wir unsere Kunden in Coachings auf Assessment-Center vorbereiten, setzen wir an mehreren Punkten an. Bevor wir in die Übungen einsteigen, sprechen wir zunächst darüber, wie sich das Unternehmen selbst sieht und welche Trends in dem jeweiligen Arbeitsgebiet zu verzeichnen sind. Zudem klären wir, ob es vielleicht auch möglich ist, dass die Kandidaten und Kandidatinnen über Kollegen an interne Informationen des jeweiligen Unternehmens kommen.

Je genauer Sie sich auf ein Assessment-Center vorbereiten können, desto mehr Sicherheit werden Sie gewinnen. Versuchen Sie daher so viel wie möglich über das geplante Assessment-Center zu erfahren. Da die meisten Kandidaten vermuten, dass über Assessment-Center grundsätzlich der Mantel des Schweigens gelegt wird, versuchen sie oft gar nicht erst, Näheres zu erfahren. Die Praxis zeigt aber, dass sich gezieltes Nachfragen lohnt. Manchmal ist die Personalabteilung durchaus bereit, zumindest die geplanten Übungsbestandteile zu nennen. Gute Informationsquellen sind oft auch Kollegen, die das Assessment-Center bereits einmal durchlaufen haben. Auch wenn die Aufgabenstellungen von Zeit zu Zeit modifiziert werden, können Sie so doch zumindest erfahren, welche Übungen das Unternehmen bevorzugt verwendet und auf welche Themen es besonderen Wert legt. Gelegentlich kommt es auch vor, dass Ihre Vorgesetzten über einen guten Draht in die Personalabteilung verfügen und Ihnen die eine oder andere Information geben können.

Das Selbstverständnis des Unternehmens

Da die Beobachter im Assessment-Center aus dem Unternehmen kommen, bietet es sich an, vorab herauszufinden, welche Themen und Strategien diese Entscheider aktuell beschäftigen. Daher gehört zur Vorbereitung auf Assessment-Center auch eine gründliche Internetrecherche. Im Zeitalter des Internets ist es viel leichter geworden, aktuelle Informationen über Unternehmen zu bekommen – nutzen Sie diese Möglichkeit! Auf den Homepages der Unternehmen finden Sie vielfältige Informationen, beispielsweise zu künftigen Wachstumsfeldern, über die Marktposition des Unternehmens, zu Auslandsmärkten und über die Kundenstruktur. Insbesondere in großen aktiennotierten Konzernen liefern Ihnen Menüpunkte wie »Investor Relations«, »Corporate News« oder »Geschäftsberichte« wertvolle Informationen für Ihr Assessment-Center. Zusätzlich sollten Sie sich mit dem Unternehmensleitbild (der Corporate Identity) auseinandersetzen.

Berücksichtigen Sie bei Ihrer Recherche auch die Stellenausschreibungen des Unternehmens. Dort erfahren Sie einiges über das grundsätzlich von Mitarbeitern gewünschte Soft-Skill-Potenzial, beispielsweise welche Führungseigenschaften im Allgemeinen besonders betont werden.

Firmen haben immer ein Interesse an Mitarbeitern und Mitarbeiterinnen, die in ihrem Arbeitsgebiet auf der Höhe der Zeit sind und die Bereitschaft mitbringen, sich kontinuierlich weiterzuentwickeln. Daher sollten Sie sich vor dem Assessment-Center mit den allgemeinen Trends und Entwicklungen in Ihrem Berufsfeld beschäftigen. Es gibt immer wieder aktuelle Themen, die neue Aspekte in Ihr Arbeitsfeld bringen. Dies heißt nicht, dass diese aktuellen Trends auch in Ihrer täglichen Arbeit im Zentrum stehen müssen. Wichtig ist aber, dass Sie darüber informiert sind, welche Entwicklungen gerade besonders diskutiert werden.

Entwicklungen im eigenen Arbeitsgebiet

Dies könnte im Marketing das Benchmarking oder der vermehrte Einsatz von Direktmarketing sein. In der Forschung und Entwicklung spielen vielleicht Plattformstrategien zur Kostensenkung momentan eine Rolle. Und im Vertrieb könnte eine stärkere Vernetzung von Service und Verkauf gerade relevant sein. Unabhängig von den unterschiedlichen Tätigkeitsfeldern kann der Fokus auf Best-Practice-Ansätzen, Change-Management, Wissensdatenbanken und zunehmender Projektarbeit liegen. Bei unseren Kunden stellen wir häufig fest, dass diese Entwicklungen bei der Bewältigung der täglichen Aufgaben oft aus dem Blickfeld geraten sind. Machen Sie sich deshalb im Vorfeld eines Assessment-Centers mithilfe von Fachzeitschriften oder Spezialistenportalen im Internet mit den aktuellen Entwicklungen in Ihrem Arbeitsgebiet vertraut.

Ein Bild aus verschiedenen Perspektiven

Ihr Bild vom Unternehmen wird sich am Ende aus mehreren Mosaiksteinen zusammensetzen: Sie werden Informationen in Pressemitteilungen und Aktionärsnachrichten finden, aber auch in Geschäftsberichten, dem Produkt-/Dienstleistungsangebot und im Menüpunkt »Job und Karriere«. Die recherchierten Informationen lassen sich im Assessment-Center oft direkt verwerten. So können Sie in einer Gruppendiskussion über künftige Marktstrategien auf die Zielgruppen hinweisen, in einem Vortrag zum Führungsverständnis auf das Wunschbild des Unternehmens eingehen oder in Kundengesprächen besondere Unternehmensstärken herausstellen.

Mit dieser Vorgehensweise verdeutlichen Sie den Beobachtern, dass Sie die gleiche Linie verfolgen wie sie und sich mit ihren Zukunftsstrategien auseinandergesetzt haben, also perfekt ins Unternehmen passen.

Nach dieser taktischen Vorarbeit werden wir jetzt mit Ihnen in die einzelnen Assessment-Center-Übungen einsteigen. Wir werden Ihnen vor den Übungen jeweils erläutern, was Sie erwartet, worauf die Beobachter achten, welche Fehler zu vermeiden sind und mit welchen Strategien Sie Erfolg haben werden.

AUF EINEN BLICK

Auf einen Blick
Gut informiert

→ Es gibt im Vorfeld von Assessment-Centern zahlreiche Möglichkeiten, um an wertvolle Informationen zu kommen.

→ Versuchen Sie über Kollegen oder Vorgesetzte, die das Assessment-Center bereits durchlaufen haben, Interna zu erfahren.

→ Erfragen Sie, welche Übungstypen – beispielsweise Gruppendiskussionen, Fallstudien oder Präsentationen – in früheren Assessment-Centern eingesetzt wurden.

→ Werten Sie die Homepage des Unternehmens gründlich aus. Sinnvolle Menüpunkte sind »Investor Relations«, »Geschäftsberichte«, »Aktuelles«, »Corporate News«, »Corporate Identity« oder »Karriere«.

→ Überprüfen Sie, welche Führungseigenschaften grundsätzlich in den Stellenanzeigen des Unternehmens nachgefragt werden.

→ Setzen Sie sich mit aktuellen Entwicklungen in Ihrem Arbeitsgebiet auseinander. Welche Trends gibt es momentan?

→ Überlegen Sie sich, wie Sie die gefundenen Informationen taktisch in die einzelnen Übungen einfließen lassen können. Auf welche Trends könnten Sie in Ihrer Selbstpräsentation eingehen? Welche strategischen Themen könnten Sie in einer Gruppendiskussion erwähnen? Was könnte gut in eine Themenpräsentation passen?

7. Selbstpräsentation

Die Übung Selbstpräsentation steht üblicherweise am Anfang eines Assessment-Centers. Die Kandidaten werden von den Beobachtern gebeten sich vorzustellen. Hier können bereits entscheidende Weichenstellungen für das gesamte Assessment-Center vorgenommen werden. Kandidaten mit einer überzeugenden Selbstpräsentation erarbeiten sich bei den Beobachtern einen Sympathiebonus, der auf die folgenden Übungen ausstrahlt.

Die Selbstpräsentation, oft Vorstellungsrunde genannt, findet zu Anfang des Assessment-Centers statt. Die Teilnehmerinnen und Teilnehmer werden aufgefordert, sich in einem Kurzvortrag vorzustellen. Thema dieses Kurzvortrages: sie selbst.

Machen Sie in der Vorstellungsrunde einen guten Eindruck

Der erste Eindruck in der Vorstellungsrunde hat einen herausragenden Stellenwert für die Kandidatenbewertung im gesamten Assessment-Center. Wer schon am Anfang des Assessment-Centers mit seiner Vorstellung aus der Gruppe der Kandidaten herausragt, hat die Chance, diese Führungsrolle in den weiteren Übungen behalten zu können. Teilnehmer, die am Anfang kein besonderes Profil vermitteln und zu zögerlich auftreten, geraten in Gefahr, im Mittelfeld hängen zu bleiben. Wer eine schlechte Präsentation seiner Person und seiner beruflichen Qualifikation liefert, wird auch im weiteren Verlauf kritisch beobachtet und beurteilt werden. Die Chance, gleich am Anfang des Assessment-Centers entscheidend zu punkten, ist groß. Wer sich einen Vorsprung erarbeiten will, muss jedoch gute Vorarbeit leisten.

Unsere Erfahrungen aus der Praxis werden auch in der wissenschaftlichen Auswertung von Assessment-Centern bestätigt. So stellte Prof. Dr. Heinz Schuler, Psychologe und Experte für Assessment-Center fest: »Beurteiler neigen dazu, sich sehr rasch einen ersten Globaleindruck zu bilden. Einzelne Beobachtungen gewinnen den Charakter von Schlüsselreizen. Persönliche Sympathie beeinflusst den Gesamteindruck.«

Die Selbstpräsentation wird üblicherweise so durchgeführt, dass Sie eine Vorbereitungszeit von drei bis fünf Minuten eingeräumt bekommen und sich anschließend fünf bis zehn Minuten lang präsentieren müssen. Gelegentlich wird Ihnen überhaupt keine Zeit für die Vorbereitung eingeräumt – Stresstest! –, da man davon ausgeht, dass Ihnen die Darstellung Ihres Werdegangs und Ihres beruflichen Profils keine Probleme bereiten sollte. Sie werden dann direkt angesprochen und aufgefordert, vor die Gruppe zu treten, um sich dort zu präsentieren.

5 bis 10 Minuten für den beruflichen Werdegang

Ob mit Vorbereitungszeit oder ohne: Wenn Sie unsere Tipps zur Selbstpräsentation durcharbeiten und umsetzen, wird Sie diese erste Übung nicht aus dem Gleichgewicht bringen. Zudem verschaffen Sie sich mit einer gut ausgearbeiteten Selbstpräsentation einen doppelten Startvorteil: Ihre Selbstpräsentation ist nicht nur in der Vorstellungsrunde, sondern auch in den späteren Interviews oder Pausengesprächen gefragt. Dort bildet Ihre Selbstpräsentation die Basis für Ihre Antworten auf viele Fragen der Beobachter.

Die Selbstpräsentation ist dem Übungstyp Vortrag zuzurechnen. Auch bei der Selbstpräsentation treten Sie vor die Gruppe und nehmen zu einem Thema Stellung. Im Kapitel »Vorträge« geben wir Ihnen Tipps zur Durchführung und Hinweise zur Körpersprache, die gleichermaßen für Selbst- und Themenpräsentationen gelten. In diesem Kapitel machen wir Sie mit der inhaltlichen Aufbereitung Ihrer Selbstpräsentation vertraut, wobei wir mit möglichen Fehlern beginnen möchten, um Ihnen danach aufzuzeigen, wie Sie es besser machen können.

Achten Sie auch auf die Körpersprache

Fehler bei der Selbstpräsentation

Ob Führungskraft mit zehn Jahren Managementerfahrung oder Absolventin beim Sprung auf die erste Stufe der Karriereleiter – kaum einer der von uns beratenen Bewerber war bisher in der Lage, ohne Vorbereitung und Übung die wesentlichen Stationen seines bisherigen Werdegangs in drei Minuten wirkungsvoll darzustellen.

Ein überzeugendes Profil durch gezielte Vorbereitung

BERATUNG

Aus unserer Beratungspraxis
Ein ganz normaler Start ins Assessment-Center

In einem Assessment-Center wurden zehn Kandidaten gebeten, nach Aufforderung nacheinander vor die Gruppe zu treten und sich dort vorzustellen.

Zwei Kandidaten hatten bei der Instruktion zur Selbstpräsentation abgeschaltet und nicht gehört, dass die Kandidaten »nach Aufforderung« vor die Gruppe treten sollten. Kaum hatte die Moderatorin die Instruktionen beendet, standen sie auf und gingen nach vorne. Damit bewiesen sie leider keine Initiative, sondern eher, dass sie nicht in der Lage waren, die als Stress empfundene Wartezeit bis zu ihrem Auftritt zu ertragen. Die Moderatorin schickte sie wieder auf ihren Platz und machte sie noch einmal mit der genauen Durchführung der Selbstpräsentation bekannt.

Bei den Selbstpräsentationen der Kandidaten ergaben sich keine besonderen Aufmerksamkeitseffekte für die Beobachter. Die Struktur der Selbstpräsentationen war annähernd gleich. Ein Kandidat ragte heraus, leider nicht im positiven Sinne. Er begann seine Selbstpräsentation mit der Aussage: »Ich bin derjenige, der am Ende des Tages noch übrig sein wird.« Auf diesen Angriff reagierte der nächste Teilnehmer in seiner Selbstpräsentation mit dem Konter: »Ich hoffe, dass unsere Gruppe meinem Vorredner seine Selbstüberschätzung deutlich machen wird.« Eine Kandidatin setzte sich positiv dadurch in Szene, dass sie an der Flipchart ihren Namen anschrieb, die Umrisse der Bundesrepublik Deutschland skizzierte und ihren Heimatort und den Weg zum Assessment-Center einzeichnete. Ihr Medieneinsatz wurde positiv bewertet, da sie die Einzige war, die diese Möglichkeit genutzt hatte. In ihrer Selbstpräsentation hob sie allerdings mehr auf ihr ehrenamtliches Engagement ab als auf ihre beruflichen Leistungen.

Fazit: Zu oft bringen Teilnehmer schon in der Vorstellungs- runde Aggressionen ins Spiel, die bereitwillig von anderen Kandidaten aufgenommen wird. Es ist selten, dass sich Kandidaten bereits in der Selbstpräsentation

> den Beobachtern empfehlen. Die Beobachter hören oft gleichlautende Selbstpräsentationen; die Möglichkeit des Medieneinsatzes wird fast nie genutzt. So verspielen die meisten Kandidaten die Chance, aus der Masse herauszuragen und sich einen Sympathiebonus zu erarbeiten.

Die Werbung in eigener Sache fällt erfahrungsgemäß jedem Bewerber schwer. Das liegt daran, dass die Abstufungen zwischen Überheblichkeit, übertriebener Selbstdarstellung und Unglaubwürdigkeit auf der einen Seite und Unterwürfigkeit, mangelndem Selbstvertrauen und Graue-Maus-Image auf der anderen Seite sprachlich schwer in den Griff zu bekommen sind. Es ist schwierig, den richtigen Ton für die Darstellung der eigenen Person zu finden, insbesondere dann, wenn man sich in einer künstlichen Situation wie der Vorstellungsrunde des Assessment-Centers befindet.

Bei der Übung Selbstpräsentation stellen wir häufig fest, dass untrainierte Teilnehmerinnen und Teilnehmer Fakten und Erlebnisse aus ihrem bisherigen Werdegang einfach aneinanderreihen, ohne dass ein roter Faden der beruflichen Entwicklung oder besondere Leistungen erkennbar werden. Dies ist jedoch unverzichtbar, um die Beobachter nachhaltig zu beeindrucken. Schließlich werden bei der Selbstpräsentation entscheidende Weichenstellungen für das weitere Abschneiden im Assessment-Center gestellt. So sorgen diejenigen, die in ihrem Vortrag eine klare Linie mit direktem Bezug auf die ausgeschriebene Position herausarbeiten, bei den Beobachtern für die gewünschten Sympathie- und Halo-Effekte.

Bringen Sie einen roten Faden in Ihre berufliche Entwicklung

Bevor wir Ihnen erläutern, wie Sie eine überzeugende Selbstpräsentation aufbauen und inhaltlich ausfüllen, stellen wir Ihnen zunächst ein Negativbeispiel vor. Unvorbereitete Kandidaten liefern in ihrer Selbstpräsentation fast durchgängig eine Nacherzählung ihres Lebens und lassen dabei das berufliche Profil, das sie sich erarbeitet haben, unter den Tisch fallen. Hier ein Negativbeispiel dafür, wie ein Durch-

Erarbeiten Sie sich vorher Ihr berufliches Profil

schnittskandidat in den wenigen Minuten, die ihm für die Selbstpräsentation zur Verfügung stehen, das Interesse der Beobachter an seiner Person und an seinen Fähigkeiten zum Erlöschen bringt.

Durchschnittsbewerber

Guten Tag, meine Damen und Herren,

mein Name ist Fritz J. Edermann, ich bin aufgefordert worden, mich Ihnen vorzustellen. Mein Lebensweg begann, wie bei uns allen, mit meiner Geburt am 12.12.1968 in Karlsruhe. Anschließend besuchte ich Grundschule und Gymnasium und machte mein Abitur, leider erst im zweiten Anlauf, im Jahr 1988.
Dann bin ich zur Bundeswehr gegangen, diese Zeit war die schönste, die ich je hatte. Im Anschluss an die Bundeswehrzeit studierte ich auf den Abschluss Maschinenbauingenieur hin. Ich nahm deswegen ein Ingenieurstudium auf, weil meine Eltern mir gesagt hatten, dass für meine berufliche Zukunft entweder kaufmännische oder technische Studiengänge sinnvoll seien. Vom kaufmännischen verstand ich nicht viel, das ist auch bis heute so geblieben, daher nahm ich ein technisches Studium auf.
Meinen ersten Arbeitgeber hat mir der Zufall vermittelt. Ein Bekannter von mir saß in der Personalabteilung und gab mir den Tipp, mich als Ingenieur zu bewerben, da es eine freie Stelle gäbe. Nach einigen Jahren als Ingenieur mit allgemeinen Aufgaben, die mich eher unterforderten, musste dann im Betrieb jemand aus Altersgründen gehen. Ich übernahm seine Stelle und war verantwortlich für den Produktbereich Sensoren. Die Geschäftsentwicklung ist in letzter Zeit jedoch nicht so gut, deswegen möchte ich woanders arbeiten.
Ich bin mobil, teamfähig, flexibel und kreativ. Meine Hobbys sind Motorradfahren und Fußball. Ich spiele schon seit vielen Jahren in einer Kneipenmannschaft, die auch an Turnieren teilnimmt.
Mehr gibt es über mich nicht zu sagen, ich danke Ihnen für das Interesse an meiner Person.

Diese Selbstdarstellung enthält viele typische Fehler, die Sie vermeiden können. Ein entscheidender Fehler mit Folgewirkungen für die gesamte Selbstpräsentation ist der ungünstig gewählte Aufbau. Die mit der Geburt oder Schulzeit beginnende und mit der Freizeitgestaltung endende Selbstdarstellung ist etwas verstaubt. Ob als Ingenieur mit 20 Jahren Berufserfahrung, als Verwaltungsdirektorin im öffentlichen Dienst oder als Nachwuchsmanager, immer wird das gleiche Muster benutzt: Mein Name ist ..., ich bin geboren am ..., bin zur Schule gegangen in ..., habe ... studiert/eine Ausbildung gemacht, habe gearbeitet bei ..., meine Hobbys sind ... .

Beginnen Sie mit Ihrer aktuellen Position

Mit dieser leider üblichen Selbstdarstellung ordnen sich die Kandidaten in die graue Masse durchschnittlicher Bewerber ein. Unwesentliche Informationen wie die Geburt oder die Schulzeit stehen am Anfang und verschwenden diese Spanne der erhöhten Aufmerksamkeit bei den Zuhörern. Bestenfalls ein Drittel der Redezeit wird dann darauf verwandt, die Berufserfahrung zu thematisieren. Statt dann in die interessanten inhaltlichen Aspekte der Berufsausübung, die übernommenen Tätigkeiten und übertragenen Verantwortlichkeiten zu gehen, schwenken die Kandidaten zu ihren Hobbys um. Anstelle einer Schlusszusammenfassung mit einer schlagwortartigen Beschreibung ihrer Qualifikationen liefern die Teilnehmer Ausführungen über ihre Freizeitgestaltung. Zuhörer, damit auch die Beobachter, behalten vorwiegend den Anfang und das Ende einer Rede im Gedächtnis, da dort die Aufmerksamkeit am höchsten ist. Bei dem üblichen Aufbau der Selbstpräsentation kann man sich dann vom Kandidaten merken, dass er geboren worden und zur Schule gegangen ist und gerne angelt und Gedichte schreibt.

Konzentrieren Sie sich auf die inhaltlichen Aspekte ihrer Berufsausübung

Aber nicht nur beim Aufbau verschenken die meisten Kandidaten wichtige Punkte, sie machen auch inhaltliche Fehler. Viele Bewerber bringen sich mit abwertenden, mehrdeutigen und sich selbst anklagenden Formulierungen um ein gutes Ergebnis in der Selbstpräsentation. Die Fehler aus unserem Negativbeispiel »Durchschnittsbewerber« im Einzelnen:

Formulieren Sie eindeutig und klar

Passivität: Die passive Grundhaltung wird an vielen Stellen deutlich. Bei wichtigen Entscheidungen, wie der Wahl der Ausbildung, des Studiums oder der Bewerbung um die erste Stelle, bezieht sich der Bewerber auf die Eltern und den Zufall.

Auch im Beruf sind keine aktiven Entscheidungen zu erkennen. So verfestigt sich das Bild eines abwartenden und nicht überdurchschnittlich leistungswilligen Bewerbers.

Beziehen Sie sich deutlich auf die ausgeschriebene Position

Kein individuelles Profil: Der Bewerber tritt nicht aus der Masse heraus. Warum man gerade ihn einstellen sollte, wird nicht klar. Weder über die ausgeschriebene Position noch über das Unternehmen wird auch nur ein Wort verloren. Die beruflichen Stationen werden nicht korrekt bezeichnet. Wie die beruflichen Aufgaben im Einzelnen aussahen, wird ebenfalls nicht erläutert.

Selbstanklage: Es scheint dem Kandidaten aus unserem Negativbeispiel ein Bedürfnis zu sein aufzuzeigen, was er alles nicht kann. In keiner Phase des Bewerbungsverfahrens besteht eine Selbstanklagepflicht. Niemand wird für etwas eingestellt, was er nicht kann. Der Bezug auf fehlendes kaufmännisches Wissen und das Nichtbestehen der ersten Abiturprüfung lässt den Eindruck entstehen, dass der Bewerber Herausforderungen nicht im ersten Anlauf bewältigen kann und dass er nichts getan hat, um Defizite auszugleichen.

Belegen Sie Ihre soziale Kompetenz an Beispielen

Leerfloskeln: Die bloße Aufzählung von Begriffen aus dem Bereich soziale Kompetenz ist ein typischer Bewerberfehler. Ohne Beispiele und Belege aus dem beruflichen Werdegang sind die vom Kandidaten verwendeten Begriffe wie mobil, teamfähig, flexibel und kreativ nicht aussagekräftig und sprechen deshalb eher gegen ihn.

Freizeitorientierung: Abgerundet wird die üppige Fehlersammlung mit der Aufzählung von Hobbys am Ende des Vortrages. Hier wird tatsächlich das Interesse der Beobachter geweckt: leider nicht im Sinne des Kandidaten. Bei den Beobachtern kommt »Ich bin fahrender Organspender« (Motorradfahren) und »Ich gefährde meine Arbeitskraft durch in Kauf genommene Verletzungen« (Kneipenmannschaft) an. Ein eindrucksvoller Abgang, leider mit negativen Auswirkungen auf das Einstellungsverfahren.

Gelungene Selbstpräsentation

Schlagen Sie den Königsweg der Selbstdarstellung ein: Entwickeln Sie ein eigenständiges Profil, das die Beobachter schon zu Beginn des Assessment-Centers beeindruckt. Eine gut ausgearbeitete Selbstpräsentation verschafft Kandidatinnen und Kandidaten erhebliche Startvorteile. Damit Sie sehen, wie Ihnen dies gelingen kann, stellen wir Ihnen zum Vergleich unser Positivbeispiel vor.

Startvorteile durch eine gut ausgearbeitete Selbstpräsentation

Wunschkandidat

Sehr geehrte Damen und Herren,

mein Name ist E.-R. Folgreich, ich möchte für Sie als Bereichsleiter Produktion tätig werden.
Momentan bin ich als Abteilungsleiter im Produktionsbereich der Hardware AG tätig. Meine Aufgaben umfassen die Lieferantenintegration und das Kosten- und Qualitätsmanagement. Daneben bin ich Projektkoordinator der Zertifizierung im Fertigungsbereich.
Ein Schwerpunkt meiner Tätigkeit ist der Transfer von Produktlinien der US-Divisionen. Neben der Produktionsplanung betreue ich Just-in-time-Systeme für die Zulieferung. Dies stellt besondere Anforderungen an die abteilungsübergreifende Abstimmung, da die US-amerikanischen Zulieferer in das Konzept integriert werden müssen.
Vor meiner jetzigen Position war ich langjährig als Prozessingenieur im Qualitäts- und Kostenmanagement tätig. Dort habe ich Prozessoptimierungen und statistische Fehleranalysen durchgeführt. Um die Zulieferer besser einzubinden, habe ich Kooperationsmodelle mit den Lieferanten umgesetzt. Durch technische Änderungen und Optimierungen im Einkauf konnte ich erhebliche Kostenreduzierungen erzielen.
Um mich für das Projektmanagement zu qualifizieren, habe ich meine betriebswirtschaftlichen Kenntnisse durch gezielte Weiterbildungsmaßnahmen im kaufmännischen Bereich erweitert.
In meine berufliche Laufbahn bin ich als Produktionsingenieur nach einem Studium der Elektrotechnik eingestiegen.

→ FORTSETZUNG AUF DER NÄCHSTEN SEITE

> Zum Schluss noch einmal die Linie meiner beruflichen Entwicklung: Meinen Berufseinstieg begann ich als Ingenieur in der Testgeräteentwicklung. Danach übernahm ich die Betreuung der Produktionsüberwachungssysteme. Ich bin momentan Ansprechpartner für die US-Schwesterdivisionen und koordiniere die gesamte Fertigungsplanung und Produktlinienbetreuung. Auslandseinsätze werden von meiner Familie mitgetragen. Da ich über internationale Erfahrung verfüge, bin ich an Ihren internationalen Entwicklungsmöglichkeiten sehr interessiert.

Verwenden Sie Schlüsselbegriffe aus dem angestrebten Tätigkeitsfeld

Diese gelungene Selbstpräsentation macht klar: Hier weiß ein selbstbewusster Bewerber, was er kann und wie er dieses Wissen für ein Unternehmen einsetzen kann. Schlagworte und Schlüsselbegriffe aus dem angestrebten Tätigkeitsfeld werden eingesetzt. Der Theorie-Praxis-Transfer und der Anwendungsnutzen der Aus- und Weiterbildung werden deutlich. Die Beobachter erkennen einen roten Faden in der beruflichen Entwicklung. Negative Reizworte, Relativierungen und Abwertungen tauchen nicht auf. Die anschauliche Beschreibung der verschiedenen Tätigkeitsbereiche und der parallel durchgeführten Projektarbeiten zeigt die fachliche, soziale und methodische Kompetenz des Bewerbers, ohne dass Leerfloskeln benutzt werden. Auf eine eigene Bewertung der Qualifikation wird verzichtet, es wird nur beschrieben.

Damit auch Sie sich eine aussagekräftige und überzeugende Selbstpräsentation erarbeiten können, stellen wir Ihnen zunächst ein Schema für die Selbstpräsentation vor. Anschließend machen wir Sie mit Kommunikationstricks für die Ausformulierung der Selbstdarstellung vertraut.

Schema für die Selbstpräsentation

Beginnen Sie mit Ihren jetzigen Aufgaben

Bauen Sie Ihre Selbstpräsentation so auf, dass der Bezug zur angestrebten Position deutlich wird. Das bedeutet für Sie, dass Sie zuerst Ihre jetzige Tätigkeit darstellen sollten, da diese die Ausgangsbasis für Ihren Karrieresprung ist. Die Aufgaben, Projekte und Verantwortungsbereiche, die Sie momentan wahrnehmen, sind für neue Arbeitgeber besonders wichtig. Fangen

Sie daher Ihre Selbstpräsentation nicht bei Ihrer Ausbildung, Ihrem Studium oder womöglich Ihrer Schulzeit an. Arbeiten Sie sich von Ihren jetzigen Aufgaben schrittweise zurück.

Orientieren Sie sich bei der Erstellung Ihrer Selbstpräsentation an dem von uns in der Beratungspraxis entwickelten Schema:

1. Stellen Sie die Aufgaben, die Sie in Ihrer momentanen Position bearbeiten, an den Anfang Ihrer Selbstpräsentation.
2. Heben Sie die Tätigkeiten hervor, die einen Bezug zur neuen Stelle haben.
3. Erläutern Sie Ihre berufliche Entwicklung. Machen sie klar, welche Stationen in Ihrem Leben Sie für Ihre jetzige Position qualifiziert haben.
4. Liefern Sie eine Schlusszusammenfassung. Stellen Sie noch einmal schlagwortartig Ihre Qualifikation dar.

Die derzeitigen Aufgaben: Sie sollten Ihre Selbstpräsentation mit der Darstellung Ihrer momentanen Tätigkeit beginnen. Die bloße Nennung Ihrer beruflichen Position ist zu wenig. Stellen Sie umfassend Ihre Tätigkeiten in der beruflichen Position dar.

Beschreiben Sie Ihre berufliche Tätigkeit

Unser Wunschkandidat aus dem Positivbeispiel nennt nicht nur seine Berufsbezeichnung und Position, er stellt auch seine Tätigkeiten in der Lieferantenintegration und im Kosten- und Qualitätsmanagement heraus.

Der Bezug zur neuen Stelle: Die Tätigkeiten, die die größte Nähe zur neuen Stelle haben, sollten Sie in der Selbstpräsentation ausführlicher darstellen. Dies können von Ihnen wahrgenommene Sonderaufgaben, umfassende Branchenkenntnisse oder die Leitung von Projekten sein. Sie sollten aber auch die erfolgreiche Bewältigung von Routineaufgaben, die Sie auch in der neuen Stelle erwarten, betonen.

Tätigkeiten mit Bezug zur neuen Stelle hervorheben

In der gelungenen Selbstpräsentation verweist der Wunschkandidat auf die Produktionsplanung, die Betreuung der Just-in-time-Systeme und die Arbeit in der Prozessoptimierung. Er stellt seine Tätigkeit in der abteilungsübergreifenden Projektkoordination dar und betont die internationalen Bezüge in seiner Arbeit.

> *Nennen Sie auch Fort- und Weiterbildungsmaßnahmen*

Die berufliche Entwicklung: Gehen Sie von Ihrer momentanen Position aus auf der Zeitlinie rückwärts und nennen Sie die beruflichen Stationen, die vor Ihrer heutigen Tätigkeit liegen. Erläutern Sie, wie Sie sich bei Ihrem jetzigen Arbeitgeber entwickelt haben, für welche anderen Unternehmen Sie bereits gearbeitet haben. Erst im letzten Drittel Ihrer Selbstpräsentation sollten Sie darauf eingehen, mit welcher Einstiegsposition Sie Ihre berufliche Entwicklung begonnen haben und welche Ausbildung oder welches Studium Sie absolviert haben. Zu Ihrer beruflichen Entwicklung gehören auch die von Ihnen besuchten Fort- und Weiterbildungsmaßnahmen. Wenn Sie zusätzliche Kenntnisse und Fähigkeiten, die für die neue Stelle wichtig sind, erworben haben, sollten Sie diese auch hervorheben.

Der Verweis auf die Weiterbildung im Projektmanagement und den Erwerb kaufmännischer Kenntnisse lässt den Kandidaten aus dem Positivbeispiel als stets lernbereit erscheinen. Seine berufliche Entwicklung macht er deutlich, indem er seinen Aufstieg vom Produktionsingenieur über den Prozessingenieur zum Abteilungsleiter in der Produktion nachzeichnet. Das Studium und die berufliche Einstiegsposition erwähnt er nur kurz.

> *Stellen Sie Ihre Kompetenz stichwortartig heraus*

Die Schlusszusammenfassung: Damit sich Ihr Qualifikationsprofil bei den Beobachtern einprägt, sollten Sie zum Schluss Ihrer Selbstpräsentation stichwortartig Ihre Kompetenz herausstellen. Verwenden Sie Schlagworte und Schlüsselbegriffe, die Ihr Profil charakterisieren. Liefern Sie noch einmal die Hauptargumente, aus denen deutlich wird, dass Sie ein besonders interessanter Kandidat sind.

Der Wunschkandidat aus unserem Beispiel zur Selbstpräsentation liefert am Schluss seiner Selbstdarstellung in drei Sätzen eine Zusammenfassung seiner beruflichen Stationen und seiner momentanen Aufgaben. Darüber hinaus greift er den Punkt auf, der ihn an der neuen Position besonders interessiert.

Präsentieren auch Sie sich im Assessment-Center als Wunschkandidat: Heben Sie die für die neue Position wichtigsten Kenntnisse und Fähigkeiten hervor. Stellen Sie Erfolge heraus. Machen Sie den roten Faden in Ihrer beruflichen Entwicklung deutlich. Lernen Sie, unser Schema für Ihre Selbstpräsentation zu nutzen. Machen Sie dazu nun die Übung »Der Aufbau Ihrer Selbstpräsentation«.

Der Aufbau Ihrer Selbstpräsentation

ÜBUNG

Entwickeln Sie Ihre Selbstpräsentation anhand unseres folgenden Schemas:

Momentan arbeite ich als ....
(Berufsbezeichnung)

Zu meinen Aufgaben gehört ....
(Tätigkeit 1)

....
(Tätigkeit 2)

und ....
(Tätigkeit 3)

Ich habe bereits die folgenden Aufgaben erfolgreich bearbeitet: (Zur neuen Stelle passende Tätigkeiten hervorheben und ausführlich darstellen.) Eine Weiterbildung zum ....
habe ich berufsbegleitend durchgeführt.
Vor meiner jetzigen Tätigkeit war ich als ....
bei der Firma XYZ beschäftigt.
Oder: Vor meinem Aufstieg zum ....
.... habe ich in meiner Firma die Aufgaben eines
.... übernommen. Meine berufliche
Entwicklung begann ich als ....
Basis dafür war meine Ausbildung zum ....
/ .... mein Studium der ....
Zusammenfassend lässt sich festhalten ....
....
Besonders interessiert bin ich an ....
....

Mit dem von uns vorgestellten Schema werden Sie sich von der konventionellen Selbstdarstellung lösen, die in der Schul-

Das richtige Schema für Ihre überzeugende Selbstpräsentation

zeit beginnt und bei den Freizeitaktivitäten aufhört. Damit Sie beim Vortrag Ihrer Selbstpräsentation überzeugend wirken, stellen wir Ihnen jetzt Kommunikationstricks für Ihre Selbstpräsentation vor.

Kommunikationstricks für die Selbstpräsentation

Achten Sie in Ihrer Selbstpräsentation darauf, aktiv und zupackend zu formulieren. Stellen Sie sich als leistungsbereiter Kandidat dar, von dem auch in Zukunft noch eine Menge zu erwarten ist. Füllen Sie unser Schema für die Selbstpräsentation mit den richtigen Formulierungen aus. Erarbeiten Sie sich mit der Übung Selbstpräsentation einen Startvorteil, indem Sie unsere Kommunikationstricks einsetzen. Die Prinzipien der erfolgreichen Selbstdarstellung lauten:

→ **auf fachliche Anforderungen eingehen**
→ **Aktivität zeigen**
→ **individuelles Profil darstellen**
→ **Beispiele für soziale und methodische Kompetenz geben**
→ **beschreiben statt bewerten**
→ **Schlagworte und Schlüsselbegriffe einsetzen**

Weisen Sie auf Ihre Branchenerfahrung hin

Auf fachliche Anforderungen eingehen: Machen Sie in Ihrer Selbstpräsentation klar, dass Sie sich mit den fachlichen Anforderungen, die in der neuen Position an Sie gestellt werden, auseinandergesetzt haben. Gehen Sie auf Ihre Branchenerfahrung ein und stellen Sie Tätigkeiten heraus, die eine Nähe zur neuen Stelle haben. Betonen Sie besondere Kenntnisse und Erfahrungen.

BEISPIEL

Fachliche Anforderungen im Bereich Marketing

»Als Marketingleiterin bin ich auch jetzt schon für die Umsetzung europäischer Marketingstrategien verantwortlich. Ich verfüge über umfassende Erfahrungen in Produktmarketing, Channel-Marketing und Direktmarketing. Zur Zeit baue ich für mein Unternehmen auch das Webmarketing auf.«

Aktivität zeigen: Kandidaten stellen sich aktiv dar, wenn sie zeigen, was sie über das übliche Maß hinaus gemacht haben, um sich für neue Aufgaben zu qualifizieren. Die Mitarbeit an abteilungsübergreifenden Projektgruppen oder die Übernahme von Sonderprojekten sind geeignete Beispiele für die Darstellung Ihrer Aktivitäten in der Selbstpräsentation.

Aktivität im Bereich Vertrieb

»Neben der Leitung von zwei Außendienstteams habe ich mich an dem Projekt Vertriebscontrolling beteiligt. In Zusammenarbeit mit einer Unternehmensberatung habe ich besonders die Effektivität von Verkaufsförderungsmaßnahmen und der Unterstützung aus dem Innendienst bewertet. An der Umsetzung der Ergebnisse aus der Studie zum Vertriebscontrolling habe ich mich dann maßgeblich beteiligt.«

BEISPIEL

Individuelles Profil darstellen: Von Profillosigkeit sprechen die Beobachter immer dann, wenn es einzelnen Kandidaten nicht gelingt, aus der Teilnehmergruppe positiv herauszustechen. Wenn alle Teilnehmer auf eine konventionelle Selbstpräsentation zurückgreifen, werden die Unterschiede zwischen den Bewerbern nicht deutlich. Kein Kandidat drängt sich dann als besonders geeignet auf, weil aussagekräftige Profile fehlen.

Aus unserer Erfahrung im Training und in der Beratung von Führungskräften wissen wir, dass der Fehler der Profillosigkeit in erster Linie auf der mangelnden Ausarbeitung der Selbstpräsentation beruht. Jeder Bewerber hat etwas Besonderes zu bieten, das ihn von den anderen unterscheidet. Es kommt für Sie deshalb darauf an, das individuelle Profil herauszuarbeiten.

BEISPIEL

Individuelles Profil im Bereich Personal

»In meiner Tätigkeit in der Personalentwicklung habe ich besonders den Bereich Rekrutierung und Entwicklung des Führungsnachwuchses bearbeitet. Ich habe sämtliche Personalmarketing- und Rekrutierungsaktivitäten entwickelt, konzipiert und durchgeführt. In speziellen Projekten habe ich Personalsysteme und Schulungskonzepte weiterentwickelt.«

Beispiele für soziale und methodische Kompetenz geben: Ziehen Sie sich bei der Darstellung Ihrer sozialen und methodischen Kompetenz nicht auf inhaltsleere Floskeln zurück. Beschreiben Sie anhand von konkreten Beispielen, dass Sie in der Lage sind, mit anderen zusammenzuarbeiten und dadurch Ziele zu erreichen. Wenn Sie Beispiele verwenden, wird für die Beobachter automatisch deutlich, dass Sie über persönliche Fähigkeiten verfügen.

BEISPIEL

Soziale und methodische Kompetenz als IT-Berater

»Beim Vertrieb von IT-Lösungen habe ich die Bedürfnisse des Kunden analysiert und in Zusammenarbeit mit den Projektteams des Kunden Software- und Hardwarelösungen entwickelt. Durch Schulungen habe ich den Mitarbeitern den Nutzen nahegebracht, den die neue IT-Lösung für ihre tägliche Arbeit bedeutet.«

Verwenden Sie neutrale Formulierungen

Beschreiben statt bewerten: Diese Überzeugungsregel hat außergewöhnlich große Wirkung, wenn sie richtig eingesetzt wird. Einerseits lässt sich so der Fehler zu großer Ehrlichkeit vermeiden. Andererseits schützt Sie diese Überzeugungsregel auch vor übertriebenem Eigenlob. Stellen Sie Ihre Erfolge ohne eine Bewertung heraus.

Mit ehrlichen Aussagen wie: »Mein Vorgesetzter hat bei wichtigen Entscheidungen nie hinter mir gestanden«, »In meiner Abteilung wurde die meiste Zeit mit Surfen im Internet verbracht« oder »In unserer Firma gehörte Mobbing zum Arbeitsalltag«, kommen Sie bei der Erarbeitung Ihrer Selbstpräsentation nicht weiter. Auch wenn Sie Ihre Fähigkeiten relativieren, leidet der Eindruck, den die Beobachter von Ihnen in der Selbstpräsentation gewinnen. Werten Sie Ihre Leistungen nicht ab nach dem Motto: »Ich konnte in den letzten Jahren Umsatzsteigerungen erzielen, allerdings befanden wir uns ja in einem freundlichen Marktumfeld und der Konkurs eines Mitbewerbers hat uns auch gutgetan.«

Sie müssen auch mit zu positiven Bewertungen Ihrer eigenen Leistungen vorsichtig sein. Wenn Sie Ihre Kenntnisse und Fähigkeiten über Maßen loben, zwingen Sie die Beobachter regelrecht dazu, die Gegenposition einzunehmen. Dies erzeugt eine skeptische und kritische Grundhaltung Ihnen gegenüber, die man auch im weiteren Verlauf des Assessment-Centers beibehält. Verwenden Sie auf keinen Fall Formulierungen wie: »Mir allein ist es zu verdanken, dass das neue Produkt ein Erfolg wurde«, »In meiner jetzigen Firma wird alles zusammenbrechen, wenn ich gehe« oder »Als Einzigem war mir klar, dass nur eine flexible Produktion zum Erfolg führen würde«.

Formulieren Sie klar, eindeutig und positiv

Mit beschreibenden Formulierungen heben Sie sich auch überzeugend von Nörglern und Kritikern ab. Der Verzicht auf die Thematisierung von Schwierigkeiten, Reibungen und Problemen verhindert, dass das positive Kandidatenbild getrübt wird. Denn geäußerte Kritik fällt immer auf Sie selbst zurück und trifft nicht das Unternehmen, bei dem Sie beschäftigt sind. Beschreiben Sie deshalb immer positiv. Schwierigkeiten und Probleme sollten Sie nicht erwähnen.

Gute Miene zum bösen Spiel

»Am Aufbau unserer Auslandsniederlassung in Taiwan war ich beteiligt. In einem Projektteam habe ich die Suche nach geeigneten Zulieferern für unser Werk durchgeführt. Die Sicherstellung der Qualität und der Liefertermine war eine wesentliche Aufgabe meiner Abteilung.«

BEISPIEL

Trainieren auch Sie, Ihre Erlebnisse und Erfahrungen aus Ihrem Berufsalltag ohne Bewertungen zu beschreiben. Dabei hilft Ihnen unsere folgende Übung.

ÜBUNG

Der Neutralität verpflichtet

Sammeln Sie Tätigkeiten, die Sie in Ihren bisherigen beruflichen Positionen ausgeübt haben. Stellen Sie diese Tätigkeiten jetzt neutral dar. Verzichten Sie auf Kritik, Relativierungen oder Selbstanklagen und vermeiden Sie Selbstherrlichkeit.

Üben Sie, die wesentlichen Tätigkeiten Ihrer beruflichen Stationen ohne Eigenbewertung aufzuzählen. Verwenden Sie dabei Formulierungen wie:

→ »Ich habe die Aufgaben eines .... wahrgenommen.«
→ »Ich habe an .... teilgenommen.«
→ »Ich habe .... gemacht.«
→ »Ich habe .... organisiert.«
→ »Ich war verantwortlich für .... «
→ »Durch meine Erfolge in .... konnte ich mich für den Aufstieg zum .... qualifizieren.«
→ »Die Beschäftigung mit .... und .... ermöglichte es mir, auch umfassendere Aufgaben im Bereich .... zu übernehmen.«
→ »In meiner Tätigkeit als .... habe ich .... bearbeitet.«
→ »Ich verfüge über Kenntnisse in .... und ....«
→ »Bei meinem derzeitigen Arbeitgeber bin ich für .... und .... zuständig.«
→ »Ich habe am Projekt .... mitgearbeitet.«
→ »Ich habe als .... die Bereiche .... und .... kennen gelernt.«

→ »Vor meiner heutigen Tätigkeit habe ich als ....
.... gearbeitet und die Aufgabe
.... und
.... übernommen.«

Bewertungen sind für die Beobachter immer Stolpersteine. *Beschreiben statt*
Wenn Sie sich und Ihre Leistungen abwerten, werden Sie die *bewerten*
Beobachter nicht für sich einnehmen können. Jede Form der
übertrieben positiven Bewertung bringt die Beobachter gegen
Sie auf und setzt Sie unnötig einer besonders kritischen Prüfung
aus. Gewöhnen Sie sich daran, beschreibende Formulierungen
ohne eigene Bewertungen einzusetzen, wenn Sie Ihre Erfahrungen aus der Berufspraxis in der Selbstpräsentation darstellen.

Schlagworte und Schlüsselbegriffe einsetzen: Die Unternehmensvertreter lassen sich am leichtesten von Kandidaten beeindrucken, die sich bereits an ihrem bisherigen Arbeitsplatz für die Übernahme der neuen Position qualifiziert haben. Kandidaten, die die Nähe ihrer jetzigen Tätigkeit zur ausgeschriebenen Stelle deutlich machen, müssen die richtigen Schlagworte und Schlüsselbegriffe einsetzen.

Wir alle reagieren auf bestimmte Schlüsselbegriffe und *Sichern Sie sich mit*
Schlagworte. Um nicht an Informationen zu ersticken, brau- *Schlüsselbegriffen die*
chen wir Strukturen, die helfen, diese Informationen einzu- *Aufmerksamkeit*
ordnen. Dasselbe gilt natürlich auch für die Beobachter im
Assessment-Center. Wenn die Kandidaten Begriffe verwenden, die die Beobachter aus ihrer täglichen Arbeit kennen
oder die aktuell in der Branche thematisiert werden, erzielen
sie eine hohe Aufmerksamkeit und können sich die Sympathie der Beobachter sichern. Deshalb sind Schlagworte und
Schlüsselbegriffe aus dem Tagesgeschäft bei der Ausgestaltung der Selbstpräsentation ein Pluspunkt, mit dem Sie sich
Vorteile gegenüber Bewerbern ohne entsprechende Selbstdarstellung sichern können.

BEISPIEL

Schlagworte und Schlüsselbegriffe herausfinden

Ein IT-Manager könnte in seiner Selbstpräsentation auf die folgenden Schlagworte und Schlüsselbegriffe zurückgreifen:

→ Projektplanung und -durchführung
→ Daten- und Prozessmodellierung
→ systemtechnische Umsetzung
→ Angebotskalkulation
→ Anforderungsermittlung
→ Implementierung
→ Kontraktcontrolling
→ Konfigurations- und Installationsunterstützung
→ Netzwerkanalyse
→ strukturierte Programmerstellung
→ Einsatz von Backup- und Recovery-Strategien
→ Supportunterstützung

Im nächsten Schritt geht es darum, diese Schlüsselbegriffe und Schlagworte in der Selbstpräsentation einzusetzen. Die stichwortartige Beschreibung von beruflichen Erfahrungen vermittelt den Beobachtern innerhalb kurzer Zeit wichtige Informationen über das Bewerberprofil. Der IT-Manager aus unserem Beispiel hat zwölf Begriffe gefunden, mit denen er sich darstellen kann. Diese Begriffe muss er nun für seine Selbstpräsentation noch in Satzform bringen.

BEISPIEL

Schlagwortartige Selbstbeschreibung

»Ich bin momentan verantwortlich für die Projektplanung und -durchführung. Für interne und externe Kunden führe ich die Daten- und Prozessmodellierung durch und stelle die systemtechnische Umsetzung durch Beraterteams sicher.«

Wecken Sie Interesse Die prägnante Kurzdarstellung Ihres Profils in zwei bis drei Sätzen ist der beste Weg, um Aufmerksamkeit bei den Beobachtern im Assessment-Center zu erreichen. Nutzen Sie die Möglichkeit, mit geeigneten Schlagworten und Schlüsselbegriffen Interesse an Ihrem Profil zu erwecken. In unserer Übung »Das aussagekräftige Profil« werden Sie sich einen Fundus an Etikettierungen erarbeiten. So können Sie in der Selbstpräsentation mit hoher Informationsdichte für sich werben.

ÜBUNG

Das aussagekräftige Profil

Suchen Sie die für Ihr Tätigkeitsfeld geeigneten Schlüsselbegriffe und Schlagworte heraus. Diese finden Sie in Stellenanzeigen, in Fachzeitschriften und in Stellenausschreibungen im Internet.

Schreiben Sie zehn Begriffe auf, die Ihre bisherigen Tätigkeiten knapp und aussagekräftig bezeichnen. Ihre Schlüsselbegriffe und Schlagworte sind:

1. ....
2. ....
3. ....
4. ....
5. ....
6. ....
7. ....
8. ....
9. ....
10. ....

Formulieren Sie nun drei Sätze mit jeweils zwei bis drei Schlagworten und Schlüsselbegriffen. So erarbeiten Sie sich die Fähigkeit, mit großer Informationsdichte zu kommunizieren.

1. »Ich bin verantwortlich für ....
   (Schlagwort),
   .... und ....«
   (Schlagwort)   (Schlagwort)
2. »Zu meinen Aufgaben gehört ....
   (Schlagwort),
   .... und ....«
   (Schlagwort)   (Schlagwort)

→ FORTSETZUNG AUF DER NÄCHSTEN SEITE

3. »Ich habe ....
   .... (Schlagwort),
   .... und ....«
   (Schlagwort)   (Schlagwort)

Verwenden Sie einen berufsnahen Sprachstil

Der Einsatz von Schlagworten und Schlüsselbegriffen ist zusammen mit der Methode »Beschreiben statt bewerten« der beste Weg, um unser Schema für die Selbstpräsentation auszufüllen. Im Assessment-Center überzeugen Sie, wenn Sie den Beobachtern klarmachen können, dass Sie ins Unternehmen passen. Stellen Sie in der Übung Selbstpräsentation Ihre berufliche Qualifikation in den Vordergrund. Verwenden Sie einen informativen und berufsnahen Sprachstil.

Nehmen Sie sich Zeit!

Wenn Sie Ihre Selbstpräsentation ausgearbeitet haben, sollten Sie sie noch einmal daraufhin überprüfen, ob Sie die von uns vorgestellten Fehler in der Selbstpräsentation vermieden haben. Kontrollieren Sie dann, ob Sie unsere Kommunikationstricks in Ihrer Selbstpräsentation ausreichend eingesetzt haben. Überarbeiten Sie gegebenenfalls Ihre Selbstpräsentation so lange, bis Sie alle unsere Vorgaben berücksichtigt haben. Diese Mühe wird sich für Sie lohnen!

Der Einsatz der Selbstpräsentation

Wie Sie gesehen haben, ist die Selbstpräsentation eine Übung, die Sie sehr gut zu Hause vorbereiten können. Üben Sie sie so lange ein, bis sie richtig sitzt. Damit Sie flexibel auf variierende Aufgabenstellungen in der Selbstpräsentation reagieren können, sollten Sie verschiedene Versionen Ihrer Selbstpräsentation vorbereiten.

In der Regel bekommen Sie für Ihre Selbstpräsentation eine genaue Zeitvorgabe, die Sie einhalten müssen. Besonders schlecht ist es, wenn Sie es nicht schaffen, die vorgegebene Zeit auszufüllen. Dann stehen Sie vor der Teilnehmergruppe und den Beobachtern als Kandidat dar, der nichts über sich zu sagen hat. Dieser Eindruck ist ungünstig, schließlich ist das Assessment-Center der Eingangstest für Führungskräfte. Sie müssen als Führungskraft in der Lage sein, Ressourcen optimal zu nutzen. Verschenken Sie keine Zeit.

Bereiten Sie sich vor, indem Sie eine dreiminütige Kurzversion, eine fünfminütige Version und eine zehnminütige ausführliche Version ausarbeiten.

Bereiten Sie verschiedene Versionen vor

In der dreiminütigen Kurzversion geben Sie einen schlagwortartigen Überblick über Ihre Qualifikationen. Diese Version ähnelt der Selbstdarstellung in einem Anschreiben. Es kommt in erster Linie darauf an, Interesse an Ihren Kenntnissen und Fähigkeiten zu erwecken.

Die fünfminütige Version Ihrer Selbstpräsentation sollte zusätzlich zu den Inhalten der dreiminütigen Version ein oder zwei ausgewählte Beispiele für besondere berufliche Erfolge enthalten. Gehen Sie beispielsweise auf Projektaufgaben und abteilungsübergreifende Sonderprojekte ein. Sie können auch eine gelungene Markteinführung darstellen oder die Methoden erläutern, mit denen Sie Umsatz- und Gewinnsteigerungen erzielt haben.

In der zehnminütigen Version liefern Sie nicht nur ein oder zwei ausgewählte Beispiele, sondern stellen umfassender Ihre berufliche Erfolgsbilanz dar. In dieser Version können Sie auch näher auf Ihre berufliche Entwicklung eingehen. Achten Sie jedoch darauf, dass Sie sich nicht zu stark auf Zurückliegendes konzentrieren. Stellen Sie auch in der langen Version Ihrer Selbstpräsentation den Bezug zur ausgeschriebenen Position immer wieder her.

Gehen Sie näher auf Ihre berufliche Entwicklung ein

Wenn Sie keine Zeitvorgabe bekommen haben, sollten Sie sich bei Ihrer Selbstpräsentation an der Zeit orientieren, die die Beobachter und insbesondere der Moderator für seine Selbstdarstellung zu Beginn des Assessment-Centers verwandt hat. Stellen sich die Beobachter und der Moderator jeweils etwa fünf Minuten lang vor, so sollten auch Sie eine fünfminütige Selbstpräsentation einhalten.

Die konkrete Aufgabenstellung in der Selbstpräsentation lautet natürlich nicht immer: »Präsentieren Sie sich selbst, Sie haben dafür fünf Minuten Zeit!« Oft wird Ihre Selbstpräsentation auch mit anderen Formulierungen eingefordert, beispielsweise: »Stellen Sie sich kurz vor«, »Erzählen Sie den Teilnehmern etwas über sich«, »Begründen Sie, warum man Sie zu diesem Assessment-Center eingeladen hat«, »Warum wollen Sie in unserem Unternehmen tätig werden?« oder

Visualisieren Sie Ihre Ausführungen

auch »Was macht Sie für die ausgeschriebene Position geeignet?«

Setzen Sie nach Möglichkeit bei Ihrer Selbstpräsentation auch Medien ein. Gut geeignet ist die Flipchart oder das Whiteboard. Schreiben Sie Ihren Namen an. Überlegen Sie sich, wie Sie Ihren Werdegang visualisieren könnten. Eine »Karrieretreppe« auf der Flipchart wäre zum Beispiel eine Möglichkeit, die von Ihnen bisher wahrgenommenen Positionen nicht nur mit Worten, sondern auch bildhaft miteinander zu verknüpfen. Auf die höchste Stufe dieser Treppe könnten Sie Ihre derzeitige Position schreiben, auf die davorliegende Stufe die vorhergehende Position. Ihre Ausbildung oder Ihr Studium hätte auf der ersten Stufe Platz. So wäre für die Beobachter der rote Faden in Ihrer beruflichen Entwicklung visuell nachvollziehbar. Auch die Beobachter sind empfänglich für die Macht visueller Eindrücke. Skizzen, Notizen oder Symbole an der Flipchart oder dem Whiteboard unterstützen Ihre Ausführungen. Damit bleiben Sie nachhaltig in Erinnerung.

AUF EINEN BLICK

Auf einen Blick
Selbstpräsentation

→ Die Selbstpräsentation steht üblicherweise am Anfang von Assessment-Centern.

→ Der erste Eindruck von Kandidatinnen und Kandidaten hat einen herausragenden Stellenwert für die Bewertung durch die Beobachter.

→ Kandidaten mit einer überzeugenden Selbstpräsentation erarbeiten sich einen Sympathiebonus und nutzen Halo-Effekte für den weiteren Verlauf des Assessment-Centers.

→ Ihre Selbstpräsentation ist die komprimierte Darstellung Ihres bisherigen beruflichen Werdegangs. Nutzen Sie für Ihre Selbstpräsentation im Assessment-Center unser vierstufiges Schema:
1. Stellen Sie Ihre derzeitigen Aufgaben an den Anfang Ihrer Selbstpräsentation.

2. Heben Sie die Tätigkeiten hervor, die einen Bezug zur neuen Stelle haben.
3. Erläutern Sie Ihre berufliche Entwicklung.
4. Liefern Sie eine abschließende Zusammenfassung Ihrer Qualifikationen.

→ Vermeiden Sie bei Ihrer Selbstpräsentation die Fehler Passivität, mangelndes individuelles Profil, Selbstanklage, Leerfloskeln und Freizeitorientierung.

→ Stellen Sie sich in der Selbstpräsentation aktiv, zupackend und leistungsorientiert dar. Nutzen Sie diese Kommunikationstricks:
  – auf fachliche Anforderungen eingehen
  – Aktivität zeigen
  – individuelles Profil darstellen
  – Beispiele für soziale und methodische Kompetenz geben
  – beschreiben statt bewerten
  – Schlagworte und Schlüsselbegriffe einsetzen

→ Erarbeiten Sie sich Ihre Selbstpräsentation vor dem Assessment-Center und üben Sie sie ein.

→ Entwickeln Sie mehrere Versionen Ihrer Selbstpräsentation, um auf unterschiedliche Zeitvorgaben flexibel reagieren zu können.

8. Heimliche Übungen

Eine Zeit für heimliche Übungen sind beispielsweise die Pausen während des Assessment-Centers. Vergessen Sie nicht, dass Sie die gesamte Zeit unter Beobachtung stehen. Oft müssen Sie sich schon vor dem offiziellen Beginn des Assessment-Centers in Szene setzen. Auch am Ende dürfen Sie Erreichtes nicht leichtfertig verspielen.

Mit der Selbstpräsentation liegt die erste Übung im Assessment-Center für Führungskräfte hinter Ihnen. Sie haben sich damit vor Beginn der nächsten Übung eine Pause verdient. Eine Pause bedeutet hier allerdings nicht, dass Sie nun abschalten und sich erholen können.

Pausengespräche mit den Beobachtern

In Assessment-Centern gehen die Beobachter oftmals auf Kandidaten zu und suchen das Gespräch. Typischerweise geschieht dies, nachdem die ersten Übungen stattgefunden haben. Die Beobachter haben sich dann schon ein erstes Bild von den Kandidaten gemacht. Wenn die Beobachter einzelne Kandidaten als besonders interessant einschätzen, dann werden sie auch in den Pausen auf diese zukommen.

Den ersten guten Eindruck vom Kandidaten möchten sich die Beobachter dann in einem persönlichen Gespräch bestätigen lassen. Hier sollten Sie vorsichtig sein: Wenn das Gespräch nicht so angenehm verläuft, wie es sich die Beobachter aufgrund ihrer vorgefassten Meinung vorgestellt haben, kann die gute Meinung vom Kandidaten sehr schnell kippen.

Reagieren Sie auf die Gesprächsvorgaben des Beobachters

Bei diesen Pausengesprächen geht es vorrangig um Small Talk und darum, die gegenseitige Sympathie zu verstärken. Deshalb sollten Sie auf die Gesprächsvorgaben des Beobachters reagieren. Interessiert er sich für Ihre berufliche Entwicklung, für bestimmte Aufgaben Ihrer momentanen Position, Ihre Ausbildungs- und Studienzeit, oder möchte er mit Ihnen über aktuelle Branchenthemen und Entwicklungen fachsimpeln?

Eine gut ausgearbeitete Selbstpräsentation hilft Ihnen auch hier weiter. Zeigen Sie sich zupackend, aktiv und engagiert. Dies gilt für berufsbezogene Fragen genauso wie für Fragen zu Ihrer Freizeitgestaltung.

Manche Beobachter wollen sich auch ein Bild von Ihnen abseits der harten Bewerbungsfakten machen und möchten genau wissen, was Sie interessiert und bewegt. In diesem Fall sollten Sie das Gespräch aktiv gestalten. Bereiten Sie sich darauf vor, indem Sie sich Themen überlegen, mit denen Sie ein solches Gespräch in Schwung halten können.

Hier wäre im Bewerbungsverfahren einmal Platz für Ihre Hobbys. Achten Sie aber darauf, ob der Beobachter auf Ihre Themen anspringt. Nicht alle Führungskräfte spielen Golf oder lassen sich durch Freude an der Gartenarbeit beeindrucken. Gefährlich wird es, wenn Sie »schwierige Themen« in Pausengesprächen anschneiden. Dies geschieht leider oft, weil in den Pausen von vielen Teilnehmern der Druck abfällt, in der Folge die Beherrschung abhandenkommt und sie sich Luft machen wollen.

Aus unserer Beratungspraxis
Verschwörer unter sich

BERATUNG

In einem Assessment-Center erlebten wir, wie sich eine Führungskraft trotz guter Leistungen in den Übungen ein gutes Ergebnis verbaute. Die Übertragung der Aufgabenstellungen in Situationen aus dem Arbeitsalltag war diesem Kandidaten gut gelungen. Auch in der Diskussionsrunde hatte er überzeugt. Bei der Rekonstruktion des Assessment-Centers fanden wir die Gründe für sein Scheitern heraus.

In der ersten Kaffeepause ging eine Beobachterin auf ihn zu, die er sichtlich beeindruckt hatte. Sie fragte ihn, ob er sich besonders vorbereitet hätte oder ob seine berufliche Praxis oft Diskussionen und Konferenzen beinhalten würde. Leider wählte der Kandidat die falsche Strategie zur Herstellung eines Wir-Gefühls. Er war der Meinung, dass das Assessment-Center doch nur ein Spiel wäre und dass man als Führungskraft schon wisse, was man im Berufsalltag zu tun habe. Mit verschwörerischer Miene beantwortete er die Frage nach seiner Vorbereitung da-

→ FORTSETZUNG AUF DER NÄCHSTEN SEITE

mit: »Wissen Sie, Frau Meyer, Sie sind doch auch Führungskraft und haben Ihre Abteilung im Griff. Was sollen diese Spielchen eigentlich aussagen? Mir würden die Kosten leidtun, wenn ich in Ihrem Unternehmen etwas zu sagen hätte. Wir beide hätten uns doch auch ohne dieses Assessment-Center geeinigt.« Seine Ausführungen beendete er mit einem wohlwollenden Zwinkern und ließ die Beobachterin stehen.

Es hätte dem Kandidaten klar sein müssen, dass ein Personalauswahlverfahren, in das die Beobachterin eingebunden ist, nicht von ihm hätte kritisiert werden dürfen. Sein Hinweis auf die angebliche Geldverschwendung und die Nutzlosigkeit des Auswahlverfahrens erzeugte nachhaltige atmosphärische Störungen zwischen ihm und der Beobachterin. Bei der Auswertung der Beobachtungsbögen wurde deutlich, dass die Beobachterin seine Leistungen nach der Pause erheblich schlechter bewertete als davor.

> **Fazit:** Die Kritik an einem Verfahren gegenüber Entscheidungsträgern in diesem Verfahren ist in der Berufspraxis genauso ungeschickt wie in Personalauswahlverfahren. Mit einer Argumentation nach dem Motto: »Sie machen hier in Ihrem Unternehmen ganz schönen Quatsch, aber ich möchte trotzdem bei Ihnen arbeiten«, werden Sie die Entscheidungsträger in den Unternehmen nicht überzeugen können.

Auch vor, während und nach den Übungen stehen Sie unter Beobachtung

Viele Kandidaten vergessen leider, dass sie im Assessment-Center die gesamte Zeit unter Beobachtung stehen. Der Aufmerksamkeit der Beobachter sind Sie nicht nur in den einzelnen Übungen, sondern auch zu Beginn, zwischen den Übungen und am Ende des Assessment-Centers ausgesetzt.

Diese drei Phasen bezeichnen wir als »heimliche Übungen«. Schon manche Kandidatin und mancher Kandidat hat während dieser Phasen gut Punkte machen können. Andere haben mit unbedarften Äußerungen oder durch Alkoholgenuss in der Mittagspause ihren eigenen Untergang eingeleitet. Damit Sie es besser machen, geben wir Ihnen einen Einblick in die Fallen, die bei den heimlichen Übungen auf Sie warten.

Anfangsphase

Wenn man Sie zu Beginn des Assessment-Centers warten lässt, kann das natürlich auch an Organisationsproblemen oder dem Zeitmanagement der Beobachter liegen. Aber gelegentlich wird schon zu Beginn des Assessment-Centers ein Test zu Ihrem Sozialverhalten durchgeführt.

Manche Unternehmen wollen sehen, wie Sie reagieren, wenn Sie unvorbereitet auf eine Zeitfalle stoßen: Rennen Sie vor Aufregung alle drei Minuten zum Empfang und fragen, wann es endlich losgeht? Stehen Sie grummelnd in der Ecke und sehen aus dem Fenster? Rauchen Sie womöglich Kette? Oder fangen Sie ein Gespräch mit anderen Kandidaten an? Gerade bei Assessment-Centern, die auf Positionen mit Kundenkontakt abzielen, beispielsweise Vertrieb, Beratung oder Marketing, passiert es gar nicht selten, dass Sie bewusst einer Wartezeit ausgesetzt werden. Dies ist auch im späteren Berufsalltag nicht unüblich, und deshalb ist es aus Unternehmenssicht interessant festzustellen, wie Sie auf einen derartigen Zeitüberschuss reagieren.

Die Wartezeit ist bewusst eingesetzt

Die Wartezeit zu Anfang des Assessment-Centers ist gut geeignet, um die Diskrepanz zwischen der Selbstbeschreibung der Kandidaten und ihrem tatsächlichen Verhalten herauszufinden. Denn jeder Bewerber wird sich als kommunikationsfähig, kontaktfreudig und belastbar beschrieben haben. Das tatsächliche Verhalten in der Wartezeit wird deshalb schon Unterschiede der Verhaltensweisen an den Tag bringen.

Eine Wartezimmeratmosphäre ergibt sich am Anfang des Assessment-Centers fast automatisch. Die Kandidaten kommen nacheinander, setzen sich hin, vermeiden den Blickkontakt und reden, wenn überhaupt, im Flüsterton miteinander. Dabei gibt es schon hier eine gute Chance, sich in Szene zu setzen und deutlich zu machen, dass für Sie soziale Kompetenz nicht nur ein Schlagwort ist. Wenn Sie schon am Anfang auf die anderen Kandidaten zugehen, machen Sie Ihre Kontaktfähigkeit deutlich. Sie zeigen Ihre Kommunikationsfähigkeit, wenn Sie auch in der angespannten Atmo-

Zeigen Sie Ihre Kontakt- und Kommunikationsfähigkeit

sphäre einen lockeren Small Talk mit den anderen Kandidaten beginnen können.

Schon jetzt, vor dem eigentlichen Übungsteil des Assessment-Centers, können Sie Ihr späteres Abschneiden beeinflussen. In manchen Unternehmen registrieren die Beobachter Ihr Verhalten in der Wartezeit zu Beginn des Assessment-Centers. Auf heimliche Kameraaufnahmen wird zwar verzichtet, aber manchmal setzt sich der Moderator oder die Moderatorin unerkannt in die Gruppe der Wartenden und erfasst die Situation.

Prägen Sie sich die Namen anderer Teilnehmer ein

Punkten Sie schon vor dem offiziellen Beginn des Assessment-Centers. Gehen Sie auf die anderen Kandidaten zu. Stellen Sie sich kurz mit Ihrem Namen vor. Auch die Namen der anderen Kandidaten sollten Sie sich merken. Wenn Sie in der späteren Gruppendiskussion andere Teilnehmer mit Namen ansprechen können, wird dies als überzeugender Beleg für Ihre soziale Kompetenz registriert und positiv aufgenommen.

Probieren Sie selbst einmal aus, welche Wirkungen sich beim Angesprochenen einstellen, wenn Sie in einer Diskussion die Formulierung »wie die Dame dort hinten angemerkt hat ...« benutzen oder wenn Sie stattdessen »wie Frau König bereits ausgeführt hat ...« verwenden. Wir alle reagieren stärker, wenn wir direkt mit unserem Namen angesprochen werden. Diese Vorgehensweise zeigt Ihre kommunikative Kompetenz.

Schreiben Sie ruhig die Namen der anderen Teilnehmer auf ein kleines Blatt Papier. Dann können Sie sich die Namen später schnell vergegenwärtigen. Aber gehen Sie diskret vor. Stellen Sie sich nach den ersten Kontakten etwas abseits und machen Sie kurze Notizen.

Erkundigen Sie sich nach den Tätigkeitsschwerpunkten anderer

Wenn Sie die Namen erfahren haben und die Wartezeit noch andauert, können Sie sich darüber hinaus noch über die Tätigkeitsschwerpunkte von ausgewählten Teilnehmerinnen und Teilnehmern erkundigen. Dieser Tipp für Fortgeschrittene eröffnet Ihnen Chancen bei den weiteren Übungen. Sie könnten dann in der Selbstpräsentation oder in der Gruppendiskussion beispielsweise darauf hinweisen, dass Sie sich in Ihrer derzeitigen Tätigkeit »genauso wie Frau König mit der Optimierung von Methoden des Direktmarketing auseinandergesetzt haben«. Auf diese Weise gelten Sie schnell als der kommunikative Moderator und werden zum informellen

Meinungsführer. Diese Position bringt Sie nicht nur im Assessment-Center weiter.

Kaffee- und Mittagspausen

»Darf beim Rinderfilet auf Sauce Bordelaise an gefüllten Zucchinischiffchen und Waffelkartoffeln die Mikro-Salat-Garnitur mit verspeist werden?« Diese Frage steht entgegen mancher Erwartungen nicht im Mittelpunkt der heimlichen Übung Mittagspause. Dass Sie Bestecke von außen nach innen benutzen und nicht lauthals »Bedienung!« rufen, dürfte Ihnen klar sein, auch dass Sie Ihr Handy bei Tisch abstellen. Allgemeine Essens- und Tischverhaltensweisen sollten wir hier voraussetzen.

Wichtig: Ihr Kommunikationsverhalten

Wichtiger in diesem Zusammenhang ist die richtige Kommunikation mit den anderen Teilnehmern und den Beobachtern während der Umbaupausen, der Kaffeepausen und des Mittagessens. Fangen Sie nicht an, über »das Theaterspiel der beschäftigungsarmen Kreativen« herzuziehen oder die »Psychospielchen der Personalidioten« laut abzuwerten. Politik, Religion und Sex sind ebenfalls nicht dafür geeignet, entspannte Gespräche in Gang zu bringen. Üben Sie sich in der Kunst der positiven Kommunikation, loben Sie beispielsweise die Räumlichkeiten oder heben Sie die freundliche Begrüßung hervor.

Die Beobachter suchen während der Pausen im Assessment-Center das informelle Gespräch mit Ihnen. Beachten Sie hierbei, dass sie weder Ihre Feinde noch Ihre Freunde sind. Knappe und einsilbige Äußerungen, um nicht zu viele Informationen preiszugeben, sind ebenso wenig geeignet wie vertrauliche Auskünfte zu Problemen an Ihrem jetzigen Arbeitsplatz. Konfrontieren Sie die Beobachter auch nicht mit überzogenen Karriereallüren. Dann wird vermutet, dass Sie Unruhe ins Unternehmen bringen und als Nächstes am Stuhl des Beobachters sägen werden. Beim Einstellungsritual suchen die Unternehmen den unauffälligen und leistungsbereiten Kletterer auf der Karriereleiter.

Die Kunst der positiven Kommunikation

Bevorzugen Sie allgemeine Themen, führen Sie ein Fachgespräch von Kollege zu Kollege oder fragen Sie die Beobachter nach deren Lebensweg. Entscheidungsträger aus Unternehmen reden auch gerne einmal über sich. Vielleicht finden Sie ja auch Gemeinsamkeiten, wie Vereinsengagement, Hobbys oder Studienort, an die Sie im Gespräch anknüpfen kön-

Bleiben Sie bei allgemeinen Themen

nen. Sympathiepunkte werden auch in den Pausen vergeben. Neben Ihrer Reaktion auf die Vorgaben der Beobachter sollten Sie auch selbst Themen bereithalten, mit denen Sie das Gespräch in Schwung halten können. Unser Beispiel für eine Führungskraft aus dem Logistikbereich zeigt, auf welche Themen Sie zurückgreifen könnten.

BEISPIEL

Gesprächsthemen für Pausen

Small-Talk-Themen

- → *Erstes Thema:* **Aktien von Logistikunternehmen**
- → *Zweites Thema:* **Ehrenamtliches Engagement im örtlichen Sportverein**
- → *Drittes Thema:* **Sportliche Aktivitäten während der Studienzeit**

Themen für Fachgespräche

- → *Erstes Thema:* **Die unterschiedliche Behandlung von Spediteuren in den EU-Ländern**
- → *Zweites Thema:* **Sicherstellung von Just-in-time-Prozessen**
- → *Drittes Thema:* **Kostenvorteile durch Zuliefererintegration**

Überlegen Sie sich Themen für Pausengespräche, bevor Sie in das Assessment-Center gehen. Orientieren Sie sich an unserem Beispiel und machen Sie dazu die Übung »Pausengespräche«. Erarbeiten Sie sich auf diese Weise Themen für Small Talk und Fachgespräche, damit Sie Ihre Pausengespräche mit Beobachtern positiv beeinflussen und Sympathiepunkte sammeln können.

ÜBUNG

Pausengespräche

Bereiten Sie sich auf Small Talk in der Pause vor, indem Sie sich bereits jetzt drei Themen überlegen, die positiv besetzt und allgemein genug sind, sodass jeder interessiert mitreden kann.

Ihre Small-Talk-Themen
1. ....
2. ....
3. ....
....

Im nächsten Schritt sollten Sie sich auf berufsbezogene Gespräche vorbereiten. Aktuelle Trends in Ihrer Branche, Neuerungen in der Arbeitsorganisation und Marktentwicklungen sind hier geeignete Themen.

Themen für Ihre Fachgespräche
1. ....
2. ....
3. ....

Besonders vorsichtig sollten Sie in den Essenspausen im Umgang mit Alkohol sein. So begann beispielsweise ein Mittagessen während des Assessment-Centers einer großen deutschen Bank für die Teilnehmer mit einem Begrüßungscocktail, es folgten ein Aperitif, zwei Gläser Wein zum Hauptmenü und zum Abschluss der Digestif.

Viele Teilnehmer vergessen bei derartigen Angeboten leider, dass sie sich nicht auf einem Betriebsfest befinden. Dort ist Mittrinken akzeptiert. Im Assessment-Center führt Alkoholgenuss aber nur dazu, dass Ihre Stressreaktionen deutlich verstärkt werden. Nach Alkoholgenuss bekommen Sie leicht rote Flecken, Sie schwitzen schneller und Ihre Konzentration leidet erkennbar. Wenn Sie später Übungen vor der Gruppe absolvieren, beispielsweise eine Themenpräsentation, weiß keiner der Beobachter, ob die Hektikflecken »nur« wegen des Alkoholgenusses auftreten oder ob Sie allgemein wenig belastbar sind. Eine leicht verschliffene Aussprache wird nun nicht unbedingt der Aufregung zugeschrieben, sondern unter Umständen als Folge eines zu starken Alkoholgenusses verstanden. Als Konsequenz erhalten Sie eine schlechte Bewertung durch die Beobachter.

Halten Sie sich beim Alkoholgenuss zurück

BERATUNG

**Aus unserer Beratungspraxis
Die Lotto-Frage**

Eine Warnung: Zum Teil versucht man, Sie in ungezwungener Atmosphäre aus der Reserve zu locken. Wir haben beispielsweise schon viele Teilnehmer mit der »Lotto-Frage« aus der Fassung gebracht. Die in der Mittagspause nebenbei eingestreute Frage: »Was würden Sie machen, wenn Sie sechs Richtige im Lotto hätten?«, hat bis auf eine Führungskraft bisher alle Kandidaten das Gleichgewicht verlieren lassen. Das Antwortspektrum reichte von: »Dann hätten die mich hier die längste Zeit gesehen« bis hin zu »Ich würde dem Chef auf den Tisch schei...«. Sie wollen wissen, was der Einzige, der nicht die Fassung verloren hatte, geantwortet hat? Mit einem charmanten Lächeln gab er von sich: »Ich würde das Unternehmen kaufen!«

Fazit: Wer sich souverän aus der Affäre ziehen kann, wird eher akzeptiert als derjenige, der seine zukünftigen Chefs mit der Wahrheit vor den Kopf stößt.

Ihr Pausenverhalten bestimmt das Bild von Ihnen mit

Sie sollten Pausengespräche genauso souverän bewältigen können wie die eigentlichen Übungen. Das Bild, das sich die Beobachter während der gesamten Durchführung von Ihnen machen, wird von Ihrem Verhalten in den Pausen auf jeden Fall mitbestimmt.

Schlussphase

Eine ganze Serie von anstrengenden Übungen liegt am Ende des Assessment-Centers hinter Ihnen. Alle offiziellen Übungen sind gelaufen, jedoch steht Ihnen zum Abschluss noch eine heimliche Übung bevor: die Schlussrunde des Assessment-Centers. Diese Phase wird auch oft als »Ausklang«, »Reflexionsrunde« oder »Schlussplenum« bezeichnet. Inhaltlich geht es darum, dass sich zum letzten Mal die Beobachter, die Moderatoren und die Kandidaten treffen und Gelegenheit zum Gespräch miteinander haben.

Die Entscheidung darüber, wen das Unternehmen einstellt, ist zu diesem Zeitpunkt meist noch nicht gefallen. Sicherlich bevorzugen die Beobachter bereits einzelne Kandidaten, eine endgültige Entscheidung wird aber erst nach dem Assessment-Center in der Beobachterrunde getroffen.

Auch in der Schlussrunde können Sie noch Punkte sammeln

Sie sollten in der Schlussrunde des Assessment-Centers weiter Punkte sammeln, da drei wichtige Aspekte aus der Einstellungspraxis der Unternehmen noch ihre Wirkung für Sie entfalten können.

Zum ersten sind die Zeiträume bis zur Einstellung oft so lang, dass Kandidaten abspringen, weil sie die Möglichkeit haben, vorher bei einem anderen Unternehmen einen Arbeitsvertrag zu unterzeichnen. In diesem Fall wird auf die anderen Kandidaten des Assessment-Centers zurückgegriffen. Wir erleben auch häufig, dass nur wenige Bewerber übrig bleiben, weil viele Kandidaten mit ihrer Bewerbung nur ihren Marktwert testen wollten. Die aussichtsreichsten Kandidaten entscheiden sich dann trotz positiven Unternehmensbescheids für ein in ihren Augen attraktiveres Unternehmen. Dieser Nachteil für die Unternehmen verwandelt sich für manche Kandidaten dann zum Vorteil.

Oft bieten sich alternative Karrieremöglichkeiten

Zum zweiten sind die Assessment-Center für Führungskräfte ein so zeitaufwändiges und kostenintensives Verfahren, dass große Unternehmen bei der Sichtung von Kandidaten nicht nur die offiziell ausgeschriebene Position vor Augen haben. Kandidaten mit Potenzial können auch durchaus für andere offene Stellen interessant sein. Die verdeckte und inoffizielle Personalsichtung nach dem Motto: »Wenn die Bewerber schon einmal den ganzen Tag da sind …« kann durchaus zu dem Angebot einer alternativen Karrieremöglichkeit führen. Verspielen Sie sich nicht die Möglichkeit, andere interessante Positionen angeboten zu bekommen.

Zum dritten handeln viele Beobachter in der Schlussrunde nach dem Modell der kognitiven Dissonanzvermeidung. Dieses Modell besagt, dass wir, nachdem wir eine Entscheidung getroffen haben, zusätzliche Fakten heranziehen, um uns die Richtigkeit unserer Entscheidung zu bestätigen. So wird beispielsweise Werbung oft von den Konsumenten angeschaut, die das umworbene Produkt bereits erstanden haben und sich nun noch einmal die Richtigkeit ihrer Entscheidung bestärken lassen möchten.

Vertiefen Sie Ihren positiven Eindruck in der Schlussphase

Für das Assessment-Center bedeutet dies, dass sich die Beobachter ihre bereits gefasste Meinung über die Kandidaten in der Schlussrunde durch Zusatzinformationen noch einmal bestätigen möchten. Bedenken Sie hierbei immer, dass die endgültige Entscheidung am Ende des Assessment-Centers noch nicht getroffen ist. Die Beobachter diskutieren ihre Empfehlungen oft noch in den folgenden Tagen, und Sie können sich sicher sein, dass dabei auch Ihr letzter Eindruck zählt. Dies heißt für Sie, auch in der Schlussrunde weiter positiv auf sich aufmerksam zu machen.

Bleiben Sie auch jetzt aufmerksam

Wir erleben leider bei untrainierten Teilnehmern in der Schlussrunde des Assessment-Centers häufig ein gegenteiliges Verhalten. Kaum sind die Übungen vorüber, wird die Maske des »Mitspielers« abgesetzt und das gestresste Alltagsgesicht kommt zum Vorschein. Einige Kandidaten vergessen, dass die Gruppendiskussion schon seit mehreren Stunden vorbei ist und diskutieren mit hochrotem Kopf in einer Raumecke weiter. Andere suchen immerhin das Gespräch mit den Beobachtern – allerdings nicht so, wie wir es empfehlen. Vielmehr wollen diese Kandidaten dann haarklein erklären, warum im Rollenspiel die von ihnen gegebenen Antworten die einzig vertretbaren waren oder warum sie im Vorstellungsgespräch unter Stress ganz anders geantwortet hatten, als sie wollten.

Vermeiden Sie Kritik am Auswahlverfahren

Wenig beliebt sind Kandidaten, die in der Schlussrunde anfangen, sich bei den Moderatoren über falsche Vorgaben in den mündlichen und schriftlichen Einführungen zu den einzelnen Übungen zu beschweren. Diese Kandidaten wollen die Moderatoren davon überzeugen, dass ihr vermeintliches oder tatsächliches schlechtes Abschneiden auf Gründen beruht, die sie nicht zu verantworten haben. Sie vergessen jedoch, dass ein zukünftiger Mitarbeiter, der nicht zu getroffenen Entscheidungen steht und zuallererst die Fehler bei den anderen sucht, der Albtraum aller Vorgesetzten ist.

Wie machen Sie es besser? Die Schlussrunde ist meist so gestaltet, dass es sowohl ein Plenum als auch die Möglichkeit zum Gespräch in kleineren Gruppen gibt.

Im Plenum können Sie Anmerkungen und Feedback zum Tagesablauf und damit zum Assessment-Center äußern. Die eben geschilderten negativen Rückmeldungen sollten Sie unterlassen. Sie als Führungskraft sollten wissen, dass konstruktive Kritik, die auf tatsächliche Veränderung zielen soll, immer sachlich und unter vier Augen geäußert werden muss. Deshalb halten Sie sich im Plenum mit kritischen Anmerkungen zurück und heben stattdessen positive Aspekte des erlebten Assessment-Centers hervor. Loben Sie im Plenum den gut geplanten Tagesablauf oder die Möglichkeit des direkten Vergleichs mit Ihren Mitbewerbern. Erklären Sie, dass das Assessment-Center Ihnen neue Erfahrungen und Einblicke verschafft hat, von denen Sie sicherlich noch einige Zeit profitieren werden.

Heben Sie positive Aspekte des Assessment-Centers hervor

Im Gespräch in kleiner Gruppe sollten Sie nach Möglichkeit aktiv den Kontakt zu denjenigen Beobachtern suchen, die sich schon in den vorhergehenden Pausen für Sie interessiert haben. Wenn Sie von den Beobachtern kurze Feedbacks über Ihr Abschneiden in einzelnen Übungen erhalten, sollten Sie, unabhängig davon, ob das Feedback positiv oder negativ ist, zunächst nur zuhören. Kommentieren Sie die Anmerkungen nicht, und beginnen Sie auf gar keinen Fall eine Diskussion mit den Beobachtern. Das Assessment-Center mit seinen einzelnen Übungen ist vorüber, tappen Sie nicht in die Falle, im Nachhinein noch Änderungen erzwingen zu wollen.

Wenn Sie die Gelegenheit dazu haben, machen Sie den Beobachtern im Gespräch noch einmal klar, welches besondere Interesse Sie am Unternehmen haben und wo Ihre Stärken liegen. Beziehen Sie sich dabei auf die Kernpunkte aus Ihrer Selbstpräsentation. Sie verstärken damit die positive Einschätzung Ihrer Leistungen.

Zeigen Sie nochmals Ihr Interesse am Unternehmen

Auf einen Blick
Heimliche Übungen

AUF EINEN BLICK

→ Vergessen Sie nicht, dass Sie während des gesamten Assessment-Centers unter Beobachtung stehen.

→ Zu den heimlichen Übungen im Assessment-Center zählen die Anfangsphase, die Mittags- und Kaffeepausen und die Schlussphase.

→ FORTSETZUNG AUF DER NÄCHSTEN SEITE

→ In der Anfangsphase sammeln Sie Pluspunkte, wenn Sie auf die anderen Teilnehmer offen zugehen und sich deren Namen und eventuell ihre Tätigkeitsschwerpunkte merken. Mit der Kenntnis Ihrer Mitbewerber können Sie in späteren Übungen Ihre Kommunikationsfähigkeit dokumentieren.

→ Bleiben Sie souverän, wenn die Beobachter in den Pausen das Gespräch mit Ihnen suchen, und betonen Sie Ihr Interesse an dem neuen Unternehmen.

→ Sorgen Sie dafür, dass Sie für die Mittagspause drei Themen für Small Talks und drei Themen für Fachgespräche parat haben.

→ Vorsicht mit Alkoholgenuss im Assessment-Center. Geselligkeitstrinken ist bei Personalauswahlverfahren nicht akzeptiert.

→ Das Assessment-Center endet nicht mit der letzten Übung, sondern läuft weiter bis zur Abschlussrunde. Weil Wunschkandidaten abspringen können, weil die Unternehmen oft zusätzlich eine verdeckte Personalsuche betreiben und weil die Beobachter sich ihre Entscheidung für Kandidaten noch einmal bestätigen wollen, müssen Sie sich auch nach der Durchführung der Übungen positiv in Szene setzen.

9. Gruppendiskussionen

In der Gruppendiskussion werden vielfältige Anforderungen an Sie gestellt. Sie müssen sich ein Thema erschließen können, die wesentlichen Fakten herausfinden, andere überzeugen können, fremde Argumente in Ihre eigenen Argumentationsstrukturen integrieren, auf Ihre Körpersprache achten und Konflikte erkennen und auflösen können.

Die Gruppendiskussion ist eine zentrale Übung im Assessment-Center. Sie ist das Element, das auch in halb- oder eintägigen Kurzversionen des Assessment-Centers auf jeden Fall enthalten ist. Zum Teil wird die Gruppendiskussion auch als alleiniges Auswahlverfahren eingesetzt. Sie ist diejenige Übung, anhand derer sich die Beobachter ein möglichst umfassendes Bild von Ihrer sozialen und methodischen Kompetenz machen wollen.

In der Gruppendiskussion sollen Sie mit den anderen Teilnehmern zusammen ein Thema diskutieren. Üblicherweise wird Ihnen dieses vorgegeben und eine Vorbereitungszeit eingeräumt. Die Diskussionsteilnehmer sind in der Regel gleichberechtigt. Das heißt, es gibt keinen Moderator, der das Wort erteilt und die Diskussion strukturiert. Meistens besteht die Diskussionsrunde aus vier bis sechs Teilnehmern. Bei Assessment-Centern, in denen eine größere Zahl von Kandidaten gesichtet wird, werden auch zwei oder mehr Diskussionsgruppen gebildet.

Gleichberechtigte Diskussionsteilnehmer

Aus unserer Beratungspraxis
Kampfstimmung in der Gruppendiskussion

In einer von uns beobachteten Gruppendiskussion, die die Frage nach einem neuen Produktionsstandort zum Thema hatte, war von Anfang an eine Kampfstimmung spürbar. Schon in der Vorbe-

BERATUNG

→ FORTSETZUNG AUF DER NÄCHSTEN SEITE

reitungszeit war deutlich geworden, dass nur ein Teilnehmer das Thema analysiert und Pro- und Contra-Argumente herausgefiltert hatte. Bei den anderen Teilnehmern blieb das Blatt Papier leer. Man konnte förmlich erkennen, dass sie sich mental darauf vorbereiteten, Argumente der anderen niederzuschmettern.

Die Diskussion begann dementsprechend spannungsgeladen. Ein Teilnehmer ergriff sofort das Wort und stellte die Aussage »Wir müssen erst einmal klären, worum es überhaupt geht« in den Raum. Ein Angriff ließ nicht lange auf sich warten, eine andere Teilnehmerin warf ihm »Wie wollen Sie denn das leisten?« an den Kopf. Weiter ging es damit, dass die Teilnehmer einander die Kompetenz absprachen, das Thema in den Griff zu bekommen. Argumente zum Thema fehlten in der Anfangsphase völlig. Die Diskussion über einen neuen Produktionsstandort wurde zu einem Schlagabtausch der Vertreter einzelner Unternehmensbereiche.

Die Teilnehmer bissen sich an der Frage fest, ob nun das Controlling, die Produktion oder die Logistik am meisten zum Thema zu sagen hätte, bis der Teilnehmer, der die Vorbereitungszeit genutzt hatte, kurz aufstand und beschwichtigend anmerkte: »Ich glaube, Sie können alle Ihren Beitrag zur Entscheidung über den neuen Produktionsstandort leisten. Damit es weitergeht, sollten wir die folgenden Punkte klären ...«

Bei der Diskussion einzelner Argumente für oder gegen den neuen Produktionsstandort begann der Streit darum, wer mit seinem Argument Recht hätte, immer wieder von neuem. Der vorbereitete Teilnehmer musste laufend beschwichtigend eingreifen. Die Diskussion kam aber trotz seiner Interventionen wegen der verhärteten Fronten nicht richtig weiter. Kurz vor Ablauf der Zeit stellte der vorbereitete Teilnehmer dann seine eigenen Pro- und Contra-Argumente schlagwortartig heraus und erwähnte kurz, dass in vielen Punkten wohl keine Einigung zu erzielen sei.

Da sich die anderen Teilnehmer durch ihre Blockadehaltung und inadäquate Aggression selbst disqualifiziert hatten, fiel es uns und den anderen Beobachtern leicht, dem vorbereiteten Teilnehmer als Einzigem eine gute Bewertung zukommen zu lassen. Er hatte schließlich versucht, die Diskussion ergebnisorientiert zu gestalten, die Fronten aufzulösen, und deutlich gemacht, dass er in der Lage war, sich das Thema argumentativ zu erschließen.

> **Fazit:** Die Gruppendiskussion wird von den Teilnehmern häufig falsch eingeschätzt. Viele glauben, dass sie selbst gut dastehen, wenn sie ihre Mitbewerber in die Ecke drängen. Sie verzichten auf eine eigene Leistung und versuchen nur, die der anderen abzuwerten. Wer jedoch im Assessment-Center Erfolg haben will, muss sich positiv in Szene setzen. Wer Kampfstimmung ins Assessment-Center trägt, macht nur seinen Mangel an sozialer Kompetenz deutlich. In der Übung Gruppendiskussion hebt sich derjenige positiv ab, der auf ein gemeinsames Ergebnis hinarbeitet.

Der direkte Kräftevergleich der Teilnehmerinnen und Teilnehmer führt dazu, dass die Nerven bei den meisten blank liegen. In dieser Situation scheint es dann nur noch darum zu gehen, wer wen am häufigsten unterbricht, wer sich die längsten Wortbeiträge erkämpft oder wer die meisten persönlichen Angriffe startet. Mit diesen destruktiven Fähigkeiten fallen Sie zwar auf – aber in der Regel negativ. In Erscheinung treten müssen Sie aber positiv. Sie können bei der Gruppendiskussion nicht darauf warten, dass man schon irgendwann das Wort an Sie richten wird. Auch mit dieser Strategie werden Sie sich kaum positiv hervorheben.

Versuchen Sie, positiv in Erscheinung zu treten

Für die Beobachter ist die Gruppendiskussion schon deswegen besonders interessant, weil eine Parallele zu den im Arbeitsalltag von Führungskräften häufigen Besprechungen, Konferenzen und Meetings besteht. Auch im beruflichen Alltag gibt es die Spannungen zwischen dem Teamgedanken und der Ergebnisorientierung. Um optimale Ergebnisse zu erzielen, müssen die Vorstellungen und Anregungen aller Beteiligten gewürdigt werden. Aber eine reine Aussprache über Ideen und Wünsche genügt nicht, es muss auch auf ein Ergebnis hingearbeitet werden. Daher gehört die Aufforderung, ein Diskussionsergebnis präsentieren zu können, häufig mit zur Aufgabenstellung.

Diskutieren Sie ergebnisorientiert

Es ist typisch für Gruppendiskussionen im Assessment-Center, dass entweder alle nett miteinander umgehen, aber kein Ergebnis erzielt wird, oder dass ein oder zwei Teilnehmer die Diskussion an sich reißen und ihre Meinung als Gruppenmeinung darstellen. Beide Szenarien sind für die Beobachter unbefriedigend. Im ersten Fall werden die Beobachter an zeitraubende, aber ergebnislose Meetings erinnert, für die die Berufspraxis das geflügelte Wort »Viele gehen hinein, aber nichts kommt heraus« geprägt hat.

Auch im Assessment-Center kommt es häufig vor, dass die Diskussionsrunde sich an unwichtigen Details festbeißt, Aspekte diskutiert, die mit dem Thema nichts zu tun haben, willkürlich von einem Punkt zum anderen springt, bereits geklärte Punkte zum zweiten Mal durchspricht und deswegen zu wenig inhaltlicher Input für das eigentliche Thema geleistet wird. Die Diskussionszeit verrinnt dann unerbittlich. Plötzlich ist sie vorbei, aber ein tragfähiges Ergebnis noch lange nicht in Sicht.

Parallelen zum beruflichen Alltag

Da Zeit nicht nur im Assessment-Center, sondern auch im beruflichen Alltag ein knappes Gut ist, stößt den Beobachtern diese Zeitverschwendung sauer auf. Vergessen Sie nicht, dass die Beobachter eventuell Ihre Vorgesetzten sein werden. Deshalb wissen sie auch, dass als Konsequenz aus ergebnislosen Meetings im Arbeitsalltag die gesamte Organisation der besprochenen Aufgaben letztendlich von ihnen selbst geleistet werden muss. Die Beobachter werden deshalb keinen Kandidaten auswählen, der für sie eine zusätzliche Belastung darstellen könnte, statt für die gewünschte Entlastung zu sorgen.

Um es vorwegzunehmen: In der Gruppendiskussion überzeugt derjenige, der sich zum Anwalt des Themas und zum Anwalt der Gruppe macht. Wie das geht und welche sprachlichen Tricks Ihnen dabei helfen, diese Rolle einzunehmen, erfahren Sie im Abschnitt »Überzeugungsstrategien«.

Achten Sie auch auf körpersprachliche Signale

Zunächst machen wir Sie mit den Themen vertraut, die Sie bei Gruppendiskussionen erwarten. Sie erfahren dann abschließend, dass nicht nur Ihre sprachlichen Fähigkeiten Ihnen helfen, sich in der Gruppendiskussion in Szene zu setzen, sondern dass die Diskussionsteilnehmer und die Beobachter auch auf Ihre körpersprachlichen Signale reagieren. Daher erläutern wir Ihnen, wie Sie Fehler beim Einsatz Ihrer Körpersprache vermeiden und wie Sie mit einer geschickten nonverbalen Kommunikation in der Gruppendiskussion Punkte sammeln.

Themenstellungen

Üblicherweise wird Ihnen in Gruppendiskussionen das Thema vorgegeben. Zumeist werden aktuelle Trends und Entwicklungen aufgegriffen, bei denen davon ausgegangen werden kann, dass jeder Teilnehmer mitreden kann. Es kann aber auch passieren, dass Sie mit einem Thema konfrontiert werden, das wenig Bezug zum Berufsalltag hat. Auch für diesen Fall erfahren Sie von uns, wie Sie in der Diskussion mithalten können. Gelegentlich wird auf eine Themenvorgabe verzichtet und der inhaltlichen Diskussion eine Diskussion über die Eignung von Themen vorangestellt.

Diskussion mit Themenvorgaben

Aktuelle Themen

Die meisten Unternehmen verwenden in der Gruppendiskussion Themen, die sich auf Ihr Berufsfeld beziehen. Es handelt sich zumeist nicht um Themen, für deren Diskussion ein spezielles Fachwissen benötigt wird. Wie in den anderen Übungen wird auch in Gruppendiskussionen nicht Ihr Fachwissen überprüft, sondern Ihre soziale und Ihre methodische Kompetenz. Daher sind die Themen grundsätzlich so allgemein gehalten, dass der unterschiedliche fachliche Hintergrund der Diskussionsteilnehmer keine Rolle spielt.

Allgemein gehaltene Themen aus Ihrem Berufsfeld

Es kommt regelmäßig vor, dass in Gruppendiskussionen Ingenieure auf Marketingspezialisten treffen oder Juristinnen auf Mitarbeiter aus dem Controlling. Fachthemen wie beispielsweise »die mittelbare Drittwirkung der Grundrechte in der EU« würden dann Diskussionsteilnehmer aus der Rechtsabteilung einseitig bevorzugen. Ein fachlicher Schlagabtausch würde im Vordergrund stehen, während die Überprüfung der sozialen und methodischen Kompetenz in den Hintergrund träte. Dies würde die Absichten des Assessment-Centers konterkarieren. Die Themen in der Gruppendiskussion werden deshalb so gewählt, dass die kommunikativen Fähigkeiten der Teilnehmer verglichen werden können. Dies gelingt nur, wenn alle Teilnehmer mitreden können. Deshalb werden Themen mit einem allgemeinen Bezug zur Berufswelt von den Unternehmen bevorzugt.

Zeigen Sie, dass Sie über aktuelle Trends in der Arbeitswelt Bescheid wissen

Neben der Vergleichbarkeit der Teilnehmer in der Gruppendiskussion hat der Einsatz berufsfeldbezogener Themen einen weiteren Grund. Für die Unternehmen ist es interessanter zu überprüfen, ob die Kandidaten über aktuelle Trends in der Arbeitswelt Bescheid wissen, als ihr Allgemeinwissen zu überprüfen. Wenn ein Unternehmen eine Führungsposition im kaufmännischen Bereich besetzen will, könnte das Thema in der Gruppendiskussion lauten: »Entwickeln Sie eine Marketingstrategie für die Einführung eines Fitness-Getränkes auf dem Markt.« Bei dieser Diskussion können die Beobachter neben den kommunikativen Fähigkeiten auch feststellen, ob die einzelnen Teilnehmer auch Aspekte anderer Unternehmensbereiche – beispielsweise Kundenorientierung (Verkauf), Kosten (Produktion und Entwicklung), Zielgruppendefinition (Marketing) – berücksichtigen können. Dies würde bei einem allgemeinen Diskussionsthema wie »Sollte das Rauchen in öffentlichen Gebäuden verboten werden?« nicht deutlich.

Beziehen Sie fachübergreifende Aspekte mit ein

Allgemein gehaltene Themen aus der Arbeitswelt, die den fachlichen Hintergrund der Diskussionsteilnehmer weitgehend ausblenden, werden bei Gruppendiskussionen am häufigsten eingesetzt. Die Themen in unserem Beispiel wurden bei der Auswahl von Führungskräften in der Gruppendiskussion vorgegeben.

BEISPIEL

Diskussionsthemen

Position: Niederlassungsleiter Fertighäuser
Diskussionsthema: »Ist nur ein gemauertes Haus ein gutes Haus?«

Position: Abteilungsleiter Einzelhandel
Diskussionsthema: »Wie lassen sich Kunden gezielt durch Supermärkte führen?«

Position: Geschäftsstellenleiter Finanzdienstleistungen
Diskussionsthema: »Sollte private Altersvorsorge steuerbegünstigt werden?«

Position: Bereichsleiter Logistik
Diskussionsthema: »Entwickeln Sie eine Imagekampagne für einen privaten Briefpostzusteller.«

Position: Regionalleiter Pharma
Diskussionsthema: »Mit welchen Maßnahmen lässt sich die Bindung eines Arztes an ein Pharmaunternehmen verstärken?«

Freie Themenwahl

Bei der freien Themenwahl gibt es zwei Möglichkeiten: Entweder wird Ihrer Diskussionsgruppe die Auswahl des Themas freigestellt und sie müssen sich untereinander auf ein Thema einigen, oder Sie bekommen eine Auswahl von drei bis fünf Themen vorgelegt und müssen sich in der Gruppe auf ein Thema einigen, das diskutiert werden soll. Dies bedeutet, dass in beiden Fällen vor einer thematisch-inhaltlichen Diskussion eine Diskussion um die Auswahl des eigentlichen Themas entsteht.

Die Teilnehmer einigen sich auf ein Thema

In dieser Diskussion vor der Diskussion liegt das Augenmerk der Beobachter ganz besonders auf der Durchsetzungsfähigkeit der einzelnen Teilnehmer. Während es bei der eigentlichen Diskussion um ein gemeinsames Ergebnis geht und Sie sich dementsprechend kooperativ verhalten sollten, wird bei der Diskussion um das Thema darauf geachtet, ob Sie Ihre Interessen durchboxen können. Wenn Sie sich mit Ihrem Wunschthema durchsetzen wollen, müssen Sie darauf achten, den anderen Teilnehmern ein akzeptables Angebot zu machen. Ist für die Diskussion des von Ihnen vorgeschlagenen Themas Fachwissen notwendig, über das Sie verfügen, die anderen aber nicht, wird die Gruppe Ihren Themenvorschlag ablehnen.

Um sich mit den anderen Teilnehmern einigen zu können, sollten Sie ein Thema vorschlagen, bei dem alle – unabhängig von ihrem Fachwissen – mitdiskutieren können. Ein solches Thema könnte lauten: »Wie sieht der optimale Mitarbeiter für die Position XYZ (Position, die im Assessment-Center vergeben wird) aus?« Hier sollte jeder der Diskussionsteilnehmer mitreden können, da die Anforderungen der neuen Po-

Ihre Durchsetzungsfähigkeit wird geprüft

sition schließlich auch Thema der Bewerbung der einzelnen Kandidaten waren. Damit haben Sie einen Joker in der Hand, den Sie ziehen können, wenn die Entscheidungsfindung für ein Diskussionsthema in der Gruppe nicht vorankommt. Die anderen Teilnehmer können diesen Vorschlag nur schlecht ablehnen, da sie so den Beobachtern indirekt zu verstehen geben, dass sie nicht wissen, worauf es bei der ausgeschriebenen Position ankommt.

Bringen Sie die Entscheidungsfindung voran

Wenn der Gruppe mehrere Themen zur Auswahl gestellt werden, so liegt Ihre wesentliche Aufgabe darin, die Entscheidungsfindung voranzubringen. Dies gelingt Ihnen, wenn Sie auf den Zeitfaktor verweisen und eine möglichst enge Zeitvorgabe für die Themenfindung vorschlagen, wie aus unserem Beispiel ersichtlich.

BEISPIEL

Themenfindung

»Wir sollten uns schnell auf ein Thema einigen, damit nicht zu viel von unserer Diskussionszeit verloren geht. Ich schlage vor, dass wir maximal fünf Minuten unserer dreißigminütigen Zeitvorgabe zur Themenfindung einplanen. Sind alle damit einverstanden?«

Ergreifen Sie die Initiative

Lässt sich nicht innerhalb kurzer Zeit eine Entscheidung fällen, können Sie eine Abstimmung vorschlagen. Bei der eigentlichen Diskussion sollten Sie dieses Instrument aber nicht einsetzen. Ihre kommunikativen Fähigkeiten müssen Sie in der Diskussion durch die Gewichtung von Argumenten und die Analyse von Pro- und Contra-Erwägungen beweisen. Abstimmungen können den für die Beobachter interessanten Prozess der Entscheidungsfindung nicht ersetzen. Bei der Entscheidung für ein Diskussionsthema kommt es aber nicht darauf an, sich ein Thema umfassend zu erschließen. Es geht nur darum, möglichst schnell ein zu diskutierendes Thema festzulegen. Deshalb können Sie an dieser Stelle die Entscheidungsfindung mit einer Abstimmung beschleunigen.

Eine Abstimmung kann hilfreich sein

Zählen Sie die Diskussionsthemen auf und bitten Sie die anderen Teilnehmer, durch Handheben deutlich zu machen, welches ihr Wunschthema ist. Werten Sie die Meldungen aus, verkünden Sie das Abstimmungsergebnis und beginnen Sie die Diskussion. So manövrieren Sie sich in eine Moderatorenfunktion, die Ihnen eine gute Bewertung in der Gruppendiskussion sichert.

Angestaubte Themen

Je berufsnäher die Übungen im Assessment-Center gestaltet sind, desto zuverlässiger lassen sich Aussagen darüber machen, welche der getesteten Bewerberinnen und Bewerber für das Unternehmen erfolgreich tätig sein werden. Die Forderung nach Berufsnähe gilt auch für die Themen der Gruppendiskussion. Trotzdem werden Sie in Assessment-Centern für Führungskräfte gelegentlich auf die Diskussionsthemen »Mondlandung«, »Höhlenübung« und »Ballonfahrt« treffen. Diese drei Themen stammen aus der Anfangszeit der Assessment-Center. Seit mehr als dreißig Jahren geistern sie durch die einschlägige Literatur und werden in Zeitungsartikeln immer wieder genannt.

Angestaubte Themen

Mondübung: »Sie landen mit der Gruppe auf dem Mond, Ihre Raumkapsel ist dabei zu Bruch gegangen, und nun müssen Sie aus 19 Gegenständen die fünf wichtigsten auswählen, die Sie auf Ihrem dreitägigen Weg zur rettenden Mondbasis unbedingt brauchen. Zu den Gegenständen gehören: Dosenöffner, Signalrakete, Sauerstoffbehälter, Funkgerät, Streichhölzer, Gewehr, Seil, Dosennahrung, Getränke, Verbandskasten, Messer, Schmerztabletten, Feuerlöscher, Leuchtstäbe, Kompass, Solarzellen für die Energieversorgung, Wasserkanister, Astronautennahrung und Taschenlampe.«

Ballonübung: »Ihre Gruppe sitzt in einem Ballon, der an Höhe verliert und mit Hochspannungsmasten zu kollidieren droht. Entscheiden Sie in fünfzehn Minuten, welche sechzehn Gegenstände von den zwanzig an Bord befindlichen abgeworfen werden.«

BEISPIEL

→ FORTSETZUNG AUF DER NÄCHSTEN SEITE

Höhlenübung: »Sie sitzen mit Ihrer Gruppe in einer Höhle, in der nach einem Unglücksfall der Wasserpegel ständig steigt. Erstellen Sie mit Ihren Gruppenmitgliedern eine Rangfolge, wer zuerst, wer als Zweiter, wer als Dritter usw. die Höhle verlassen darf. Abwandlung: Nur eine einzige Person kann gerettet werden, einigen Sie sich, wer das sein soll!«

Die Grundstruktur bei diesen drei Übungen und zahlreichen weiteren Varianten ist ähnlich. Die Gruppe muss sich innerhalb einer vorgegebenen Zeit einigen, welche Gegenstände mitgenommen werden (Mondübung), welche herausgeworfen werden (Ballonübung) oder welche Person den Unglücksort (Höhlenübung) als Erster verlassen darf.

Diskutieren Sie engagiert mit

Auch wenn Sie für Ihr Unternehmen nicht auf den Mond fliegen werden: Ganz gleich wie weit hergeholt Ihnen Themen in der Gruppendiskussion erscheinen, Sie müssen engagiert mitdiskutieren. Im Assessment-Center kommt es auf das konkret sichtbare Verhalten der Teilnehmer an. Eine Verweigerungshaltung spricht leider gegen Sie. Auch wenn Sie mit vorgegebenen Themen nicht einverstanden sind, sollten Sie gute Miene zum bösen Spiel machen. Zeigen Sie, dass Ihnen zu jedem Thema etwas einfällt und dass Sie sich in der Gruppe behaupten können.

Rollenvorgaben

Neben der Vorliebe für bestimmte Themen hat auch jedes Unternehmen Vorlieben bei der Durchführung der Gruppendiskussion. Der typische Ablauf von Gruppendiskussionen sieht so aus, dass Ihnen eine Vorbereitungszeit eingeräumt wird und Sie im Anschluss daran das vorgegebene Thema diskutieren.

Diese führerlose Diskussion ohne Rollenvorgabe wird in Assessment-Centern genauso oft eingesetzt wie die führerlose Diskussion mit Rollenvorgabe, die wir Ihnen nun vorstellen. Es gibt aber auch Sonderfälle wie die geführte Diskussion ohne Rollenvorgabe und die geführte Diskussion mit Rollenvorgabe.

Führerlose Diskussion mit Rollenvorgabe

Die führerlose Diskussion mit Rollenvorgabe wird eingesetzt, um eine Konfliktsituation unter den Diskussionsteilnehmern zu erreichen. In der Vorbereitungszeit werden allen Teilnehmern schriftliche Informationen zu der Rolle, die sie übernehmen sollen, ausgehändigt. In der Diskussion spielen Sie dann einen Unternehmensangehörigen und müssen dessen spezielle Sichtweise einnehmen. Hierbei müssen Sie beachten, dass Sie sich Ihrer Rolle angemessen verhalten. Spielen Sie beispielsweise den Marketingleiter, so müssen Sie aus dessen Perspektive heraus argumentieren. Sind Sie für das Controlling verantwortlich, sollten Sie die Kostenseite in der Gruppendiskussion im Blick behalten.

Provokation von Konflikten

Führerlose Diskussion mit Rollenvorgabe

Aufgabe: »Nach dem Umzug des Unternehmens in ein neues Gebäude sind die Räumlichkeiten neu einzuteilen. Vier neue Büros – ein kleines, zwei mittelgroße und ein großes – sind an vier Abteilungsleiter aus der Konstruktion, dem Vertrieb, dem Service und dem Controlling zu vergeben. Sie haben die Rolle des Abteilungsleiters Konstruktion zugewiesen bekommen. In Ihrer Rollenvorgabe ist der Zusatz enthalten, dass man Ihnen vor Jahren schon ein größeres Büro versprochen hat und Sie nun auf jeden Fall das große Büro für sich reservieren sollen.«

BEISPIEL

Vertreten Sie in der führerlosen Gruppendiskussion mit Rollenvorgabe die Interessen der fiktiven Person. Besonders am Anfang der Gruppendiskussion sollten Sie die Argumente bringen, die Ihnen schriftlich vorgegeben wurden. Im weiteren Verlauf sollten Sie darauf achten, auf ein gemeinsam getragenes Diskussionsergebnis hinzuarbeiten.

Vertreten Sie die Interessen Ihrer fiktiven Figur

Geführte Diskussion ohne Rollenvorgabe

Von einer geführten Gruppendiskussion ohne Rollenvorgabe spricht man, wenn die Diskussion dahingehend abgewandelt wird, dass aus der Gruppe der Teilnehmer ein Moderator bestimmt wird. Dieser Moderator übernimmt dann die Leitung der Diskussion. Seine Aufgabe ist die Sicherstellung eines Ergebnisses, die Strukturierung der Argumente, die Einhaltung der Diskussionsdisziplin und die Präsentation des Schlussergebnisses.

BEISPIEL

Geführte Diskussion ohne Rollenvorgabe

Aufgabe: »Sie sind die Leiterin der Personalabteilung und sollen mit Ihren vier Personalreferenten ein Anforderungsprofil für die soziale Kompetenz von Berufseinsteigern definieren. Achten Sie darauf, dass alle vier Personalreferenten ihren Beitrag zur zwanzigminütigen Diskussion leisten, und präsentieren Sie anschließend das erarbeitete Profil der Geschäftsleitung in einem fünfminütigen Vortrag.«

Diese Form der Gruppendiskussion wird vorwiegend dann eingesetzt, wenn in einem Assessment-Center gleichzeitig Führungskräfte als auch Fachspezialisten gesichtet werden. Üblicherweise übernimmt dann der Bewerber für eine Führungsposition die Leitung der Gruppendiskussion.

Geführte Diskussion mit Rollenvorgabe

Führungsqualitäten werden überprüft

Geführte Gruppendiskussionen mit Rollenvorgaben werden selten eingesetzt. Wenn aber Positionen mit umfassender Führungsverantwortung vergeben werden sollen, ist eine geführte Gruppendiskussion im Assessment-Center für die Beobachter sehr aussagekräftig. Der Teilnehmer, der die Rolle des Diskussionsleiters zugewiesen bekommen hat, kann hinsichtlich seiner Führung von Teams und der Leitung von Projektgruppen überprüft werden.

Geführte Diskussion mit Rollenvorgabe

BEISPIEL

Aufgabe: »Sie sind der Assistent der Geschäftsleitung. Ihr Unternehmen hat einen neuen Fuhrpark erworben. Ihre Aufgabe ist es, den Mitarbeitern des Unternehmens einen Dienstwagen zuzuweisen. Sie haben drei Mitarbeiter zu sich gebeten. Einen langjährigen Außendienstmitarbeiter, einen jungen Servicemitarbeiter und einen Gruppenleiter aus dem Einkauf. Sie haben Ihre Vergabeentscheidung noch nicht getroffen. Die drei Mitarbeiter sollen ihren Wunsch nach einem bestimmten Dienstwagen mit Ihnen diskutieren. Da Sie jedoch nur drei Mittelklassewagen aus Korea zu vergeben haben, müssen Sie die Diskussion so lenken, dass die Mitarbeiter von sich aus mit dem Angebot des Unternehmens zufrieden sein werden.«

Vorbereitung auf Themen

Machen Sie sich mit Themenstellungen vertraut, die Sie im Assessment-Center erwarten könnten. Dazu ist die Lektüre des Wirtschaftsteils einer überregionalen Tageszeitung eine gute Vorbereitung. Halten Sie sich über Veränderungen in der Arbeitswelt und neue Entwicklungen in Ihrer Branche auf dem Laufenden. Erarbeiten Sie sich einen Fundus an Themenstellungen mit den dazugehörigen Argumenten.

Lesen Sie überregionale Tageszeitungen

Themenstellungen sammeln

Die Themen in Gruppendiskussionen lassen sich in vier Blöcke zusammenfassen:

→ **Wie sieht die Zukunft aus?**
→ **Welche Verbesserungsvorschläge haben Sie?**
→ **Wie würden Sie entscheiden?**
→ **Welche Strategie hilft weiter?**

Der Blick in die Zukunft: Ihr Blick in die Zukunft ist gefragt, wenn Sie Themen vorgegeben bekommen, bei denen Ihre Einschätzung künftiger Entwicklungen verlangt wird. Die

Die Einschätzung künftiger Entwicklungen

entsprechenden Themen in der Gruppendiskussion lauten beispielsweise: »Welche Anforderungen werden an die Führungskraft im Jahr 2010 gestellt?« oder: »Welche Megatrends bestimmen die nächsten zehn Jahre?«

Verbesserungsvorschläge: Ihr Talent, Bestehendes zu verbessern, müssen Sie beispielsweise in Diskussionen mit den Themen »Das Produkt Bronzo Bräunungsmittel verkauft sich nicht mehr. Entwickeln Sie eine Markteinführungsstrategie für Super-Bronzo als Ersatzprodukt!« oder »Wie können Außendienstmitarbeiter besser vom Innendienst unterstützt werden?« unter Beweis stellen.

Am Ende muss ein Ergebnis stehen

Fällen Sie eine Entscheidung: Wenn die Themen »Bewerten Sie die Vor- und Nachteile der Einführung von Gruppenfertigung statt Fließbandfertigung« oder »Lineare oder progressive Besteuerung? Erarbeiten Sie gerechte Einkommensteuertarife!« lauten, müssen Sie zu einer Entscheidung kommen. Diskutieren Sie das vorgegebene Thema unter verschiedenen Gesichtspunkten. Achten Sie darauf, dass am Ende der Diskussion eine Entscheidung für eine Variante steht.

Strategie erarbeiten: Ihre Fähigkeit, strategisch zu denken, soll mit Themen wie »Eine neue Filiale unseres Konzerns wird in Kürze eröffnet. Entwickeln Sie in der Gruppe eine PR-Strategie« oder »Konzipieren Sie eine Kampagne zur langfristigen Kundenbindung« überprüft werden. Bei strategischen Fragestellungen können Sie Ihre Kreativität ins Spiel bringen.

Wie diese vier Schwerpunkte in der Praxis lauten könnten, möchten wir Ihnen anhand eines Beispiels erläutern. Darin haben wir Aufgaben zu den vier Themenblöcken für ein Assessment-Center, in dem die Position Führungskraft im Versicherungswesen zu besetzen ist, zusammengestellt.

BEISPIEL

Führungskraft im Versicherungswesen

→ *Zukunft:* »Was bedeutet die Zunahme der Einpersonenhaushalte/Singles für das Lebensversicherungsgeschäft?«

→ *Verbesserung:* »Wie kann der Außendienst besser unterstützt werden?«
→ *Entscheidung:* »Sollte der Versicherungsdirektvertrieb ausgebaut werden?«
→ *Strategie:* »Welche Chancen bieten ausländische Versicherungsmärkte?«

Bereiten Sie sich auf mögliche Themen in Gruppendiskussionen vor. Machen Sie dazu folgende Übung »Ihre Themenvorschau«.

Ihre Themenvorschau

ÜBUNG

Versetzen Sie sich in die Lage des Moderators eines zukünftigen Assessment-Centers. Mit welchen Themen würden Sie Bewerber aus Ihrer Branche konfrontieren?

Zukunft

Ihr Themenvorschlag: ....
....

Verbesserung

Ihr Themenvorschlag: ....
....

Entscheidung

Ihr Themenvorschlag: ....
....

Strategie

Ihr Themenvorschlag: ....
....

Argumente finden

Erarbeiten Sie sich Argumentationen

Ohne Argumente lässt sich eine Gruppendiskussion nicht führen, Sie müssen etwas zum Thema sagen können. Wenn wir Führungskräfte auf Assessment-Center vorbereiten, stellen wir häufig fest, dass ihnen keine Argumente für die Diskussion einfallen. Sie sollten sich deshalb Argumentationen für Gruppendiskussionen erarbeiten. Finden Sie heraus, was zu den einzelnen Themen gesagt werden kann. Binden Sie die Informationen aus der Lektüre Ihrer Tageszeitung mit ein. Verabschieden Sie sich von dem Gedanken, dass Sie revolutionäre Neuheiten in der Gruppendiskussion verkünden müssen. Wichtig ist vor allem, dass Sie mitreden können.

Für zwei der in unserem Beispiel »Führungskraft im Versicherungswesen« genannten Themenvorschläge ließen sich die nachfolgenden Argumente nutzen.

BEISPIEL

Argumente für zukünftige Führungskräfte im Versicherungswesen

Argumente zum Thema *Zukunft:* »Was bedeutet die Zunahme der Einpersonenhaushalte/Singles für das Lebensversicherungsgeschäft?«

→ *Argument 1:* Größerer Beratungsaufwand
→ *Argument 2:* Kapitallebens- statt Risikoversicherung
→ *Argument 3:* Private Altersvorsorge
→ *Argument 4:* Ausweitung der Finanzdienstleistung
→ *Argument 5:* Maßgeschneiderte Angebote

Argumente zum Thema *Verbesserung*: »Wie kann der Außendienst besser unterstützt werden?«

→ *Argument 1:* Internetzugriff vom Laptop
→ *Argument 2:* Ausdruck individueller Angebote im Beratungsgespräch vor Ort
→ *Argument 3:* Einsatz von Tourenplanungssoftware
→ *Argument 4:* Prämienkoffer für Neukundenwerbung
→ *Argument 5:* Auf Zielgruppen zugeschnittene Gesprächsleitfäden

Diese Vorbereitung sollten auch Sie leisten. Finden Sie Argumente für die vier von Ihnen in der Übung »Ihre Themenvorschau« vorgeschlagenen Diskussionsthemen.

Ihre Argumente

ÜBUNG

Ihr Thema Zukunft:

→ *Argument 1:* ....
→ *Argument 2:* ....
→ *Argument 3:* ....
→ *Argument 4:* ....
→ *Argument 5:* ....

Ihr Thema Verbesserung:

→ *Argument 1:* ....
→ *Argument 2:* ....
→ *Argument 3:* ....
→ *Argument 4:* ....
→ *Argument 5:* ....

Ihr Thema Entscheidung:

→ *Argument 1:* ....
→ *Argument 2:* ....
→ *Argument 3:* ....
→ *Argument 4:* ....
→ *Argument 5:* ....

Ihr Thema Strategie:

→ *Argument 1:* ....
→ *Argument 2:* ....
→ *Argument 3:* ....
→ *Argument 4:* ....
→ *Argument 5:* ....

So lernen Sie, kompetent zu diskutieren

Im nächsten Abschnitt »Überzeugungsstrategien« werden wir an das von Ihnen gesammelte Material anknüpfen. Wir werden Ihnen zeigen, wie Sie Argumente in der Gruppendiskussion einsetzen, kompetent diskutieren und die anderen Teilnehmer in den Griff bekommen.

Überzeugungsstrategien

Die Übung Gruppendiskussion ist eine äußerst komplexe Aufgabe. Hierbei kommen sehr viele Beobachtungsdimensionen zum Tragen. Die Beobachter wollen mit der Gruppendiskussion einen möglichst umfassenden Eindruck von Ihnen erhalten. Um zu überzeugen, müssen Sie Argumente liefern, die anderen Teilnehmer in den Griff bekommen, eine Diskussionsstruktur schaffen, auf die Zeit achten, Zwischen- und Schlusszusammenfassungen liefern und eventuell Medien einsetzen. Warum diese Punkte so wichtig sind, zeigt Ihnen unsere Liste der häufigsten Fehler. Unvorbereitete Teilnehmer

Darauf müssen Sie achten

→ haben keine Argumente für das vorgegebene Thema,
→ diskutieren ohne Struktur hin und her,
→ verlieren sich in der Lösung von Detailfragen,
→ beißen sich an einzelnen Punkten fest,
→ sind dann nicht mehr in der Lage, zu anderen Punkten zu wechseln,
→ halten das Zeitlimit nicht ein,
→ gehen Konflikten aus dem Weg,
→ machen keine Zwischenzusammenfassungen
→ greifen sich persönlich an, wenn sie sachlich nicht mehr weiterkommen,
→ machen keine Schlusszusammenfassung; dadurch kommt kein nachvollziehbares Ergebnis zustande und
→ entwerten die Diskussion durch eine Abstimmung nach Ablauf der Zeitvorgabe.

Diese Fehler können Sie durch eine gute Vorbereitung ausräumen.

Argumente bündeln

Ihr erstes Ziel sollte sein, überhaupt mitzureden. Schweigsame Teilnehmer an der Gruppendiskussion haben bei den Beobachtern schlechte Karten. Damit Sie mitreden können, müssen Sie Argumente finden. Gelegenheit dazu haben Sie auf jeden Fall. Üblicherweise wird man Ihnen vor der Gruppendiskussion Zeit einräumen, damit Sie sich Argumentationsstrategien überlegen können. Beispielsweise verfügen Sie über 15 Minuten Vorbereitungszeit für eine anschließende Diskussion von 45 Minuten Dauer.

Zunächst: Argumente finden

Machen Sie in der Vorbereitungsphase ein Brainstorming, notieren Sie alles, was Ihnen zum Thema einfällt. Überlegen Sie sich noch nicht, ob diese Argumente für die spätere Diskussion relevant sind und wie Sie sie einsetzen könnten. Beschränken Sie sich nicht, erfassen Sie alle Begriffe, Schlagworte und Argumente, die Ihnen durch den Kopf gehen.

Beginnen Sie mit einem Brainstorming

Erst im zweiten Schritt ordnen Sie Ihre Einfälle in Form eines Mind-Maps. Dies ermöglicht Ihnen die Strukturierung und Gliederung der Argumente. Sie können das Mind-Map dann in die Diskussion mitnehmen. Dadurch werden Ihnen sofort Argumentationsblöcke deutlich, und Sie können Ihre Argumente und die der anderen Teilnehmer bündeln. Sie behalten immer den Überblick und schaffen sich so die Voraussetzung, eine Moderatorenrolle zu übernehmen.

Die Gewichtung Ihrer Argumente und die Ausformulierung der Schlagworte folgt in Ihrer Vorbereitung erst in einem späteren Schritt. Erst einmal sollten Sie so viel Material wie möglich sammeln. Wir zeigen Ihnen an unserem Beispiel »Qualitätsverbesserung«, wie ein Brainstorming zu dem Diskussionsthema »Entwickeln Sie ein Konzept zur Verbesserung der Qualität unserer Produkte« aussehen könnte.

Qualitätsverbesserung

Ein Brainstorming könnte diese Begriffe und Argumente beinhalten:

→ **Produktion**
→ **Service**

BEISPIEL

→ FORTSETZUNG AUF DER NÄCHSTEN SEITE

- → Vertrieb
- → Kommunikation im Betrieb
- → Zulieferer und Qualität
- → Prozesskontrollen einführen
- → Kundenreklamationen schneller der Produktion und Entwicklung mitteilen
- → Qualitätszirkel/-audits einführen
- → Servicemitarbeiter regelmäßig schulen lassen
- → Vertriebsmitarbeiter als Ohr zum Kunden nutzen
- → abteilungsübergreifende Weiterbildungen zum Thema Qualität durchführen
- → Qualitätsgedanken durch mehr Eigenverantwortung der Mitarbeiter
- → andere Arbeitsorganisationsmodelle stärker etablieren

Fassen Sie die Argumente zu Blöcken zusammen

Jetzt müssen diese Argumente noch zu Blöcken zusammengefasst werden. Überlegen Sie sich Kategorien, in die Sie die einzelnen Argumente einsortieren können. Für das Diskussionsthema aus unserem Beispiel würden sich die Kategorien Produktion, Service, Vertrieb und Prozessoptimierung anbieten. Unser Beispiel auf Seite 137 zeigt Ihnen, wie diese Strukturierung als Mind-Map ausgearbeitet aussehen könnte.

Nun stehen Ihnen für Ihre Gruppendiskussion genügend Argumentationsblöcke zur Verfügung. Die Argumente der anderen Teilnehmer können Sie in Ihre vier Unterpunkte integrieren oder zusätzliche Unterpunkte bilden. Mit dieser Art der Vorbereitung und Aufzeichnung gelingt es Ihnen, am Fluss der Diskussion teilzuhaben und gleichzeitig den Überblick zu behalten. Die Strukturierung der Argumente verhindert, dass Sie oder die Gruppe sich an einzelnen Argumenten festbeißen. Wenn es in einem Block in der Diskussion nicht weitergeht, können Sie zu einem anderen wechseln. Mit dieser Differenzierung können Sie die Diskussion auch immer wieder in Schwung bringen, wenn sie an einem Punkt ins Stocken gerät.

Behalten Sie den Überblick

Einer der häufigsten Fehler in Gruppendiskussionen ist es, dass gleich zu Anfang in Detailfragen eingestiegen wird. Andere Argumente bleiben dann unbesprochen und es kommt zu keiner umfassenden Würdigung des Themas.

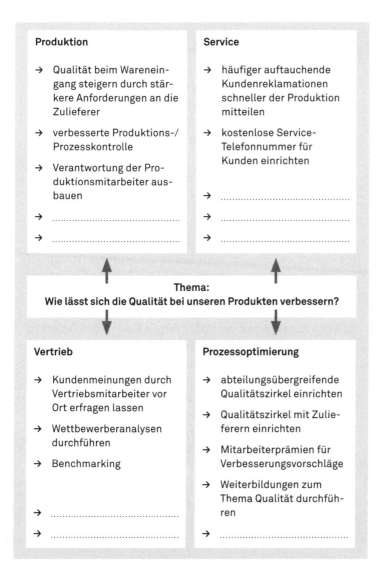

Mind-Map Qualitätsverbesserung

Schaffen Sie sich die Voraussetzungen dafür, immer wieder neue Impulse geben zu können. Dies gelingt Ihnen am besten, wenn Sie die anderen Diskussionsteilnehmer darauf hinweisen, dass sie sich nicht zu früh in Details verlieren sollten und auch andere Aspekte für das Thema wichtig sind.

Bei berufsbezogenen Diskussionsthemen müssen Sie auf jeden Fall zeigen, dass Sie nicht nur Argumente aus Ihrem

Berücksichtigen Sie auch weitere Aspekte

Arbeitsbereich liefern können, sondern auch die Interessen der anderen Bereiche oder Abteilungen berücksichtigen. Wenn Sie im Vertrieb tätig sind, müssen Sie deutlich machen, dass Sie sich auch mit Marketing- und Serviceaspekten auseinandersetzen können. Wenn Sie in der Konstruktion tätig sind, sollten Sie auch Argumente aus den Bereichen Vertrieb, Controlling und Marketing liefern können.

Schlagworte anbringen

Sie überzeugen in Gruppendiskussionen, wenn Sie nicht nur Argumente liefern, sondern auch aktuelle Schlagworte und Schlüsselbegriffe aus dem Tagesgeschäft einfließen lassen. Für weitschweifige Ausführungen ist in Gruppendiskussionen kein Platz. Sie müssen lernen, mit hoher Informationsdichte zu diskutieren. Schlagworte und Schlüsselbegriffe haben den zusätzlichen Vorteil, dass Sie viele Argumente in kurzer Zeit liefern können. Auf diese Weise zeigen Sie den Beobachtern, dass Sie sich Diskussionsthemen erschließen können. Gleichzeitig zwingen Sie die anderen Teilnehmer dazu, vorrangig auf Ihre Argumente einzugehen.

Wie Sie sich auf mögliche Themen vorbereiten, haben wir Ihnen schon im Abschnitt »Vorbereitung auf Themen« erläutert. Suchen Sie nun für Ihre Argumente aktuelle Schlagworte und Schlüsselbegriffe heraus, die knapp, aber aussagekräftig sind. Ganz gleich, auf welches Thema Sie treffen, ein großer Teil der aktuellen Schlagworte und Schlüsselbegriffe lässt sich immer in die Diskussion einbringen.

BEISPIEL

Schlagworte und Schlüsselbegriffe in Diskussionen

→ *Diskussionsthema 1:* Wie lassen sich Mitarbeiter motivieren?
→ *Diskussionsthema 2:* Entwickeln Sie für einen Hersteller von Plastikspielzeug eine Marketingstrategie, mit der er zukünftig Holzspielzeug vertreiben kann!
→ *Diskussionsthema 3:* Was spricht für die Produktion von hochwertigen Elektronikprodukten in Deutschland?

Es gibt Schlagworte und Schlüsselbegriffe, die Sie für alle drei Diskussionsthemen einsetzen können. Selbst die Strukturierung der Argumente bleibt gleich.

→ *Argumentationsblock Unternehmensorganisation:* schlanke Organisation, Profit-Center, kurze Entscheidungswege, Reengineering
→ *Argumentationsblock Markt- und Kundenorientierung:* Kundenfreundlichkeit, marktnahe Produktentwicklung, Beratung, Service, Qualität, Vertrieb, Absatzförderung, Marketing, Wettbewerberanalyse, Bekanntheit beim Kunden, Preisgestaltung
→ *Argumentationsblock Mitarbeiterführung:* Zielvorgaben, Kostenreduktion, unternehmerisches Handeln, Verantwortungsbereitschaft
→ *Argumentationsblock Schulung und Personalentwicklung:* motivierte Mitarbeiter, positive Rückmeldungen, Leistungsanreize, gezielte Weiterbildung, Produktschulung

Um positive Aufmerksamkeit zu erreichen, sollten Sie gleich zu Anfang der Gruppendiskussion möglichst viele Argumente in den Raum stellen. Dazu fassen Sie Ihre Schlagworte und Schlüsselbegriffe in ein oder zwei Sätzen zusammen. Im nachfolgenden Beispiel möchten wir Ihnen zeigen, wie ein Einstieg in die Diskussion zu den Themen aus unserem Beispiel »Schlagworte und Schlüsselbegriffe in Diskussionen« aussehen könnte.

So gelingt der Diskussionseinstieg

Der Diskussionseinstieg

Thema: Wie lassen sich Mitarbeiter motivieren?

BEISPIEL

»In der Mitarbeiterführung ist der Aspekt der direkten und schnellen Rückmeldung für gezeigte Leistung wichtig. Mitarbeiter sind daher stärker motiviert, wenn Sie in überschaubaren Arbeitsgruppen tätig sind, die nach dem Profit-Center-Prinzip

→ FORTSETZUNG AUF DER NÄCHSTEN SEITE

gestaltet sind. So wird beim einzelnen Mitarbeiter unternehmerisches Denken und Entscheidungsfreudigkeit gefördert.«

Thema: Marketingstrategie Holzspielzeug

»Zunächst sollten wir Eckpunkte der zukünftigen Marketingstrategie festlegen, anschließend sollten wir die dazugehörigen Details näher ausgestalten. Zu den Eckpunkten gehören für mich die vier Bereiche Vertriebsnetz, Bekanntheit beim Kunden, Preisgestaltung und Wettbewerberanalyse. Welche weiteren Eckpunkte sollten wir Ihrer Meinung nach noch berücksichtigen?«

Thema: Produktion in Deutschland

»Meiner Meinung nach sind bei der Produktion von hochwertigen Elektronikprodukten Kosten-, Qualitäts- und Serviceaspekte wichtig. Bevor wir diese Aspekte näher untersuchen und so Vor- und Nachteile für die Produktion in Deutschland herausarbeiten, sollten wir überlegen, ob wir noch weitere Aspekte für unsere Diskussion finden. Für mich wäre noch wichtig, dass wir in Deutschland auf qualifizierte Mitarbeiter zurückgreifen können und schnell auf Marktanforderungen reagieren können.«

Die richtigen Schlagworte sichern Ihnen die Sympathie der Beobachter

Sie werden feststellen, dass die Schlagworte und Schlüsselbegriffe Ihnen nicht nur die aktive Teilnahme an der Diskussion ermöglichen, sondern dass sie auch unverzichtbar sind, um die positive Aufmerksamkeit der Beobachter auf sich zu ziehen. Die Beobachter gehen davon aus, dass passende und geeignete Bewerber die gleiche Sprache sprechen wie sie selbst. Mit entsprechender Wortwahl führen Sie die gewünschten Sympathie- und Halo-Effekte herbei, die Ihr Abschneiden im Assessment-Center deutlich verbessern.

Damit Sie nicht erst in der Gruppendiskussion nach Formulierungen für den richtigen Einstieg ins Thema suchen müssen, sollten Sie dies jetzt anhand unserer Übung »Einstiegssätze« trainieren.

Einstiegssätze

ÜBUNG

Trainieren Sie den Einstieg in die Gruppendiskussion. Setzen Sie sich mit Schlagworten und Schlüsselbegriffen positiv in Szene. Nehmen Sie sich ein Thema Ihrer Wahl und sammeln Sie dazugehörige Schlagworte und Schlüsselbegriffe.

Wenn Sie sich lieber mit einem vorgegebenen Thema auseinandersetzen möchten, suchen Sie Schlagworte und Schlüsselbegriffe für folgendes Thema: »Welche Chancen bietet die moderne Informationstechnologie für Unternehmen?«

Suchen Sie mindestens vier Schlagworte und Schlüsselbegriffe heraus. Üben Sie, diese vier Begriffe in den aufgeführten Einstiegssätzen unterzubringen:

→ *Einstiegssatz 1:* »Wir sollten das Thema unter den Gesichtspunkten (Schlagwort 1), (Schlagwort 2) und (Schlagwort 3) diskutieren. Außerdem halte ich den Aspekt (Schlagwort 4) für besonders wichtig.«
→ *Einstiegssatz 2:* »Unser Diskussionsthema beinhaltet mehrere wesentliche Aspekte. Erst sollten wir auf (Schlagwort 1) eingehen. Dann (Schlagwort 2) behandeln und zuletzt erst die Anforderungen von (Schlagwort 3) untersuchen.«

Es ist sicherlich gut, wenn der erste Wortbeitrag der Diskussion von Ihnen kommt. Die Beobachter wissen jedoch, dass nicht alle Gruppenmitglieder zugleich losreden können. Sie sollten aber bereits in der Anfangsphase mit konkreten Vorschlägen zur Herangehensweise an das Thema deutlich machen, dass Sie an einer analytischen Themenaufbereitung mit klarer Ergebnisorientierung interessiert sind. Geben Sie, wie mit unseren Beispielformulierungen gezeigt, Diskussionsstrukturen vor.

Geben Sie Diskussionsstrukturen vor

Gesprächstechniken anwenden

Behalten Sie bei der Gruppendiskussion unbedingt die Zeitvorgabe im Blick. Am besten schreiben Sie sich die Anfangs- und Endzeit am Beginn der Diskussion auf. Sie überzeugen die Beobachter nur dann, wenn Sie das Thema im festgelegten Zeitrahmen umfassend diskutieren und zu einem Ergebnis kommen. Überzieht Ihre Gruppe die Zeit, fällt dies auch negativ auf Sie zurück. Sie müssen dann damit rechnen, dass die Diskussion beim Überschreiten der Zeitvorgabe ergebnislos abgebrochen wird.

Beachten Sie den zeitlichen Ablauf

Wenn Sie den zeitlichen Ablauf beachten, bieten sich Ihnen immer wieder Chancen, positiv Aufmerksamkeit zu wecken. Sie können sich durch eine Zwischenzusammenfassung und durch eine Schlusszusammenfassung zum Anwalt des Themas machen. Der Hinweis auf die knappe Zeit hilft Ihnen auch dabei, festgefahrene Gesprächssituationen aufzulösen und die Diskussion wieder zum Laufen zu bringen.

Nach der Hälfte der Diskussionszeit ist eine Zwischenzusammenfassung angebracht, in der Sie die bisherigen Argumente kurz bündeln und an noch nicht besprochene Punkte erinnern sollten. Sie können die Ihrer Meinung nach wesentlichen Argumentationslinien kurz skizzieren und die weitere Entwicklung der Diskussion bestimmen. Unser Beispiel zeigt Ihnen eine mögliche Einleitung hierzu.

BEISPIEL

Zwischenzusammenfassung

»Damit die bisher vorgebrachten Argumente nicht untergehen, halte ich folgendes Zwischenergebnis fest: ....
Noch zu klären sind die Punkte ....«

Eine Schlusszusammenfassung ist für Sie die beste Chance, bei den Beobachtern nachhaltig in Erinnerung zu bleiben. Wichtig dabei ist der richtige Zeitpunkt: Er muss kurz vor dem Ende liegen, damit Ihnen die anderen Teilnehmer nicht mehr widersprechen können. Trotzdem muss genügend Zeit für eine Zusammenfassung der Argumente sein. Optimal ist es, wenn Sie damit zwei Minuten vor dem Ende der Diskussion beginnen und diese Zeit dann für sich nutzen. Nennen Sie nicht bloß ein Ergebnis, stellen Sie die Punkte heraus, in denen die Gruppe zu einer Einigung gekommen ist, und machen Sie deutlich, in welchen Punkten keine Einigung erzielt werden konnte.

Schlusszusammenfassung

BEISPIEL

»Damit unsere Diskussion mit einem Ergebnis zu Ende geht, möchte ich jetzt noch einmal den Ablauf der Diskussion zusammenfassen. Alle Beteiligten waren sich darin einig, dass .... Offen bleiben mussten die Punkte .... Meiner Meinung nach ist klar geworden, dass .... «

Aufmerksamkeit für Ihre Argumente können Sie mit einem altbewährten Trick erzielen: Zeigen Sie sich in der Gruppendiskussion als sozial kompetenter Gesprächspartner, indem Sie die anderen Teilnehmer mit deren Namen anreden. Die Namen der Teilnehmer sollten Sie zu Beginn des Assessment-Centers und in den Pausen erfahren haben. Die Beobachter werden Ihre soziale Kompetenz mit Interesse registrieren. Zusätzlich erzielen Sie immer dann, wenn Sie jemanden mit Namen ansprechen, eine kurze Phase der erhöhten Aufmerksamkeit. Nutzen Sie das für Ihre Diskussionsbeiträge.

Namen in der Gruppendiskussion einsetzen

BEISPIEL

»Das ist sicherlich richtig, Frau ...., Sie müssen aber bedenken, dass ....« oder »Ich stimme Ihrer Meinung im Wesentlichen zu, Herr ...., aber auch der Punkt .... sollte ausreichend berücksichtigt werden. Deshalb sollten wir .... «

Ihr Vorgehen in der Diskussion hängt auch davon ab, ob Sie auf eher konsensorientierte oder eher konfrontationsorientierte Gruppen treffen. Gruppen, die Diskussionen »in Harmonie« führen, kommen genauso oft vor wie der »Streitfall«. Bringen

Auf Tonfall und Formulierungen kommt es an

Sie bei fortdauernder »Harmoniesucht« Schwung in die Diskussion, indem Sie einzelne Teilnehmer direkt ansprechen und um deren Stellungnahme bitten. Aber bitte Vorsicht mit dem Oberlehrerstil. Zeigen Sie nicht mit dem Finger auf jemanden, und rufen Sie nicht: »Müller, sagen Sie doch endlich auch mal was!« Berücksichtigen Sie die Stresssituation, in der sich alle befinden, verwenden Sie einen netten Tonfall und formulieren Sie beispielsweise so: »Damit unser Ergebnis später von möglichst allen Anwesenden getragen wird, möchte ich Herrn Müller bitten, aus seiner Sicht zum Aspekt ... Stellung zu nehmen.«

In Gruppen, die auf Konfrontation gehen, sollten Sie Konflikte zwischen einzelnen Teilnehmern entschärfen und darauf achten, dass sich die Diskussion weder aufgrund fachlicher Streitpunkte noch wegen persönlicher Antipathien festfährt. Mit dem Hinweis auf Zeitvorgaben und Unternehmensinteressen nehmen Sie widerspenstigen Diskussionsteilnehmern meistens den Wind aus den Segeln. Unser Beispiel zeigt Ihnen, wie Sie das für sich nutzen können.

BEISPIEL

Konflikte entschärfen

»Wir haben uns zu Anfang unserer Diskussion darauf geeinigt, dass wir das Thema unter Berücksichtigung der Aspekte A, B, C, D und E durchsprechen wollen. Mit dem Aspekt B haben wir uns nun zehn Minuten beschäftigt und es sieht so aus, dass wir an dieser Stelle ohne weitere Informationen nicht weiterkommen. Lassen Sie uns daher für die verbleibenden zehn Minuten zu den Punkten C, D und E kommen.«

Tragen sie die Ergebnisse an der Flipchart zusammen

Wenn Sie Zusammenfassungen liefern oder die Diskussion in festgefahrenen Gesprächssituationen wieder voranbringen wollen, können Sie Medien einsetzen. Mit dieser Vorgehensweise erarbeiten Sie sich Sonderpunkte bei den Beobachtern.

Sie können beispielsweise aufstehen und zur Flipchart gehen, um die bisher genannten Argumente anzuschreiben oder die gegensätzlichen Positionen zu skizzieren. Sie bauen damit eine Struktur auf, der die anderen Diskussionsteilnehmer folgen müssen. Wenn Sie aufstehen, wird die Gruppe

Ihnen sofort ihre Aufmerksamkeit zuwenden. Körpersprachlich gesehen erlangen Sie durch die stehende Haltung gegenüber den Sitzenden zusätzliches Gewicht. Nachdem Sie die Punkte an der Flipchart oder dem Whiteboard skizziert haben, sollten Sie sich aber wieder hinsetzen, damit die Diskussion nicht ohne Sie weiterläuft.

Wenn zwei sich streiten, freut sich der Dritte: Das werden Sie sein, wenn Sie nicht nur Fronten zwischen einzelnen Teilnehmern auflösen, sondern auch darauf hinarbeiten, dass sich keine Flügelkämpfe entwickeln. Sich unversöhnlich gegenüberstehende Teilnehmerblöcke können Sie durch die Einnahme einer Vermittlerrolle wieder zur sachlichen Auseinandersetzung zurückführen. Wie dies gelingen könnte, zeigt unser folgendes Beispiel.

Der Vermittler

»Es ist offensichtlich, dass wir an diesem Punkt zu keiner Einigung kommen. Lassen Sie uns nun den anderen Argumenten zuwenden.« Oder: »Die Unternehmensleitung hat ein Recht auf eine rational begründete Entscheidung. Ich möchte Sie bitten, Ihre Blockadehaltung aufzugeben und persönliche Angriffe zu unterlassen.«

BEISPIEL

Wenn Sie merken, dass sich einzelne Teilnehmer zurückziehen, sollten Sie versuchen, diese zu integrieren. Sie zeigen den Beobachtern damit, dass Sie andere zur Mitarbeit bewegen und deren Potenzial in den Entscheidungsprozess mit einbeziehen können.

Schweigende Teilnehmer

»Damit die Entscheidung von allen mitgetragen werden kann, würde mich auch die Meinung von Herrn Schmidt und Frau Meyer zu diesem Punkt interessieren.«

BEISPIEL

Wenn man Sie persönlich angreift, sollten Sie gelassen reagieren. Gehen Sie nicht auf Unterstellungen ein. Bleiben Sie bei Angriffen ruhig, lassen Sie sich nicht zu einem persönlichen Streit provozieren. Erinnern Sie Ihren Kontrahenten daran, dass die Diskussion weitergehen muss und dass eine Aufgabe zu lösen ist.

BEISPIEL

Persönliche Angriffe auflösen

»Ihre Anmerkung ist interessant, bringt uns aber in der Sache nicht weiter. Daher sollten wir uns jetzt wieder sachlichen Argumenten zuwenden.« Oder: »Für Ihre Bemerkung ist an dieser Stelle leider kein Platz, die Zeit läuft uns davon.« Oder: »Es ist ein Gebot der Fairness, dass Sie mich genauso ausreden lassen wie ich Sie.«

Wenn Sie selbst Argumente der anderen Teilnehmer entkräften wollen, bietet sich der Verweis auf den Zeitrahmen, entstehende Kosten und die Sicht des Unternehmens an. Diese Aspekte sind Joker der Diskussionsführung, die Sie deshalb auch nur gezielt und sparsam einsetzen sollten. Nutzen Sie sie, um beispielsweise andere in ihre Schranken zu verweisen.

BEISPIEL

Joker der Diskussionsführung

»Das ist von der zeitlichen Planung her leider unrealistisch.« Oder: »Sie vernachlässigen bei Ihren Argumenten die Kosten.« Oder: »Mit Ihren Überlegungen entfernen Sie sich von den Kernkompetenzen des Unternehmens.«

So sichern Sie den Fortgang der Diskussion

Setzen Sie die Joker der Diskussionsführung nicht zu oft ein und verwenden Sie sie nur, wenn es dem Fortgang der Diskussion dient. Persönliche Angriffe haben in der Gruppendiskussion keinen Platz. Formulierungen wie »Wie gut, dass Sie angestellt sind, als Selbstständiger wären Sie doch schon längst pleite« sollten Sie unterlassen. Stellen Sie immer den Fortschritt in der Sache über persönliche Animositäten. Unsere Joker sollten Sie nur dazu einsetzen, um detailverliebte Diskussionsteilnehmer zu stoppen und damit den Fortgang der Gesprächsrunde zu sichern.

Neben den Techniken der Diskussionsführung können Sie in Gruppendiskussionen auch Ihre Körpersprache einsetzen, um Aufmerksamkeit bei den anderen Teilnehmern zu erzielen und die Beobachterkonferenz zu beeindrucken.

Körpersprache einsetzen

Ihre Körpersprache sollten Sie in der Gruppendiskussion gezielt einsetzen, um Ihre Argumente besser wirken zu lassen, Aufmerksamkeit zu erzielen und sich genug Redezeit zu verschaffen. Sie überzeugen allerdings nicht, wenn Sie die inhaltliche Seite der Diskussion völlig ausblenden und sich nur auf Ihren körperlichen Ausdruck konzentrieren. Setzen Sie Ihre Körpersprache angemessen ein. Wenn Sie in der Lage sind, mit überzeugenden Argumenten zu den vorgegebenen Themen souverän Stellung zu beziehen, ergibt sich die dazu passende Körpersprache fast von selbst. Trotzdem helfen Ihnen hier einige Techniken weiter, damit Sie sich nicht ins »körpersprachliche Abseits« begeben.

Wie wir schon erwähnten, spielt die Analyse der Körpersprache für die Beobachter eine große Rolle. Sie werden insbesondere auf Stressgesten und Konfrontationshaltungen bei den Teilnehmern der Gruppendiskussion achten, da daraus eine mangelnde Stressresistenz geschlossen werden kann. Daher sollten Sie vor allem aufpassen, mit Ihrer Körpersprache keine negative Signalwirkung zu erzeugen. Dies fällt in der Gruppendiskussion naturgemäß schwer, da die direkte Konfrontation der Teilnehmerinnen und Teilnehmer zu einer Anspannung führt, die körpersprachlich deutlich sichtbar wird.

Setzen Sie Ihre Körpersprache angemessen ein

Teilnehmer, die während der Gruppendiskussion mit ihren Beinen die Stühle umklammern, die mit ihrer Hand auf oder unter dem Tisch eine verkrampfte Faust machen oder die bei ihren Beiträgen nach unten schauen und mit leiser Stimme sprechen, fallen den Beobachtern negativ auf.

Versuchen Sie, Gelassenheit auszustrahlen

Ungünstig ist Ihre Sitzhaltung auch dann, wenn Sie den Oberkörper stark nach vorne gebeugt halten oder vor Aufregung hin und her wippen. Verwickeln sich Ihre Beine ineinander oder um die Stuhlbeine, spricht dies gegen Ihre Belastungsfähigkeit. Kneten Sie nervös Ihre Hände durch oder tippen Sie mit den Fingern auf die Tischplatte, werden diese Stressgesten zu Ihren Ungunsten ausgelegt. Wer mit vor der Brust verschränkten Armen am Tisch sitzt und die anderen Redner bei deren Beiträgen zornig ansieht, wird nicht verdeutlichen können, dass er für die Argumente anderer offen ist.

Eine entspannte Grundhaltung einnehmen

Um eine körpersprachliche Unterstützung für Ihre vorgetragenen Argumente in der Gruppendiskussion zu haben, sollten Sie beim Sitzen eine Grundhaltung einnehmen, bei der Sie aufrecht sitzen, Ihre beiden Beine fest auf der Erde stehen und Ihre Hände locker auf den Oberschenkeln aufliegen. Versuchen Sie, immer wieder in diese Grundhaltung zurückzukehren, wenn Sie zwischendurch feststellen, dass Sie sich von der angespannten Stimmung in eine ungünstige Körperhaltung haben manövrieren lassen.

Ihre Körpersprache dient nicht nur dazu, die Beobachter mit einem souveränen Auftritt zu überzeugen. Auch die Diskussionsteilnehmer reagieren auf Ihre Argumente stärker, wenn Sie Ihr Diskussionsverhalten mit Ihrer Körpersprache unterstützen. Für Ihre Wortbeiträge ist es wichtig, dass Sie die Mitdiskutierenden anschauen, während Sie Ihre Argumente vortragen. So können Sie zeitgleich zu Ihren Beiträgen bereits erste zustimmende oder ablehnende Reaktionen erkennen und auf diese eingehen, beispielsweise, indem Sie bei zustimmendem Kopfnicken eines Teilnehmers diesen mit einer Formulierung wie: »Wenn ich Ihr Kopfnicken richtig deute, sind Sie ebenfalls für diesen Weg bei der Lösung der Aufgabe« direkt ansprechen.

Reagieren Sie auf die körperlichen Signale der anderen

Diese Möglichkeit, Meinungen der anderen zu erfahren und damit Diskussionen in Schwung zu bringen, funktioniert auch bei ablehnenden Signalen wie starkem Stirnrunzeln oder Kopfschütteln. Beispielsweise könnten Sie formulieren: »Ihr Kopfschütteln lässt vermuten, dass wir einen wichtigen Aspekt noch nicht ausreichend gewürdigt haben. Was ist Ihrer Meinung nach noch wichtig, um zu einem Ergebnis zu kommen?«

Körpersprachliche Signale lassen sich besonders gut einsetzen, wenn Sie in Gruppendiskussionen zu Wort kommen wollen. Machen Sie zu Probezwecken in einer Diskussion einmal selbst den Test: Beugen Sie sich vor, strecken Sie dabei Ihren Arm aus und rufen Sie gleichzeitig ein lautes und deutliches »Stopp«. Die Aufmerksamkeit, die Ihnen die anderen Teilnehmerinnen und Teilnehmer dann entgegenbringen, wird Sie beeindrucken. Nutzen Sie entstehende kurze Pausen und streuen Sie schnell einige wichtige Argumente ein.

Widerspenstige Vielredner, die sich ständig wiederholen, und die unangenehmen Unterbrecher, die Ihnen fortwährend ins Wort fallen, weisen Sie mit klaren Gesten in die Schranken. Zeigen Sie mit Ihrem Arm auf die störenden Redner und heben Sie abwehrend die Hand. Benutzen Sie Sätze, die mit »Stopp« beginnen, wie: »Stopp, das hatten wir jetzt schon dreimal, so kommen wir in der Sache nicht weiter.« In hartnäckigen Fällen stehen Sie kurz auf, halten Ihren Zettel mit den strukturierten Argumenten hoch und verweisen auf noch nicht erledigte Punkte, die besprochen werden müssen.

So stoppen Sie Vielredner

Wenn Sie den Diskussionsverlauf auf der Flipchart bereits visualisiert haben, können Sie nach vorne gehen, den aktuellen Stand in das Ablaufschema einordnen und die Diskussion mit einer Zwischenzusammenfassung wieder auf die ergebnisorientierte Ebene zurückführen.

Nicht nur Mimik und Gestik sind wichtig, wenn Sie in der Diskussion überzeugen wollen. Wichtig ist auch Ihr Sprechtempo. Zu schnelles Sprechen verrät Stress und Anspannung. Üben Sie, Ihr Sprechtempo immer wieder zu drosseln. Verlangsamen Sie Ihren Redefluss, damit Ihnen die anderen Teilnehmer und die Beobachter zuhören können. Ein »Trommelfeuer-Sprachstil«, der darauf beruht, dass Mitredner mit Argumenten erschlagen werden sollen, sorgt bei den Beobachtern für eine negative Bewertung Ihres Kommunikationsverhaltens.

Drosseln Sie Ihr Sprechtempo

In Gruppendiskussionen bilden sich oft Blöcke mit den dazugehörigen Meinungsführern. Die Meinungsführer wollen sich dann gegenseitig niederreden, indem sie die immer gleichen Argumente lautstark wiederholen. Auch in solchen Fällen hilft Ihnen der Einsatz Ihrer Körpersprache dabei, Konflikte zu entschärfen und die Diskussion voranzubringen.

BEISPIEL

Körpersprache zwischen den Fronten

Sprechen Sie bei Konflikten zwischen verfeindeten Blöcken die Wortführer direkt an: »An diesem Punkt kommen wir nicht weiter. Lassen Sie uns die gegensätzlichen Positionen festhalten und in der Diskussion fortfahren.«

Setzen Sie den »Brustschwimmer-Trick« ein: Bilden Sie mit Ihren Armen einen Pflug vor Ihrem Oberkörper, als wenn Sie einen Schwimmzug beim Brustschwimmen beginnen möchten. Strecken Sie die Arme nach vorne, wenden Sie die Handflächen zur Seite und schieben Sie die aufeinanderprallenden Meinungen auseinander.

Ausgewählte Übungen zur Vorbereitung

Wir haben Sie mit möglichen Themen in Gruppendiskussionen vertraut gemacht und Ihnen gezeigt, wie Sie Argumente finden und strukturieren können. Die von uns vorgestellten Techniken der Gesprächsführung und unsere Tipps zur Körpersprache werden Ihnen dabei helfen, Themen in den Griff zu bekommen und sich in der Gruppe durchzusetzen. Nun warten Aufgabenstellungen aus Gruppendiskussionen auf Sie, damit Sie Ihr erworbenes Wissen ausprobieren und trainieren können.

ÜBUNG

Wichtige Projekte

Ihre Gruppe besteht aus vier Abteilungsleitern aus den Bereichen Entwicklung, Produktion, Verkauf und Service.

Jeder Abteilungsleiter hat sich in der Vorbereitungszeit ein Projekt überlegt, das besonders wichtig für das gesamte Unternehmen ist. In der Gruppendiskussion soll nun jeder Abteilungsleiter sein Projekt vorstellen und die anderen davon überzeugen, dass ihm zusätzliche Sachmittel und neue Mitarbeiter zur Verfügung gestellt werden müssen.

Die Geschäftsleitung hat aber bereits im Vorfeld signalisiert, dass die Mittel knapp sind und deshalb nur zwei Projekte gefördert werden können.

Mitarbeiterauswahl

ÜBUNG

Hinweise zur Durchführung: Sie können diese Gruppendiskussion mit drei bis sechs Teilnehmern durchführen. Jeder Teilnehmer bekommt eine Kopie des gesamten Textes.

Sie sind Personalreferent/in in der Personalabteilung der Im- und Export GmbH. Zum nächsten Einstellungstermin wird ein Assistent der Geschäftsleitung gesucht. Eine Vorauswahl innerhalb der eingegangenen Bewerbungsunterlagen hat stattgefunden.

Der Leiter der Personalabteilung hat Sie und die anderen Personalreferenten aufgefordert, gemeinsam aus den vier in die engere Auswahl gekommenen Bewerbern den geeigneten Kandidaten zu bestimmen. Ihr Abteilungsleiter erwartet Ihr Ergebnis in 15 Minuten.

Die Bewerber

1. Franziska Müller

→ 32 Jahre, ledig, ungekündigte Stellung als Chefsekretärin in einem europaweit operierenden Versicherungskonzern, 12 Jahre Berufserfahrung
→ ehrgeizig, pflichtbewusst, Organisationstalent
→ allerdings: wenig Eigeninitiative, verfügte in ihrer bisherigen Stellung über keine wesentlichen Entscheidungsspielräume

2. Hans Wernersen

→ 45 Jahre alt, verheiratet, 2 Kinder, 20 Jahre im Außendienst tätig, seit 5 Jahren Assistent der Geschäftsleitung in einem mittelständischen Familienbetrieb im Nahrungsmittelbereich
→ korrekt und pünktlich, fließende Englischkenntnisse, arbeitet schnell und zuverlässig
→ allerdings: wünscht größere Kompetenzen, scheint momentane Stellung unbedingt verlassen zu wollen

→ FORTSETZUNG AUF DER NÄCHSTEN SEITE

3. Thorbjørn Knudsen

→ 27 Jahre alt, verheiratet, Norweger, betriebswirtschaftlicher Abschluss der Universität Oslo, exzellente Noten, 2 Jahre des Studiums in Deutschland absolviert
→ fließend Deutsch, Englisch, Schwedisch, hervorragende PC-Kenntnisse, innovativ/kreativ
→ wünscht Möglichkeit zur Promotion oder zum MBA-Abschluss

4. Werner Freiherr von Mönhausen

→ 36 Jahre alt, verheiratet, ein Kind, nach Studium der Sozialökonomie Verwaltung der väterlichen Ländereien und Besitztümer, sucht neue Herausforderung
→ kommunikativ, glaubwürdig, argumentationsstark
→ allerdings: geringe Branchenkenntnisse, neigt zur Überheblichkeit, fordert hohes Gehalt

Variation: Zusätzliche Dynamik gewinnt diese Gruppendiskussion, wenn den Teilnehmern unterschiedliche Wunschkandidaten zugewiesen werden, die sie gegen den Widerstand der anderen durchbringen sollen.

ÜBUNG

Mindestlöhne in der Baubranche

Aufgabe: Sie sind Mitglieder eines parlamentarischen Ausschusses. Entscheiden Sie in 30 Minuten, ob Mindestlöhne in der Baubranche eingeführt werden sollten.

Produktionsverlagerung

ÜBUNG

Hinweise zur Durchführung: Allen vier Mitgliedern der Gruppendiskussion wird die allgemeine Lage ausgehändigt. Dazu erhält jeder der vier Teilnehmer seine spezielle Rollenvorgabe auf einem Extrablatt. Die Teilnehmer erhalten keine Informationen über den Inhalt der anderen drei Rollenvorgaben.

Die Rollenvorgaben der vier Teilnehmer bieten hauptsächlich Argumentationshilfen. Auf detaillierte Vorgaben zur Person wurde verzichtet, um die Gefahren reiner Schauspielerei zu vermeiden. Zeit: 30 Minuten.

Allgemeine Lage

Thema: Produktionsverlagerung ins Ausland

Sie sind Consultant der Unternehmensberatung Miami Consulting Deutschland. Ein deutsches Unternehmen, das Haushaltsgeräte entwickelt, herstellt und europaweit vertreibt, hat der Miami Consulting den Auftrag erteilt, Möglichkeiten der Produktionsverlagerung ins Ausland in einem Gutachten zu untersuchen.

Ihre Geschäftsleitung hat ein Beratungsteam aus vier gleichberechtigten Mitgliedern gebildet. Sie sind Mitglied dieses Projektteams und haben die Aufgabe, vor weiteren Untersuchungen erst einmal einen möglichen Standort für neue Produktionsstätten festzulegen. Die abschließende Entscheidung über die Produktionsverlagerung wird von zwei Senior Consultants in Zusammenarbeit mit der Geschäftsleitung Ihres Auftraggebers getroffen.

Ihre Aufgabe besteht darin, in der Gruppe das am besten geeignete Land für den neuen Produktionsstandort festzulegen.

Ihrem Projektteam stehen für diese Diskussion 20 Minuten zur Verfügung. Sie haben vorher 10 Minuten Zeit, Ihre Argumente vorzubereiten, dann beginnt die Besprechung mit den anderen drei Teammitgliedern. Ihr Team besteht aus folgenden vier Personen:

→ FORTSETZUNG AUF DER NÄCHSTEN SEITE

1. Christoph D. Kienspan
2. Rolf B. Erger
3. Charlotte Andersen
4. Kurt Mummert

Welche Rolle Sie vertreten, erfahren Sie in Ihrer speziellen Rollenvorgabe.

Spezielle Rollenvorgabe: Christoph D. Kienspan. Sie vertreten den Produktionsstandort Tschechien.

Dies hat folgende Gründe: Sie haben bereits ein Beratungsprojekt in Tschechien durchgeführt und schätzen die Leistungsbereitschaft der Tschechen hoch ein. Außerdem sind Sie der Meinung, dass die Kooperation zwischen Volkswagen und Skoda ein Beleg dafür ist, vernünftige Produktionskapazitäten aufbauen zu können. Sie sind davon überzeugt, dass der osteuropäische Markt ein großes Aufnahmepotenzial für Haushaltsgeräte hat. Neben der Produktionsverlagerung sehen Sie daher gute Marktchancen für die Produkte Ihres Kunden.

Sie wissen um die Vorliebe von Charlotte Andersen für Finnland, da sie als ehemalige Referentin des Interessenverbandes Neue Hanse bei jeder Gelegenheit auf das angebliche Potenzial im Ostseeraum hinweist. Ihrer Meinung nach ist das Unsinn, da Skandinavien, wie die Bundesrepublik Deutschland, hoch industrialisiert und exportorientiert ist und die Märkte der osteuropäischen Anrainerstaaten nicht aufnahmefähig sind.

Spezielle Rollenvorgabe: Rolf B. Erger. Sie vertreten den Produktionsstandort Wales.

Dies hat folgende Gründe: Großbritannien verfügt über gut ausgebildete Facharbeiter. Die Lohnkosten sind gering und können sich durchaus mit den gezahlten Löhnen in Osteuropa und Südostasien messen. Südostasien lehnen Sie als Standort ab, da Sie zu hohe Logistikkosten (Transport) befürchten. Außerdem müssten in Südostasien Arbeiter erst angelernt werden. Die offensive Ansiedlungspolitik, die in Wales betrieben wird, lässt interessante Zuschüsse auch aus EU-Töpfen erwarten; dies ist für Sie der Hauptgrund, Wales als Standort zu vertreten.

Spezielle Rollenvorgabe: Charlotte Andersen. Sie vertreten den Produktionsstandort Finnland.

Dies hat folgende Gründe: Sie haben schon immer einen guten Draht zu Finnland und seiner Bevölkerung gehabt. Finnland halten Sie deshalb für besonders geeignet, weil die arbeitsrechtlichen Bestimmungen in Finnland nicht so restriktiv sind wie in Deutschland. Die Möglichkeiten, ein Werk bei Nichtauslastung wieder zu schließen, sind in Finnland exzellent, dies hat unter anderem auch die Porsche AG bewogen, das Modell Boxster in Finnland produzieren zu lassen. Zusätzlich sehen Sie einen guten Marktzugang ins Baltikum und nach Skandinavien. Der Traum der Neuen Hanse, die Wiederbelebung der Ostseeanrainermärkte, ist für Sie noch nicht ausgeträumt.

Sie wissen um die Vorliebe von Rolf B. Erger für Wales, halten aber die Gefahren für Produktionsunterbrechungen durch die britische Streikbereitschaft für zu hoch. Außerdem sehen Sie die EU-Zugehörigkeit von Großbritannien als immer noch nicht gefestigt an.

Spezielle Rollenvorgabe: Kurt Mummert. Sie vertreten den Produktionsstandort Taiwan.

Dies hat folgende Gründe: Taiwan ist als Produktionsstandort für Gebrauchsgüter, beispielsweise Fernseher, Mountainbikes und anderes, etabliert. Das hohe Niveau der Kommunikationstechnologie ermöglicht eine reibungslose Zusammenarbeit zwischen der Entwicklungsarbeit in Deutschland und der Produktion in Taiwan. In Taiwan ist Ihrer Meinung nach keine unnötige Aufbauarbeit hin zu marktwirtschaftlichen Systemen, wie in Osteuropa, mehr notwendig. Sie bevorzugen das Gesetz der Masse, das heißt, Sie gehen davon aus, dass sich so viele ausländische Investoren nicht irren können.

ÜBUNG

Was erwarten Sie von Vorgesetzten?

Aufgabe: Ihre Gruppe hat 45 Minuten Zeit, um aus den folgenden 15 Eigenschaften diejenigen fünf auszuwählen, die Ihrer Meinung nach für eine Niederlassungsleiterin unverzichtbar sind:

1. vertrauensvoll
2. gelassen
3. risikobereit
4. optimistisch
5. fachlich kompetent
6. pragmatisch
7. aufgeschlossen
8. analytisch
9. kreativ
10. ausdauernd
11. motivierend
12. begeisterungsfähig
13. teamfähig
14. einfühlsam
15. durchsetzungsfähig

AUF EINEN BLICK

Auf einen Blick
Gruppendiskussionen

→ Die Gruppendiskussion ist eine zentrale Übung im Assessment-Center. Sie ermöglicht die Beobachtung der Kandidaten im direkten Vergleich.

→ Die Beobachter sehen in der Gruppendiskussion eine Simulation von Besprechungen, Konferenzen und Meetings.

→ Weder Kampfverhalten noch Harmoniesucht sind in Gruppendiskussionen angebracht.

→ Wissendes Schweigen ist in Gruppendiskussionen ebenfalls fehl am Platz. Sie müssen sich mit Argumenten in Szene setzen.

→ Damit die Zeitvorgabe eingehalten werden kann, muss die Diskussion strukturiert werden. Zwischenzusammenfassungen sind ebenso notwendig wie eine Schlusszusammenfassung kurz vor dem Ende.

→ Detailverliebte Monologe kosten unnötig Zeit. Argumente sollten in Schlagworten und Schlüsselbegriffen gebracht werden.

→ In der Vorbereitungszeit sollten Sie sich einen möglichst großen Fundus an Argumenten erarbeiten. Hier hilft die Technik des Brainstorming weiter.

→ Um gute Bewertungen in der Gruppendiskussion zu erzielen, sollten Sie Konfrontationen auflösen und schweigende Teilnehmer einbinden.

→ Achten Sie auf Ihre Körpersprache. Erzeugen Sie keine negativen Signale durch Stressgesten und Konfrontationshaltungen.

→ Nehmen Sie eine entspannte Grundhaltung in der Diskussion ein.

→ Halten Sie bei Ihren Wortbeiträgen Blickkontakt zu anderen Teilnehmern.

→ Nutzen Sie Ihre Körpersprache, um sich in heißen Diskussionsphasen Wortbeiträge zu erkämpfen.

10. Konstruktionsübungen

In Konstruktionsübungen müssen Sie Ihre Teamfähigkeit unter Beweis stellen. Auch in dieser Gruppenübung wird von Ihnen verlangt, dass Sie zusammen mit den anderen Teilnehmern ein Ergebnis erzielen. Die Besonderheit liegt darin, dass Ihnen Materialien vorgegeben werden, mit denen Sie ein vorher definiertes Objekt konstruieren müssen.

Handeln Sie ergebnisorientiert

Konstruktionsübungen sind eine besondere Art der Gruppenübungen. Genauso wie bei Gruppendiskussionen kommt es darauf an, dass Sie ergebnisorientiert agieren. Binden Sie alle Teilnehmer in den Übungsverlauf ein. Verfallen Sie dabei aber nicht in den Fehler, der Gruppe autoritär befehlen zu wollen. Unser nachfolgendes Beispiel zeigt Ihnen, was Sie in einer Konstruktionsübung erwarten könnte.

BEISPIEL

Die Brücke

Sie haben 20 Minuten Zeit, um in zwei Gruppen zu je vier Kandidatinnen und Kandidaten gemeinsam eine Brücke von einem Tisch zum anderen zu planen und zu bauen. Als Material stellen wir jedem Team 20 Büroklammern, 50 Blatt Papier, eine Schere und einen Klebestift zur Verfügung. Ihre Brückenkonstruktion soll ökonomische und ästhetische Aspekte berücksichtigen und stabil sein.

Darauf sollten Sie achten

Bei Konstruktionsübungen fallen Sie positiv auf, wenn Sie darauf achten, dass alle Gruppenteilnehmer die Gelegenheit haben, Lösungsvorschläge zu machen. Bitten Sie schweigende Teilnehmer darum, etwas zum Arbeitsprozess beizutragen.

Erkundigen Sie sich nach den besonderen Fähigkeiten der einzelnen Gruppenmitglieder. Bezogen auf unser Beispiel könnten Sie danach fragen, wer Statikkenntnisse hat, wer die Materialkosten berechnen will und wer sich mit Brückenformen auskennt.

In der Vorbereitungsphase der Konstruktion überzeugen Sie, wenn Sie in der Lage sind, wesentliche von unwesentliche Vorschlägen zu unterscheiden. Steuern Sie auf das gewünschte Ergebnis hin. Achten Sie darauf, dass sich die Teilnehmer Ihres Konstruktionsteams nicht an Detailfragen festbeißen oder sich in persönlichen Angriffen aufreiben.

Unterscheiden Sie wesentliche von unwesentlichen Vorschlägen

Auch bei Konstruktionsübungen sollten Sie den Zeitablauf im Auge behalten. Am Ende der vorgegebenen Zeit muss Ihr Team das Objekt fertiggestellt haben. Achten Sie darauf, dass nach der Planung noch genügend Zeit bleibt, um das Objekt zu bauen. Verlieren sich einzelne Mitglieder Ihres Teams in unnötigen Diskussionen, hilft Ihnen der Verweis auf die Zeit dabei, diese Mitglieder wieder in produktive Abläufe zu integrieren.

Wenn konkurrierende Konstruktionsteams in einem Raum tätig sind, müssen Sie darauf achten, dass Ihr Team nicht die Vorschläge und Ausführungen des anderen Teams nachahmt. Die Fähigkeit, in einer Gruppe ein kreatives Ergebnis zu erzielen, zeigt sich nur dann, wenn Sie einen eigenständigen Entwurf liefern.

Versuchen Sie, ein kreatives Ergebnis zu erzielen

Der Einsatz von Konstruktionsübungen im Assessment-Center kommt eher selten vor, nach unserer Erfahrung liegt die Quote bei weniger als 5 Prozent. Wenn jedoch viele Ingenieure oder Naturwissenschaftler zum Assessment-Center eingeladen sind, kommt es häufiger zum Einsatz von Konstruktionsübungen. Der Hintergrund ist leicht zu erahnen: Die Verschlankungs-, Umstrukturierungs- und Reorganisationsmaßnahmen der Unternehmen haben dazu geführt, dass gerade bei fachlich sehr anspruchsvoll ausgebildeten Kandidaten, beispielsweise promovierten Chemikern, Physikern oder Ingenieuren, stark auf die soziale und die methodische Kompetenz geachtet wird. Konstruktionsübungen sind dann eine Art Arbeitsprobe, um unter den Augen der aufmerksamen Beobachterkonferenz zu zeigen, welcher der Kandidaten in der Lage ist, im Team erfolgreich zu arbeiten.

Eine Arbeitsprobe in Teamarbeit

Bei Konstruktionsübungen steht der Abstimmungs- und Arbeitsprozess in der Gruppe genauso im Vordergrund wie das Erreichen der vorgegebenen Ziele. Die Teilnehmer, die sich von der in der Gruppe entwickelnden zwischenmenschlichen Eigendynamik nicht ablenken lassen und das Ziel im Auge behalten, setzen sich bei Konstruktionsübungen und damit auch im späteren Arbeitsalltag durch.

AUF EINEN BLICK

Auf einen Blick
Konstruktionsübungen

→ In Konstruktionsübungen müssen Sie Ihre Teamfähigkeit unter Beweis stellen.

→ Bei Konstruktionsübungen steht der Abstimmungs- und Arbeitsprozess in der Gruppe im Vordergrund.

→ Ermitteln Sie besondere Fähigkeiten einzelner Kandidaten in Ihrer Arbeitsgruppe.

→ Lösen Sie persönliche Spannungen zwischen den Teilnehmern auf.

→ Behalten Sie die Zeit im Blick und handeln Sie ergebnisorientiert.

11. Rollenspiele

Rollenspiele werden im Assessment-Center durchgeführt, um zu überprüfen, wie effektiv die Kandidaten Gespräche mit Mitarbeitern oder Kunden führen. Sie überzeugen, wenn Sie Ihre Gesprächsziele durchsetzen, dabei aber nicht die zwischenmenschliche Ebene zu Ihrem Gesprächspartner nachhaltig verletzen.

Die Übung Rollenspiel wird entweder als Mitarbeitergespräch oder als Kundengespräch ausgestaltet. In Mitarbeitergesprächen nehmen Sie die Rolle der Führungskraft ein und müssen einem Mitarbeiter eine für ihn unangenehme Entscheidung des Unternehmens beibringen oder ihn wegen eines Fehlverhaltens kritisieren. In Kundengesprächen geht es darum, einen Kunden von den Dienstleistungen oder Produkten eines fiktiven Unternehmens zu überzeugen oder seine Reklamation zu bearbeiten.

Unüberschaubare Mengen an Büchern und Seminaren zu den Bereichen Führung, Kommunikation, Vertrieb und Verkauf dokumentieren anschaulich, welchen Stellenwert diese Themenkreise im beruflichen Alltag haben. Bei Führungskräften wird im Assessment-Center überprüft, ob Führungs- und Managementkompetenz vorhanden sind. Man möchte sehen, ob die Kandidaten Gespräche konstruktiv kontrollieren können oder ob sie unauflösbare Spannungen zwischen sich und ihrem Gesprächspartner aufbauen. Die Unternehmensvertreter wollen herausfinden, wie sich Kandidaten im Gespräch mit Mitarbeitern und Kunden durchsetzen. Führungskräfte müssen in der Lage sein, individuelle Interessen von Mitarbeitern oder Kunden mit den Unternehmensinteressen in Einklang zu bringen.

Haben Sie Führungs- und Managementkompetenz?

Die Relevanz für den beruflichen Alltag

Wer nicht in der Lage ist, das Fehlverhalten eines Mitarbeiters auszuräumen, duldet nachhaltige Störungen. Wenn Konflikte durch großzügige Versprechungen aus dem Weg geräumt werden, wird zwar auf die Interessen des Mitarbeiters eingegangen, aber damit verbundene, zusätzliche Belastung für das Unternehmen übersehen. Wer seine Entscheidung im Mitarbeitergespräch nicht begründen kann und sich durch Rückzug auf die Hierarchie durchsetzen will, kann Mitarbeiter in die innere Kündigung treiben. In diesem Fall leiden die Interessen des Mitarbeiters genauso wie die des Unternehmens.

Finden Sie einen Interessenausgleich

Auch im Kundengespräch ist es wichtig, einen Interessenabgleich zwischen den Wünschen des Kunden und den Möglichkeiten des Unternehmens zu finden. Kundenorientierung bedeutet nicht, dass man im Gespräch mit verärgerten Kunden unrealistische Zugeständnisse macht. Der Verlust eines Kunden ist ebenfalls nicht tolerierbar. Es überzeugt derjenige, der eine der Situation angemessene Lösung entwickelt, die für beide Seiten vorteilhaft ist. Im Gespräch muss dann auf diese Zielvereinbarung hingearbeitet werden.

Egal ob Mitarbeiter- oder Kundengespräch: Es gibt Gemeinsamkeiten bei der Durchführung der Übung. Ausgewählte Gesprächstechniken helfen Ihnen dabei, die beiden Versionen von Rollenspielen in den Griff zu bekommen.

In Rollenspielen überzeugen Sie, wenn Sie Gespräche strukturiert führen, teilnehmerbezogen argumentieren und in der vorgegebenen Zeit zu einem Ergebnis kommen. Riskieren Sie auf keinen Fall den ergebnislosen Abbruch des Gesprächs durch den Moderator. Lassen Sie nicht zu, dass der Mitarbeiter oder der Kunde die Gesprächsführung übernimmt und Sie in die Defensive drängt. Sie müssen sich die Gesprächszeit einteilen und das Gespräch aktiv gestalten. Die Gesprächsimpulse müssen von Ihrer Seite kommen.

Teilen Sie sich die Gesprächszeit ein

In Rollenspielen stammt Ihr Gesprächspartner in der Regel nicht aus der Gruppe der Kandidaten, sondern aus dem Beobachterkreis oder wird vom Moderator gespielt. Rechnen Sie deshalb mit starkem Widerstand und längeren Phasen der Uneinsichtigkeit. Unser nachfolgendes Beispiel zeigt Ihnen, dass sich Ihr fiktiver Gesprächspartner im Assessment-Center renitenter verhalten wird, als dies im beruflichen Alltag der Fall ist.

Aus unserer Beratungspraxis
Der nette Chef

BERATUNG

Ein Teilnehmer eines Assessment-Centers hatte gelesen, dass es besonders wichtig sei, stets auf die Sorgen und Nöte der Mitarbeiter einzugehen. Bei dem Rollenspiel »Ein Mitarbeiter Ihrer Abteilung kommt ständig zu spät, sorgen Sie dafür, dass er in Zukunft pünktlich kommt« war er fest entschlossen, eine innere Motivation bei dem Mitarbeiter aufzubauen.

Am Anfang des Gesprächs versuchte er gar nicht erst, den Sachverhalt zu klären, sondern fragte gleich, ob dem Mitarbeiter etwas belasten würde. Dieser nutzte die Chance, erzählte von seiner kranken Frau, den Schwierigkeiten des öffentlichen Nahverkehrs und seinem geringen Gehalt, das es ihm nicht erlaube, ein pannensicheres Auto zu erwerben. Dann behauptete der Mitarbeiter, dass niemand in der Abteilung pünktlich zur Arbeit erschiene und dass er ja ab und zu auch länger bliebe, um die Arbeitszeitvorgaben zu erfüllen.

Der Vorgesetzte reagierte nur mit: »Was kann man denn da machen?« Der Mitarbeiter wusste, wie Abhilfe zu schaffen sei. Das Gespräch endete damit, dass dem Mitarbeiter als Einzigem in der Abteilung Gleitzeit eingeräumt wurde. Der Vorgesetzte versprach ihm zu prüfen, ob er einen Dienstwagen erhalten könnte, und stellte ihm eine Gruppenleiterposition in der Abteilung in Aussicht. Das Zuspätkommen des Mitarbeiters wurde am Ende des Gesprächs überhaupt nicht mehr thematisiert. Hoch zufrieden konnte der Mitarbeiter das Gespräch beenden und ließ den Vorgesetzten auf seinen Versprechungen sitzen.

Fazit: Als Führungskraft sollten Sie sich bei Mitarbeitergesprächen auch als solche erweisen. Lassen Sie nicht zu, dass man Ihre Führungsposition untergräbt. Klären Sie am Gesprächsanfang unbedingt den Sachverhalt, der zu besprechen ist. Gehen Sie nicht auf ungeprüfte Behauptungen und Gerüchte ein. Belohnen Sie auf keinen Fall ein Fehlverhalten des Mitarbeiters.

So verdeutlichen Sie Ihr Kommunikationsgeschick

Zeigen Sie im Gespräch mit Mitarbeitern oder Kunden, dass Sie in der Lage sind, sich Ziele zu setzen und diese im Gespräch konsequent zu verfolgen. Verdeutlichen Sie Ihr Kommunikationsgeschick beim Umgang mit innerbetrieblichen Konflikten, indem Sie auch bei rauerem Klima die Nerven behalten und sich durchsetzen, ohne Mitarbeiter in die innere Kündigung zu treiben. Machen Sie klar, dass Sie im Umgang mit schwierigen Kunden einen Ausgleich zwischen seinen und den Interessen des Unternehmens finden, ohne Kostenlawinen loszutreten oder den Kunden zu verärgern und ihn damit Mitbewerbern in die Arme zu treiben.

Mitarbeitergespräch

Klären Sie als erstes den Sachverhalt

Im Mitarbeitergespräch überzeugen Sie die Beobachter, wenn Sie das Gespräch ergebnisorientiert gestalten. Verlieren Sie sich nicht in vorgebrachten Anschuldigungen, Gerüchten, Vorwürfen und unbewiesenen Behauptungen. Machen Sie von Anfang an klar, dass Sie sich das Ruder nicht aus der Hand nehmen lassen. Versuchen Sie zuerst einmal den Sachverhalt zu klären, bevor Sie in Gründe für das Verhalten des Mitarbeiters einsteigen. Es geschieht oft, dass in Mitarbeitergesprächen eine heiße Diskussion entsteht über die mutmaßlichen Gründe, die dem Verhalten des Mitarbeiters zugrunde liegen. Nur wird dabei meistens aus den Augen verloren, was der Mitarbeiter tatsächlich an kritikwürdigem Verhalten gezeigt hat. Seien Sie darauf vorbereitet, dass Ihr Gesprächspartner im Mitarbeitergespräch ständig versuchen wird, Nebenkriegsschauplätze zu eröffnen, um vom eigentlichen Thema des Gesprächs abzulenken.

Lassen Sie sich nicht in unnötige Diskussionen verstricken. Machen Sie dem Mitarbeiter sein Fehlverhalten klar. Erläutern Sie ihm, wie sein Verhalten sich negativ auf Informationsprozesse oder Arbeitsabläufe im Unternehmen auswirkt. Führen Sie ihm die Konsequenzen seines Verhaltens vor Augen. Artikulieren Sie unmissverständlich, welches Verhalten Sie in Zukunft von ihm erwarten, und kündigen Sie die Überprüfung der von Ihnen vorgegebenen Verhaltensrichtlinien an. Welche konkreten Themenstellungen auf Sie zukommen, finden Sie in unserem Beispiel.

Themen in Mitarbeitergesprächen

BEISPIEL

→ *Thema:* Ihr Stellvertreter enthält Ihnen Informationen vor und leitet Entscheidungsvorlagen hinter Ihrem Rücken an die Geschäftsleitung weiter. Bestellen Sie ihn zu einem Gespräch und sorgen Sie dafür, dass er seine Ausarbeitungen immer Ihnen zukommen lässt.
→ *Thema:* Ein Mitarbeiter in der Produktion hat wiederholt Sicherheitsvorschriften verletzt. Machen Sie ihm deutlich, dass Sie dieses Verhalten nicht dulden.
→ *Thema:* Als Regionalleiter im Vertrieb stellen Sie fest, dass einer Ihrer Außendienstmitarbeiter nicht genügend Kundenbesuche durchführt. Seine Verkaufszahlen sind jedoch überdurchschnittlich. Bringen Sie ihn dennoch dazu, die vorgeschriebene Zahl der Kundenbesuche einzuhalten.

Bei Mitarbeitergesprächen ist vor allem Ihr Zeitmanagement gefragt. Sie bekommen für das durchzuführende Gespräch eine Zeitvorgabe. Beispielsweise werden Ihnen zehn Minuten Vorbereitungszeit und zwanzig Minuten Gesprächszeit eingeräumt. Notieren Sie sich in Ihren Unterlagen die Anfangszeit und das Ende des Gesprächs. Behalten Sie die Zeit im Blick. Sie müssen in der vorgegebenen Zeit zu einem Ergebnis kommen. Schaffen Sie das nicht, wird Ihr Gespräch abgebrochen.

Aus unserer Beratungspraxis wissen wir, dass unvorbereitete und untrainierte Führungskräfte bei Mitarbeitergesprächen zu einem unflexiblen Kommunikationsstil neigen, der in der Folge zu zwei Extremreaktionen führt: Die einen reagieren dann zu weich und die anderen autoritär-abwertend.

Zu weich heißt, dass die Kandidaten ihre Rollen therapeutisch sehen. Sie verwenden Formulierungen wie: »Haben Sie ein Problem?«, »Fühlen Sie sich nicht anerkannt?« oder »Bedrückt Sie etwas?« Für offensichtlich zu kritisierendes Verhalten stellen sie dann Belohnungen wie Beförderungen, Weiterbildungen oder Sonderurlaub in Aussicht. Und sie lassen sich ständig durch Ablenkungsmanöver des schwierigen Mitarbeiters vom Kern des Gesprächs weglocken.

Bleiben Sie stets beim Kern des Gesprächs

Beobachter werden durch dieses harmoniesüchtige Verhalten an die im betrieblichen Alltag gefürchteten »Ich-maches-jedem-recht-Vorgesetzten« erinnert. Wenn die Mitarbeiter dann die Versprechungen einfordern, können sich diese Vorgesetzten an nichts mehr erinnern. Sie schieben Sachzwänge vor, auf die sie keinen Einfluss haben, und machen die Geschäftsleitung dafür verantwortlich, dass sie dem Mitarbeiter nicht weiterhelfen können.

Machen Sie Ihre Position eindeutig kenntlich

Diese konfliktscheuen Kandidaten sind aber auch dafür gefürchtet, dass ihr weicher Stil nach einiger Zeit kippt. Denn wenn sie merken, dass ihr wohlmeinender Gesprächsstil zu nichts führt, schalten sie auf Angriff um und versuchen, durch den Rückgriff auf ihre höhere Stellung in der Firmenhierarchie dem Mitarbeiter ein neues Verhalten zu verordnen. Durch die Schwankung im Gesprächsstil verspielen diese Vorgesetzten jedoch zumeist den Respekt ihrer Mitarbeiter.

Kandidaten, die im Rollenspiel mit Mitarbeitern zu autoritär-abwertendem Verhalten tendieren, lassen vermuten, dass ihr Instrumentarium zur Mitarbeiterführung aus drei Sätzen besteht: »Draußen warten noch genug andere auf Ihren Job!«, »Von Ihnen habe ich nichts anderes erwartet!« und »Manche Menschen taugen nur als abschreckendes Beispiel!« Sie ersetzen sachliche Kritik, die veränderungsbedürftiges Verhalten konkret benennt und Alternativen anbietet, durch Verallgemeinerungen. Es scheint diesen Kandidaten nur darum zu gehen, die ihnen gegenübersitzende Person abzuwerten. Als Reaktion auf diesen Führungsstil gehen die Mitarbeiter dann zum für das Unternehmen unproduktiven Dienst nach Vorschrift über. Zukünftige Anweisungen von diesen Vorgesetzten werden dann bestenfalls hingenommen, aber nicht mehr im Unternehmensinteresse umgesetzt.

Erarbeiten Sie sich ein konstruktives Instrumentarium

Sie werden es besser machen, wenn Sie Ihre Gesprächstechniken ausbauen und sich dadurch ein für Mitarbeitergespräche konstruktives Instrumentarium erarbeiten. Nutzen Sie dazu unser Ablaufschema in der folgenden Infobox.

ÜBERSICHT

Ablauf von Mitarbeitergesprächen

1. Begrüßen Sie den Mitarbeiter und erläutern Sie ihm, dass es um sein Verhalten am Arbeitsplatz geht.

2. Teilen Sie ihm die Beobachtung, um die es geht, mit und lassen Sie sich die Beobachtung bestätigen. Bewerten Sie das angesprochene Verhalten auf keinen Fall schon zu diesem Zeitpunkt.
3. Bitten Sie den Mitarbeiter um seine Stellungnahme zu dem angesprochenen Verhalten.
4. Geben Sie nun Ihre Stellungnahme ab und bewerten Sie das Verhalten des Mitarbeiters.
5. Zeigen Sie Ihrem Mitarbeiter Folgen auf, die für ihn, für andere Mitarbeiter und für das gesamte Unternehmen entstehen, wenn er sein Verhalten nicht ändert.
6. Stellen Sie fest, ob der Mitarbeiter einlenkt. In diesem Fall erarbeiten Sie mit ihm eine konstruktive Lösung. Bleibt Ihr Mitarbeiter stur, drohen Sie ihm Konsequenzen an.
7. Machen Sie zum Abschluss des Mitarbeitergesprächs klar, welches Verhalten Sie in Zukunft erwarten. Weisen Sie darauf hin, dass Sie das künftige Verhalten Ihres Mitarbeiters im Blick behalten werden.

Achten Sie darauf, dass Sie bei der Schilderung des beobachteten und zu kritisierenden Verhaltens nicht voreilig Bewertungen abgeben. Ein Mitarbeitergespräch ist ein Dialog, das heißt, dass Sie die Ihnen vorliegenden Informationen mithilfe des Mitarbeiters vervollständigen wollen. Klären Sie zuerst den Sachverhalt. Stellen Sie fest, was vorgefallen ist, und lassen Sie sich vom Mitarbeiter bestätigen, dass er ein bestimmtes (Fehl-)Verhalten gezeigt hat. Erst dann reden Sie mit ihm über die Gründe für sein Verhalten. Bei der Sachverhaltsklärung müssen Sie auf jeden Fall mit Ausflüchten und vielleicht mit Unterbrechungen durch den Mitarbeiter rechnen. Lassen Sie sich nicht aus dem Konzept bringen. Reden Sie weiter und teilen Sie dem Mitarbeiter mit, dass seine Meinung im Anschluss an Ihre Ausführungen gefragt ist.

Klären Sie zuerst den Sachverhalt

Durch die Anspannung der Stresssituation Rollenspiel tendieren unvorbereitete Kandidaten auch zum Dauerreden. Wichtig ist jedoch, dass auch ein schweigsamer Mitarbeiter zum Reden gebracht wird. Monologe des Vorgesetzten, die von dem Mitarbeiter nur mit ja oder nein zu beantworten sind,

Stellen Sie offene Fragen

führen nicht weiter. Setzen Sie offene Fragen (sogenannte W-Fragen) ein, beispielsweise: »Warum machen Sie ...?«, »Welche Gründe haben aus Ihrer Sicht dazu geführt, dass ...?«, und bringen Sie den Mitarbeiter dazu, selbst Stellung zu nehmen. Üben Sie, in Ihre Ausführungen Pausen einzubauen, um Ihrem Gegenüber Platz für seine Sicht der Dinge zu geben.

Bewegen Sie durch Argumente

Wenn Sie das angesprochene Verhalten im Gespräch eindeutig als negativ herausarbeiten, schaffen Sie sich die Basis, um Ihren Mitarbeiter argumentativ zu Änderungen zu bewegen. Geeignete Formulierungen sind beispielsweise: »Ihr Verhalten hat doch eine Signalwirkung auf Kollegen, Mitarbeiter und die Auszubildenden«, »Wenn sich alle so wie Sie verhalten, ist ein geordneter Arbeitsablauf nicht mehr möglich« oder »Der Ruf unseres Unternehmens ist durch Ihr Verhalten gefährdet, damit schaden Sie in der Konsequenz auch sich selbst«.

Achten Sie darauf, ob Ihr Mitarbeiter einlenkt. Wenn Sie Anzeichen dafür erkennen, fassen Sie das Gesprächsergebnis zusammen. Weisen Sie darauf hin, dass Sie erwarten, dass Ihr Mitarbeiter das kritisierte Verhalten zukünftig vermeidet und dass Sie im Auge behalten werden, ob er sich an die Vereinbarung hält, beispielsweise mit den Worten: »Herr Müller, ich kann mich also darauf verlassen, dass Sie in Zukunft nicht mehr ... tun werden.«

Beenden Sie das Gespräch aktiv, stehen Sie auf und verabschieden Sie Ihren Mitarbeiter. Nichts ist schlimmer als Gespräche, die keine Inhalte und kein Ziel mehr haben und so lange weiterlaufen, bis sie vonseiten der Veranstalter abgebrochen werden.

Damit Sie die Umsetzung unseres Ablaufschemas für Mitarbeitergespräche nachvollziehen können, haben wir für Sie ein Kritikgespräch aufgezeichnet, das anhand des Schemas geführt wurde.

Der unpünktliche Mitarbeiter

Führungskraft: »Guten Tag, Herr Schmidt. Ich habe Sie zu mir gerufen, da Sie morgens oft nicht an Ihrem Arbeitsplatz sind.«
Mitarbeiter: »Also, Herr Frisch, da muss eine Fehlinformation vorliegen. Ich bin immer da, bevor die Arbeit richtig losgeht.«
Führungskraft: »Ich weiß, dass Sie sehr oft zu spät kommen.«

Mitarbeiter: »Die anderen aus meiner Abteilung sind doch auch nicht immer pünktlich.«
Führungskraft: »Sie geben also zu, dass Sie unpünktlich erscheinen.«
Mitarbeiter: »Die paar Minuten, das ist eigentlich kein Zuspätkommen. Außerdem ist es in unserer Abteilung so üblich.«
Führungskraft: »Mir liegen Ihre Stempelkarten vor, können wir uns darauf einigen, dass Sie zu spät kommen, um dann zusammen über die Gründe zu sprechen.«
Mitarbeiter: »Ja gut, ich bin öfter mal zu spät dran. Aber das liegt nur daran, dass die Busverbindungen so schlecht sind. Meine Frau braucht im Moment das Auto.«
Führungskraft: »Nehmen Sie einen früheren Bus.«
Mitarbeiter: »Dann bin ich ja eine halbe Stunde vor Arbeitsbeginn hier, das bezahlt mir doch keiner.«
Führungskraft: »Sehen Sie, Herr Schmidt, es ist wichtig, dass Sie auf jeden Fall zu Beginn Ihrer Arbeitszeit an Ihrem Arbeitsplatz sind. Wenn Kollegen oder Kunden Sie erreichen wollen, muss dies auch frühmorgens möglich sein. Prüfen Sie doch einmal die Möglichkeit, ob Sie eine Fahrgemeinschaft bilden können.«
Mitarbeiter: »Dann komme ich ja wieder zu spät, denn meine Kollegen sind ja auch zu spät dran.«
Führungskraft: »Um Ihre Kollegen geht es im Moment nicht, aber Sie könnten eine Fahrgemeinschaft bilden.«
Mitarbeiter: »Ja, das wäre möglich.«
Führungskraft: »Sprechen Sie Ihre Kollegen an, geben Sie mir bitte eine Rückmeldung darüber, mit wem Sie eine Fahrgemeinschaft bilden werden. In den nächsten zwei Wochen werde ich zu Arbeitsbeginn in Ihrer Abteilung vorbeischauen. Ich erwarte, dass Sie pünktlich sind. Ob andere ebenfalls unpünktlich sind, wird sich dann ja klären. Sind wir uns einig?«
Mitarbeiter: »Ja, Herr Frisch, ich versuche es auf jeden Fall.«
Führungskraft: »Das reicht mir nicht. Ich erwarte, dass Sie pünktlich sind.«
Mitarbeiter: »Ich gebe mein Bestes.«
Führungskraft: »Ich werde überprüfen, ob Sie wirklich Ihr Bestes geben und in Zukunft pünktlich sind. Auf Wiedersehen bis morgen früh, Herr Schmidt.«
Mitarbeiter: »Auf Wiedersehen, Herr Frisch.«

Letztes Mittel: Abmahnung

Ihr Gesprächspartner im Mitarbeitergespräch wird versuchen, es Ihnen so schwer wie möglich zu machen. Rechnen Sie nicht damit, dass Ihre Gesprächspartner in Rollenspielen einfach und gefügig sind. Lenkt Ihr Mitarbeiter nach mehreren Überzeugungsversuchen trotz vorher übereinstimmend festgestellten Fehlverhaltens nicht ein, wird es Zeit, die Keule Abmahnung zu schwingen. Hierbei ist es wichtig für Sie, dass Sie bei renitenten Gesprächspartnern nicht mit feuerrotem Kopf brüllen: »Wenn Sie das nicht akzeptieren, bekommen Sie die Kündigung!« Führen Sie lieber dem Mitarbeiter vor Augen, dass er und nicht das Unternehmen etwas zu verlieren hat. Stellen Sie ihm für den Fall, dass keine Verhaltensänderungen bei ihm registriert werden können, eine Abmahnung in Aussicht, und weisen Sie darauf hin, dass mehrere Abmahnungen eine Kündigung zur Folge haben.

So lösen Sie Blockaden

Bevor Sie im Mitarbeitergespräch die Möglichkeit einer Abmahnung in den Raum stellen, sollten Sie dem Mitarbeiter noch eine letzte Chance zum Einlenken geben. Nutzen Sie die Formulierung: »Wenn Sie an meiner Stelle säßen, was müsste ich dann sagen, damit Sie Ihr Verhalten in Zukunft ändern?« Sie zwingen mit diesem Satz Ihren Mitarbeiter dazu, Ihre Perspektive einzunehmen und selbst Vorschläge zu machen. Dadurch wird er aus seiner Blockadehaltung gelöst und muss sich an einer produktiven Lösung beteiligen.

Übungen zur Vorbereitung

Bitten Sie einen Bekannten oder Freund, mit Ihnen Mitarbeitergespräche durchzuspielen. Instruieren Sie ihn, dass er sich möglichst lange widerspenstig und uneinsichtig verhalten soll. Orientieren Sie sich bei Ihrer Gesprächsführung an unserem Schema. Halten Sie die in den einzelnen Übungen vorgegebene Zeit ein.

Mitarbeitergespräche

ÜBUNG

Der Gruppenleiter

Sie sind Abteilungsleiter/in und Ihr Gruppenleiter handelt in letzter Zeit an Ihnen vorbei, enthält Informationen vor und erzählt hinter Ihrem Rücken, dass Sie reif für die Frühpension sind. Bereits vor sechs Wochen haben Sie in dieser Angelegenheit mit ihm ein Gespräch geführt, er hatte Besserung versprochen. Sie wollen Ihren Gruppenleiter nicht verlieren, weil er, abgesehen von den Ausfällen in letzter Zeit, ausgezeichnete Arbeitsleistungen erbringt. Sie haben für Ihr Gespräch zwölf Minuten Zeit.

Der Hund

Sie sind Gebietsleiter/in einer Vertriebsmannschaft von zehn Außendienstmitarbeiterinnen und -mitarbeitern. Im letzten Monat haben sich drei Kunden bei Ihnen beschwert, da eine Ihrer Außendienstmitarbeiterinnen zu Gesprächen ihren Hund mitgebracht hat. Zwei andere Kunden haben sich beschwert, weil der Hund auf dem Kundenparkplatz laut im Auto gekläfft hat. Machen Sie der Außendienstmitarbeiterin, Frau Kuhls, klar, dass sie ihren Hund nicht während der Arbeitszeit mitnehmen kann. Sie haben für Ihr Gespräch sieben Minuten Zeit.

Keine Beförderung

Sie sind Leiter/in der Personalabteilung. Bei der Besetzung der Stelle des stellvertretenden Abteilungsleiters in Ihrer Abteilung hatten Sie zwischen drei Kandidaten zu entscheiden:

1. Alfons Kühnat: Herr Kühnat trat vor fünf Jahren als Vertriebsassistent mit kaufmännischer Ausbildung in das Unternehmen ein. Er ist 30 Jahre alt und ledig. Nach zwei Jahren Tätigkeit übernahm er die Position eines Gruppenleiters im Vertrieb. Im Kollegenkreis gilt er als umgänglich, aber etwas zurückhaltend. Seine Stärken sind die effiziente Neuorganisation des Vertriebs und die Ergebnissteigerungen in seinem Vertriebsbereich.

→ FORTSETZUNG AUF DER NÄCHSTEN SEITE

2. Merild Schwarz: Frau Schwarz ist seit zwei Jahren Assistentin der Geschäftsleitung. Gleich nach ihrem Abschluss als Diplom-Kauffrau an der Universität Saarbrücken trat sie in das Unternehmen ein. Die ihr übertragenen Aufgaben erledigt sie in angemessener Frist. Sie neigt jedoch dazu, zu kreativ zu sein, und vernachlässigt das Tagesgeschäft zugunsten strategischer Konzepte. Herr Eberlein hat ein sehr gutes Verhältnis zu ihr, da auch er strategische Aspekte gerade im Personalentwicklungsbereich als vernachlässigt ansieht.

3. Hans Eberlein: Hans Eberlein ist 48 Jahre alt, verheiratet und hat zwei Kinder. Nach einer langjährigen Tätigkeit als Fertigungsingenieur übernahm er Ausbildungsaufgaben im technischen Bereich und ist seit acht Jahren Ausbildungsleiter für das gesamte Unternehmen. Vor drei Jahren bewarb er sich um die Stelle als Leiter der Personalentwicklung in einer Zweigniederlassung des Unternehmens. Aufgrund seiner Erfahrung im Ausbildungsbereich hielt man es jedoch nicht für zweckmäßig, ihn von seiner jetzigen Position zu entbinden. Man vertröstete ihn auf die zu einem späteren Zeitpunkt frei werdende Stelle eines stellvertretenden Personalabteilungsleiters im Stammhaus. Herr Eberlein war während Ihres Training-on-the-Job-Einstiegs ins Unternehmen auch Ihr Ansprechpartner in Ausbildungsfragen.

Sie haben sich für Alfons Kühnat aufgrund seiner Erfahrung mit Vertriebsmitarbeitern und seiner ergebnisorientierten Arbeitsmethodik entschieden.

Gleich kommt Herr Eberlein, den Sie für ein Gespräch bestellt haben, um ihm mitzuteilen, wie Ihre Entscheidung bei der Stellenbesetzung ausgefallen ist. Sie wissen, dass Herr Eberlein Ihre Entscheidung anzweifeln wird. Erklären Sie Herrn Eberlein Ihre Entscheidung und motivieren Sie ihn, auch weiterhin engagiert als Ausbildungsleiter zu arbeiten. Sie haben für Ihr Gespräch 15 Minuten Zeit.

Überforderung

Einer Ihrer Projektleiter bombardiert die Abteilungssekretärin ständig mit abzutippenden Ausarbeitungen und Strategiekonzepten. Seine Abteilungskollegen haben sich darüber beschwert, dass ihre Schreibarbeiten liegen bleiben, und Sie als Abteilungsleiter um Klärung des Problems gebeten. Für Ihr Gespräch haben Sie zehn Minuten Zeit.

Der Kassierer

Sie sind Filialleiter einer Bank. Ihnen ist zu Ohren gekommen, dass Ihr Kassierer, Herr Schlenz, den Safe nicht ordnungsgemäß verschließt, wenn er zur Toilette geht. Machen Sie ihm klar, dass Sie dieses Verhalten nicht dulden können. Für das Gespräch haben Sie fünf Minuten Zeit.

Kundengespräch

Bei Kundengesprächen überprüfen die Beobachter, wie ausgeprägt Ihr kommunikatives Geschick im Umgang mit Firmenkunden ist. Entweder sind Ihre verkäuferischen Fähigkeiten gefragt oder Ihre Reaktion auf Kritik unzufriedener Kunden.

Bei Kundengesprächen wird auch beobachtet, ob Sie vorgegebene Gesprächsziele verfolgen können. Kundengespräche werden im Assessment-Center nicht nur eingesetzt, wenn Positionen im Vertrieb zu besetzen sind. Auch Führungskräfte anderer Bereiche müssen damit rechnen, im Assessment-Center auf die Übung Kundengespräch zu treffen. Für die Unternehmen ist es wichtig festzustellen, ob zukünftige Führungskräfte Gesprächssituationen entschärfen, Gemeinsamkeiten herausarbeiten und unternehmerisch handeln können.

Vorgegebene Gesprächsziele verfolgen

Die Gesprächsaufgaben in der Anfangszeit der Assessment-Center lauteten: »Verkaufen Sie einen Kühlschrank an einen Eskimo!« oder »Hier ist ein Kugelschreiber, bringen Sie mich in drei Minuten dazu, ihn zu kaufen!« Heute treffen Führungskräfte im Assessment-Center auf Themenstellungen, die differenzierter und realitätsnaher geworden sind, wie Ihnen unser nachfolgendes Beispiel zeigt.

BEISPIEL

Themen in Kundengesprächen

→ *Thema:* »Sie sind Anlageberater und sollen einen freiberuflich tätigen Architekten bezüglich einer optimalen Altersversorgung beraten.«
→ *Thema:* »Sie sind Großkundenbetreuer und haben die Aufgabe, einen wichtigen Stammkunden, der nach mehrmaliger Lieferung von mangelhafter Ware angedroht hat, künftig bei Mitbewerbern zu ordern, davon zu überzeugen, auch weiterhin bei Ihrem Unternehmen zu kaufen.«
→ *Thema:* »Überzeugen Sie den Inhaber eines Elektrofachhandels davon, das neue Computerspiel Ihres Softwarehauses bevorzugt zu präsentieren.«

Identifizieren Sie sich mit Ihrer Rolle

Entscheidend für erfolgreiche Kundengespräche im Assessment-Center ist Ihre Fähigkeit, sich mit der vorgegebenen Rolle zu identifizieren. Aus der Sicht der Beobachter agieren Sie im Kundengespräch nicht als Privatmensch, sondern als Unternehmensrepräsentant, der einen entscheidenden Anteil an der zukünftigen wirtschaftlichen Entwicklung des Unternehmens hat.

Sie bewältigen Kundengespräche, wenn Sie engagiert, ausdauernd und kundenbezogen argumentieren. Sie sollten deshalb

→ in Ihren Argumenten die berufliche Position des Kunden berücksichtigen,
→ Kundenwünsche detailliert herausarbeiten,
→ die Vorteile Ihres Angebots herausstellen und
→ zu einem (Verkaufs-)Abschluss kommen.

Passen Sie Ihren Sprachgebrauch an

Die berufliche Position des Kunden: Führungskräfte aus ingenieur- oder naturwissenschaftlichen Arbeitsfeldern versuchen oft, Kunden mit fachlichen Argumenten zu erschlagen. Eine bloße Aufzählung von Fachtermini oder der Verweis auf technisch perfekte Lösungen bieten sich aber nur dann an, wenn Ihnen ebenfalls ein Fachmann gegenübersitzt. Beachten Sie deshalb die in der Aufgabenstellung genannte Position des Kunden, auf den Sie treffen, und passen Sie Ihren Sprachgebrauch an. Ihre Argumente müssen für den Kunden verständlich sein.

Kundenwünsche herausarbeiten: Wichtiger, als den Kunden mit Fachausdrücken, die ihn nicht interessieren, beeindrucken zu wollen, ist es, im Gespräch die Wünsche des Kunden herauszuarbeiten. Erfragen Sie, welche Anforderungen der Kunde an die angebotene Dienstleistung oder das Produkt stellt. Legt der Kunde Wert auf bestimmte qualitative Standards? Möchte er im Anschluss an den Verkauf mehr Beratung und Service? Welche Rolle spielen Erfahrungen von anderen Käufern? Welchen Kostenrahmen hat der Kunde zur Verfügung?

Worauf legt der Kunde Wert?

Gehen Sie im Kundengespräch auch darauf ein, ob der Kunde Stamm- oder Neukunde ist. Bedenken Sie, dass Preisnachlässe Folgewirkungen für zukünftige Verhandlungen nach sich ziehen. Bringen Sie in Erfahrung, ob der Kunde Interesse an weiteren Dienstleistungen oder Produkten Ihres Unternehmens hat. Machen Sie gegebenenfalls ein Angebot in Form einer Paketlösung.

Die Herausarbeitung der Kundenwünsche ist der zentrale Punkt im Kundengespräch. Wenn Sie an dieser Stelle scheitern, werden Sie auch die anderen Ziele nicht erreichen. Wichtig ist, dass Sie mit dem Kunden in einen Dialog treten. Verwechseln Sie ein Kundengespräch nicht mit einer Drückersituation: Wenn Sie sich darauf beschränken, dem Kunden immer wieder Ihr Produkt oder Ihre Dienstleistung anzupreisen, stellen Sie sich nicht als kundenorientierter Verkäufer, sondern als Marktschreier dar. Ihr Gegenüber im Verkaufsgespräch wird sich dann generell darauf beschränken, Ihre Angebote abzulehnen. Sie hören dann ständig: »Interessiert mich nicht«, »Die Konkurrenz ist billiger« oder »Ihre Produkte sind qualitativ minderwertig«. Bringen Sie unbedingt Ihren Kunden zum Reden und damit dazu, eigene Vorstellungen zu äußern.

Treten Sie mit dem Kunden in einen Dialog

Die Vorteile Ihres Angebotes: Versteifen Sie sich zunächst nicht darauf, Ihre Dienstleistung oder Ihr Produkt an die Frau oder den Mann bringen zu wollen. Bringen Sie den Kunden zuerst dazu, zuzugeben, dass er das Produkt oder die Dienstleistung ganz generell braucht – unabhängig davon, ob Ihr Unternehmen liefert oder ein anderes. Lassen Sie anschließend den Kunden seine Anforderungen an das Produkt offenlegen. So verhindern Sie, dass er sich auf das Abblocken Ihrer Vorschläge zurückzieht. Verwenden Sie dazu beispielsweise die Formulierung: »Was muss ich Ihnen bieten, damit mein Angebot für Sie interessant wird?«

Vorsicht bei den Preisdiskussionen

Arbeiten Sie dann die Übereinstimmung Ihrer Leistungen mit den Kundenwünschen Punkt für Punkt heraus. Aber Vorsicht mit Preisdiskussionen: Sie verlieren Punkte bei den Beobachtern, wenn Sie unübliche Rabatte einräumen. Verweisen Sie ausdauernd auf besondere Leistungen Ihres Unternehmens, wie Service, Termintreue, Beratungskompetenz, Schulung, Marktführerschaft.

Klären Sie den weiteren Verlauf

Abschluss: Beenden Sie Kundengespräche aktiv. Viele Kandidaten tun sich schwer damit, bei Kundengesprächen zu einem (Verkaufs-)Abschluss zu kommen. Aber Sie müssen im Kundengespräch ein konkretes Ergebnis erzielen. Der Verkaufsabschluss ist der Idealfall. Ein konkretes Ergebnis ist aber auch die Vereinbarung, ein neues Angebot zuzusenden, oder die Terminvereinbarung für ein Anschlussgespräch. Erfüllen Sie diese Anforderung im Rollenspiel, indem Sie am Gesprächsende auf die herausgearbeiteten Gemeinsamkeiten hinweisen. Halten Sie die Punkte fest, an denen Sie zu einer Einigung gekommen sind. Die Punkte, bei denen es noch Informations- und Klärungsbedarf gibt, sprechen Sie von sich aus an und stellen dem Kunden weitere Auskünfte in Aussicht. Klären Sie den weiteren Ablauf und vereinbaren Sie einen neuen Termin.

Unser Beispiel »Das Lifestyle-Magazin« zeigt Ihnen, wie ein Kundengespräch nach unserem vorgestellten Schema ablaufen kann.

Das Lifestyle-Magazin

Die Aufgabenstellung an den Kandidaten für das Rollenspiel Kundengespräch lautete: »Bringen Sie einen Tankstellenpächter dazu, das neue Lifestyle-Magazin Ihres Verlages zu ordern.«

Außendienstmitarbeiter: »Guten Tag, Herr Johansson, mein Name ist Bernd Preusser. Ich komme vom FitVerlag und würde Ihnen gerne eine Möglichkeit vorstellen, Ihre Gewinnspanne zu erhöhen.«

Tankstellenpächter: »Guten Tag, Herr Preusser. Das ist ja nett, dass Sie an meinen Gewinn denken, aber ich brauche keine zusätzlichen Produkte hier in meinem Verkaufsraum.«

Außendienstmitarbeiter: »Ich wollte Ihnen auch keine zusätzlichen Sachen hinstellen, Herr Johansson, sondern mit Ihnen klären, wie der vorhandene Platz so genutzt werden kann, dass er möglichst viel Gewinn einspielt. Von den Profiten aus dem Treibstoffverkauf dürften Sie ja wahrscheinlich kaum noch leben können.«

Tankstellenpächter: »Da haben Sie Recht, Herr Preusser, das ist doch unmöglich, wie die Steuerschraube immer weiter angezogen wird. Unsere Gewinnmargen reichen ja jetzt schon nicht mehr zum Überleben.«

Außendienstmitarbeiter: »Deswegen sollten wir uns zusammen überlegen, wie wir möglichst viel Geld aus dem Tankstellenmarkt herausholen können. Wie sieht aus Ihrer Sicht das optimale Produkt für den Verkaufsraum aus?«

Tankstellenpächter: »Natürlich sollten die Sachen möglichst reißend weggehen, und meine Gewinnspanne sollte möglichst hoch sein. Ganz wichtig ist für mich, dass ich mit den Sachen wenig Arbeit habe. Ich kann es mir nicht leisten, eine Aushilfe einzustellen, die immer wieder die Regale vollräumt.«

Außendienstmitarbeiter: »Das würde ich für Sie machen, Herr Johansson. Unser neues Lifestyle-Magazin ist auf dem Markt wie eine Bombe eingeschlagen. Auch in Ihrer Region gehen die Ausgaben reißend weg. Ich werde Ihnen die Magazine einsortieren. Wenn die neue Nummer kommt, nehme ich selbstverständlich die alten Exemplare zur Gutschrift zurück, und ich liefere Ihnen auch noch einen Sonderständer für die Zeitschriften, dann brauchen Sie keinen extra Platz freiräumen.«

Tankstellenpächter: »Ich habe schon so viel Zeitschriften. Da brauche ich nicht noch eine weitere.«

→ FORTSETZUNG AUF DER NÄCHSTEN SEITE

Außendienstmitarbeiter: »Na ja, Herr Johansson. Sind Sie denn zufrieden mit dem Gewinn aus dem Zeitschriftenverkauf?«
Tankstellenpächter: »Nein, es könnte mehr sein.«
Außendienstmitarbeiter: »Dann lassen Sie uns doch mehr daraus machen. Ich selbst finde es auch bedauerlich, wenn Zeitschriften im Regal liegen. Das nützt niemandem etwas. Unser neues Magazin richtet sich an alle Lesergruppen. Jung, schön und schlank will doch jeder sein. Wenn die Leute nach der Arbeit zum Tanken kommen, nehmen sie fast automatisch unser Magazin mit, um zu Hause auf der Couch vom perfekten Körper zu träumen. Diese Strategie ist auch schon bei der Muscheltankstelle um die Ecke aufgegangen. Ich würde Sie gerne ins Boot holen.«
Tankstellenpächter: »Meine Frau liest ja auch dauernd solche Sachen. Vielleicht sollte ich es ja probieren. Was passiert denn mit den Exemplaren, die vom vielen Durchblättern unverkäuflich werden. Ich kann nicht auch noch darauf achten, dass die Leute hier nicht in den Zeitschriften lesen.«
Außendienstmitarbeiter: »Die nehme ich zurück, zusammen mit den unverkauften Exemplaren. Die einzige Arbeit, die Sie mit unseren Zeitschriften haben werden, ist, das Geld aus der Kasse zu nehmen. Das Einsortieren der Zeitschriften nehmen Ihnen komplett unsere Kommissionierer ab, und für Ihre Frau wird auch ein Gratis-Exemplar übrig sein. Fangen wir nächste Woche mit fünfzig Lifestyle-Magazinen im Aufsteller an?«
Tankstellenpächter: »Wie viel Prozent vom Verkaufspreis sind für mich?«
Außendienstmitarbeiter: »Wie viel hätten Sie denn gerne?«
Tankstellenpächter: »100 Prozent.«
Außendienstmitarbeiter: »Sehr gut, Herr Johansson, aber damit ruinieren Sie uns. Ich biete Ihnen 30 Prozent, ab 50 verkauften Exemplaren bekommen Sie dann 40 Prozent.«
Tankstellenpächter: »Bei den anderen Verlagen bekomme ich gleich 40 Prozent.«
Außendienstmitarbeiter: »Nicht bei allen. Außerdem: Manch andere Zeitschrift bleibt im Regal liegen und bringt Ihnen 0 Prozent ein. Einigen wir uns doch auf 35 Prozent.«

Tankstellenpächter: »Okay. Wo soll ich unterschreiben?«
Außendienstmitarbeiter: »Hier ist das Bestellformular. Nächste Woche geht es los. Bis dann, Herr Johannsson.«
Tankstellenpächter: »Tschüss, Herr Preusser.«

Wenn bei Kundengesprächen weniger das Verkaufen, sondern mehr die Reaktion auf verärgerte Kunden im Mittelpunkt steht, sind Ihre Fähigkeiten im Umgang mit belastenden Situationen gefragt (Stresstest). Als Besonderheit für diese Form der Kundengespräche gilt, dass die aufgeregten und verärgerten Kunden, nachdem sie ihre Wut herausgelassen haben, wieder ins Gespräch zurückgebracht werden müssen.

Damit Sie in dieser Situation Ihre Kunden nicht noch mehr anstacheln, sollten Sie Ihnen nicht direkt widersprechen. Greifen Sie zur modifizierten »Ja-aber-Technik«. Das heißt: Zeigen Sie ein gewisses Maß von Reue und machen Sie deutlich, dass Sie die Probleme des Kunden verstehen. Bringen Sie ihn dann aber dazu, eigene Vorschläge zu machen. Denn wenn Ihr Kunde sich erst einmal in der Defensive verschanzt hat, wird er sich darauf beschränken, Ihre Argumente in der Luft zu zerreißen. Lassen Sie sich nicht auf persönliche Angriffe ein, bringen Sie das Gespräch zurück auf die Sachebene. Unser Beispiel zeigt Ihnen, wie Sie einen persönlichen Angriff in den Griff bekommen können.

So bringen Sie verärgerte Kunden wieder ins Gespräch

Der verärgerte Kunde

BEISPIEL

Kunde: »Zweimal ist ein zugesagter Liefertermin nicht eingehalten worden. Ich habe die Nase voll von Ihrer Firma. Beschäftigen Sie da nur Idioten?«

Servicemitarbeiter: »Das ist unverzeihlich. Als bei uns die Produktion stillstand, weil einer unserer Zulieferer im Verzug war, habe ich gleich versucht, für Sie noch Lagerbestände loszueisen. Doch wir hatten nichts mehr auf Lager. Daher sind Sie leider mit dieser unbefriedigenden Situation kon-

→ FORTSETZUNG AUF DER NÄCHSTEN SEITE

frontiert worden. Wie können wir den Lieferverzug wiedergutmachen?«
Kunde: »Ich will meinen Schaden ersetzt bekommen!«
Servicemitarbeiter: »Wir möchten Ihnen einen Ausgleich für die entstandenen Probleme anbieten. Bei der nächsten Lieferung übernehmen wir komplett die Transportkosten.«
Kunde: »Wenn wir weiter zusammenarbeiten wollen, ist das ja auch das Mindeste. Nach wie vor habe ich allerdings keine Lust, mir nochmal Schwierigkeiten durch eine ausbleibende Lieferung einzuhandeln.«
Servicemitarbeiter: »In unserer langjährigen Geschäftsbeziehung haben wir immer die Preissenkungen an Sie weitergegeben, die wir durch Rationalisierung und im Einkauf erzielen konnten. Dies werden wir auch weiterhin tun. Die zuverlässige Belieferung wird in Zukunft funktionieren.«
Kunde: »Na gut, aber das ist Ihre letzte Chance.«
Servicemitarbeiter: »Diese Chance werden wir nutzen. Es bleibt dann bei den vereinbarten Liefermengen. Die Nachlieferung steht schon auf Ihrem Hof. Die nächste Lieferung erfolgt transportkostenfrei im üblichen Turnus.«

Überlegen Sie sich vorher, welche Zugeständnisse Sie machen wollen

Bei Beschwerden gilt genauso wie bei Verkaufsgesprächen, dass Sie die Beobachter durch Ausdauer beim Argumentieren beeindrucken. Gehen Sie auf den verärgerten Kunden ein, aber lassen Sie sich nicht die Initiative im Gespräch nehmen. Überlegen Sie sich bereits in der Vorbereitungsphase, welche Zugeständnisse Sie dem Kunden machen können, um ihn nicht zu verlieren. Fangen Sie nicht an, Produkte zu verschenken oder Produktionsumstellungen in Aussicht zu stellen. Bedenken Sie, dass Sie nur die Angebote machen können, die Ihnen in der Position, die Sie spielen, möglich sind. Spielen Sie beispielsweise einen Außendienstmitarbeiter, dürfen Sie keine Zugeständnisse machen, die den üblichen Handlungsspielraum eines Außendienstmitarbeiters überschreiten. Beenden Sie das Reklamationsgespräch innerhalb der vorgegebenen Zeit mit einem Ergebnis.

Übungen zur Vorbereitung

Spielen Sie die Kundengespräche mit einem Freund oder Bekannten durch. Sammeln Sie in einer Vorbereitungszeit Argumente und mögliche Zugeständnisse an den Kunden. Beachten Sie im Gespräch unsere Hinweise zur Gesprächsführung. Bringen Sie den Kunden zum Reden, aber behalten Sie die Initiative im Gespräch. Arbeiten Sie ein Ergebnis heraus.

Kundengespräche

ÜBUNG

Denken Sie an Ihre Kinder

Sie sind Außendienstmitarbeiter einer großen Versicherung und haben einen Beratungstermin mit einem Kunden. Der Kunde hat drei Kinder im Alter zwischen zwei und acht Jahren. Da die gesetzliche Krankenkasse nach der Gesundheitsreform keinerlei Zuzahlungen bei Zahnersatz leistet, möchten Sie den Kunden dazu bewegen, für alle drei Kinder eine Zusatzversicherung abzuschließen. Der Preis beträgt pro Kind und Monat 8 Euro. Sie haben für Ihre Vorbereitung fünf und für Ihr Gespräch zehn Minuten Zeit.

Der Messestand

Als Vertriebsmitarbeiter der Messegesellschaft C-Bütt sollen Sie den Geschäftsführer eines Softwareunternehmens mit zwölf Mitarbeitern davon überzeugen, auf der Messe einen Standplatz zu mieten. Die Standmiete beträgt 5 000 Euro. Sie haben für Ihr Gespräch sieben Minuten Zeit. Die Vorbereitungszeit beträgt drei Minuten.

Zeitarbeit

Sie sind Geschäftsstellenleiter einer Zeitarbeitsvermittlung. Ein Kunde hat sich über die von Ihnen entsandten Zeitarbeitskräfte beschwert und angedroht, den Geschäftskontakt zu Ihrer Firma abzubrechen. Bringen Sie ihn davon ab. Für Ihr Gespräch haben Sie zehn Minuten Zeit. Es wird Ihnen keine Vorbereitungszeit eingeräumt.

→ FORTSETZUNG AUF DER NÄCHSTEN SEITE

Werbung im Internet

Sie haben zusammen mit drei Freunden ein Start-up-Unternehmen gegründet und eine neue Suchmaschine für das Internet programmiert. Überzeugen Sie den Vorstand eines Finanzdienstleisters davon, auf Ihrer Startseite ein Werbebanner zu schalten. Der Vorstand hat zwölf Minuten Zeit für Sie. Ihre Vorbereitungszeit beträgt fünf Minuten.

Körpersprache im Rollenspiel

In Rollenspielen prägt Ihre Körpersprache ganz entscheidend die Gesprächsatmosphäre. Mit der falschen Körpersprache bauen Sie Konfrontationen auf und erzeugen eine negative Spannung, die ein konstruktives Gespräch verhindert.

Körpersprache sagt viel über Belastbarkeit aus

Im Face-to-Face-Gespräch verläuft die nonverbale Kommunikation parallel zur verbalen. Ihre Körpersprache sagt Ihrem Gegenüber, ob er sich entspannt auf Ihre Argumente einlassen kann, oder ob er auf Gegenangriff schalten sollte. Die Beobachter schließen aus Ihrer Körpersprache, wie belastbar Sie sind. Ihre Körpersprache verrät, ob Sie unsicher sind, zur Aggression neigen oder mit der Situation zurechtkommen.

Unsichere Kandidaten, die bei Mitarbeiter- oder Kundengesprächen im Stuhl versinken, den Blick auf den Boden richten und mit leiser Stimme ihre Argumente vortragen, signalisieren den Beobachtern, dass sie sich nicht wohlfühlen und in belastenden Gesprächssituationen nur eingeschränkt leistungsfähig sind.

Halten Sie Blickkontakt

Weichen Sie dem Blick Ihres Gesprächspartners nicht aus. Bleiben Sie im Mitarbeitergespräch der Chef im Ring. Im Kundengespräch ist der Blickkontakt wichtig, um einen persönlichen Draht herzustellen. Fehlender Blickkontakt vermittelt Ängstlichkeit. Damit handeln Sie sich Minuspunkte ein. Die Beobachter werden Sie als wenig belastbar einschätzen, und Ihr Gegenüber wird bei fehlendem Blickkontakt Oberhand im Gespräch gewinnen. Nehmen Sie deshalb im Rollenspiel immer wieder Kontakt zu Ihrem Mitarbeiter oder Kunden über die Augen auf.

Angriffslustige Kandidaten bauen im Rollenspiel dagegen körpersprachlich negative Spannungen auf, die zu Blockaden und Verweigerungshaltungen ihres Gesprächspartners führen. Angespanntes Sitzen auf der Stuhlkante, ein schräg nach vorne geneigter Oberkörper und zu Fäusten geballte Hände signalisieren Kampfbereitschaft. Das Interesse, sich mit Ihren Argumenten auseinanderzusetzen, wird auf diese Weise eingeschränkt. Spreizen männliche Kandidaten im Gespräch mit weiblichen Gesprächspartnern zudem die Schenkel so weit auseinander, dass es als aufdringlich empfunden wird, ist die Beziehungsebene endgültig zerstört. Nicht nur im, sondern auch nach dem Rollenspiel.

Wählen Sie im Rollenspiel eine Sitzposition, die Ihnen eine gute Ausgangsbasis für eine geeignete Körpersprache bietet. Setzen Sie sich leicht vom Gesprächstisch zurück. Stellen Sie beide Beine rechtwinklig und leicht geöffnet auf den Boden. Die voneinander gelösten Hände liegen locker auf den Oberschenkeln. Trainieren Sie, diese Grundhaltung immer wieder einzunehmen. Sie signalisieren damit Ihrem Gegenüber und den Beobachtern, dass Sie konzentriert bei der Sache sind, aber weder sich noch Ihren Gesprächspartner unter Druck setzen.

Trainieren Sie eine lockere Grundhaltung

Im Mitarbeitergespräch ist von Anfang an klar, dass es um eine Konfrontation geht. Dies sollten Sie auch körpersprachlich deutlich machen. Lassen Sie den Mitarbeiter Ihnen gegenüber am Tisch Platz nehmen. Im Kundengespräch dagegen sollten Sie sich so hinsetzen, dass Konfrontationen von vornherein vermieden werden. Nehmen Sie nach Möglichkeit eine Position über Eck ein.

Wenn Sie Gesprächsimpulse setzen, sollten Sie diese durch kleine Handbewegungen in der Luft unterstreichen. Sie können sich auch körpersprachlich immer wieder ins Gespräch zurückbringen und die Gesprächsführung übernehmen, wenn Sie geeignete Gesten einsetzen. Beispielsweise dann, wenn Ihr Gesprächspartner Ihnen ständig ins Wort fällt. Nutzen Sie Unterbrechungsgesten. Die abblockend hochgehobene Hand, die Sie mit den Worten einsetzen: »Augenblick, Sie haben gleich Gelegenheit zu reden. Lassen Sie mich zuerst meine Ausführungen beenden!« ist geeignet, um Unterbrechungen der eigenen Ausführungen zurückzuweisen oder den Redefluss des Gegenübers zu stoppen. Nutzen Sie Unter-

Sparsame Verwendung von Unterbrechungsgesten

brechungsgesten, um die Gesprächsführung zu behalten oder zurückzuerlangen. Verwenden Sie diese Gesten jedoch sparsam, und räumen Sie Ihrem Gegenüber genügend Platz zur eigenen Meinungsäußerung ein.

Halten Sie immer Ihre Hände frei

Wenn die Situation Entspannung verlangt, beispielsweise beim Besänftigen eines Kunden, können Sie ebenfalls Ihre Körpersprache einsetzen. Leichtes Zurücksetzen vom Tisch schafft angenehme Distanz.

Achten Sie auch darauf, dass Sie immer Ihre Hände frei halten. Das Herumspielen mit Stiften, das Durchkneten von Zetteln und das nervöse Drehen an Finger- oder Ohrringen verrät den Beobachtern Nervosität.

AUF EINEN BLICK

Auf einen Blick
Rollenspiele

→ Rollenspiele im Assessment-Center werden entweder als Mitarbeitergespräch oder als Kundengespräch ausgestaltet.

→ Sie nehmen im Mitarbeitergespräch die Rolle des Vorgesetzten ein. Der Mitarbeiter wird üblicherweise vom Moderator gespielt, manchmal auch von einem Externen, zum Beispiel einem Schauspieler.

→ Im Kundengespräch spielen Sie einen Firmenvertreter, der einen Kunden überzeugen muss.

→ Rechnen Sie in beiden Gesprächssituationen mit starkem Widerstand.

→ Behalten Sie die Zeitvorgabe im Blick. Notieren Sie am Anfang des Gesprächs den genauen Zeitpunkt des Gesprächsendes.

→ Im Mitarbeitergespräch dürfen Sie weder in einen autoritär-abwertenden Führungsstil noch in einen therapeutischen »Verstehen-heißt-verzeihen-Stil« verfallen.

→ Nutzen Sie unser Schema, um Mitarbeitergespräche in den Griff zu bekommen:
  1. kurze Begrüßung und Hinweis darauf, dass es im Gespräch um ein Verhalten des Mitarbeiters geht
  2. Schilderung des beobachteten Verhaltens. Noch keine Bewertung durch den Vorgesetzten!
  3. Stellungnahme des Mitarbeiters
  4. eigene Stellungnahme. Mit Bewertung!
  5. dem Mitarbeiter Folgen aufzeigen, die aus seinem Verhalten für die Abteilung und das Unternehmen entstehen
  6. das Gespräch aktiv beenden: überprüfbares Ergebnis vereinbaren

→ Belohnen Sie negatives Verhalten auf keinen Fall.

→ Im Kundengespräch überzeugen Sie, wenn Sie:
  – Ihre (Fach-)Sprache auf die berufliche Position des Kunden ausrichten,
  – ihn zum Reden über seine Vorstellungen bringen,
  – Punkt für Punkt herausarbeiten, warum Ihr Produkt/Ihre Dienstleistung seinen Wünschen entspricht und
  – das Gespräch aktiv beenden (Verkaufsabschluss oder neuer Termin).

→ Machen Sie keine Angebote oder Zugeständnisse, die den Unternehmensinteressen schaden. Überschreiten Sie nicht den üblichen Handlungsspielraum der Ihnen vorgegebenen Position. Überlegen Sie sich schon in der Vorbereitung, welche Zugeständnisse Sie dem Kunden machen können, um ihn nicht zu verlieren.

→ Reklamationsgespräche sind vorrangig ein Stresstest. Gehen Sie nicht auf Angriffe ein. Bleiben Sie bei der konstruktiven Gesprächsführung.

→ Bringen Sie den Kunden dazu, eigene Vorschläge zu machen. Damit vermeiden Sie, dass er sich auf das Abblocken Ihrer Argumente beschränkt.

→ FORTSETZUNG AUF DER NÄCHSTEN SEITE

- → Im Rollenspiel kann Körpersprache sowohl Konfrontation und negative Spannung aufbauen wie auch eine entspannte Atmosphäre und Konsens deutlich machen.

- → Weichen Sie dem Blick Ihres Gesprächspartners nicht aus. Vermitteln Sie Souveränität, suchen Sie den Blickkontakt mit Ihrem Gesprächspartner.

- → Die frontale Sitzposition, bei der beide Gesprächsteilnehmer sich frontal am Tisch gegenübersitzen, baut Spannung auf. Rücken Sie mit Ihrem Stuhl vom Tisch zurück. Versuchen Sie im Kundengespräch nach Möglichkeit, eine Sitzposition über Eck herbeizuführen.

- → Ein schräg nach vorne geneigter Oberkörper signalisiert Anspannung und Gegnerschaft. Lehnen Sie sich immer wieder zurück.

- → Renitente Gesprächspartner, die Ihnen ständig ins Wort fallen und nicht bereit sind zuzuhören, bekommen Sie mit Unterbrechungsgesten in den Griff.

- → Abwehr- und Unsicherheitsgesten lassen auf mangelnde Stressresistenz schließen.

- → Übersprungshandlungen, wie das Herumspielen mit dem Stift oder den Unterlagen, wirken unsouverän.

12. Vorträge

In der Übung Vortrag treten Sie als Einzelner vor die Teilnehmergruppe. Diese Situation setzt Sie besonderem Stress aus. Sie müssen nicht nur das Thema in den Griff bekommen, sondern auch souverän auf der Bühne auftreten. Der Einsatz von Medien ist bei Vorträgen unverzichtbar. Eine stimmige Körpersprache wird Ihren Vortrag unterstützen und Ihnen dabei helfen, Stress abzubauen.

Ohne Rhetorikkenntnisse geht in qualifizierten Berufsfeldern nichts mehr. Ein fester Bestandteil der Tätigkeiten von Führungskräften ist es, Vorgesetzte, Kollegen und Mitarbeiter bei Besprechungen und Konferenzen zu informieren und zu überzeugen. Ihre rhetorischen Stärken sind aber nicht nur unternehmensintern gefragt: Bei Verkaufsvorführungen, auf Messen und Kongressen präsentieren Sie Ihr Unternehmen und dessen Produkte oder Dienstleistungen mit Außenwirkung.

Rhetorische Stärken sind gefragt

Damit Sie mit Ihrem Vortrag überzeugen können, müssen Sie die Informationen auf die Bedürfnisse Ihres Publikums ausrichten. Strukturieren Sie das Thema, sichten Sie Argumente und trennen Sie Wesentliches von Unwesentlichem. Wenn bei einem Thema widersprüchliche Meinungen zu berücksichtigen sind, sollten Sie die entsprechenden Pro- und Contra-Argumente nachvollziehbar darstellen. Wir werden Sie im Folgenden mit Vortragstechniken vertraut machen, mit denen Sie im Assessment-Center überzeugen.

> **Aus unserer Beratungspraxis**
> **Hilflosigkeit in Aktion**
>
> Wir wissen aus unseren Erfahrungen mit Assessment-Centern, dass die Übung Vortrag für Kandidaten eine besondere Stress-

BERATUNG

→ FORTSETZUNG AUF DER NÄCHSTEN SEITE

situation darstellt. Eine Kandidatin ließ sich beispielsweise von ihrer Unsicherheit dermaßen überwältigen, dass ihr der Vortrag sowohl thematisch als auch körpersprachlich völlig entglitt.

Als sie das Podium betrat, hielt sie ihren Blick starr auf die Unterlagen gerichtet und sah das Publikum nicht an. Ihre Unsicherheit war förmlich greifbar. Anstatt sich kurz hinzustellen, das Publikum anzuschauen und eine Vortragsgliederung auf dem Overheadprojektor zu präsentieren, begann sie den Vortrag damit, erst einmal ihre Unterlagen zu ordnen. Dabei entschuldigte sie sich fortlaufend dafür, dass es ihr nicht gelungen sei, den Vortrag richtig auszuarbeiten.

Als sie dann eine vorbereitete Folie auflegte und den Overheadprojektor anschaltete, pustete das Gebläse des Projektors ihre Unterlagen vom Tisch, womit die nächste Unterbrechung ihres Vortrags zustande kam. Um die Blätter wieder aufzusammeln, musste sie vor den Tisch treten, auf dem der Overheadprojektor stand. Bisher hatte sie dies vermieden und sich an dem Tisch festgehalten.

Ihrer Stütze beraubt, stand sie nach dem Aufsammeln der Blätter mitten auf dem Podium und fror körpersprachlich augenblicklich fest. Die in den Händen gehaltenen Unterlagen fingen an zu zittern. Mit einem Blick aus dem Fenster versuchte sie sich Vortragsinhalte wieder ins Gedächtnis zu rufen. Es entstand eine Schweigeminute, während derer sie auf dem Podium verharrte. Dann beorderte der Moderator sie zurück auf ihren Platz.

> **Fazit:** Alle Kandidaten empfinden Stress, wenn sie das Podium betreten, um einen Vortrag zu halten. Dies ist normal. Eine gute Vorbereitung gibt die Sicherheit, mit dem Thema fertig zu werden. Die Anwendung geeigneter Vortragstechniken lässt Kandidaten auf dem Podium souverän wirken. Der Einsatz von Medien sorgt für Bewegung auf dem Podium. Damit wird Stress abgebaut.

Bei einem Vortrag präsentieren Sie nicht nur das Thema, sondern immer auch sich selbst. Als Person wirken Sie auf Ihr Publikum auch durch Ihre Körpersprache. Halten Sie Blickkontakt zu Ihrem Publikum, oder verstecken Sie sich bei der Präsentation hinter dem Overheadprojektor oder dem Notebook? Gehen Sie flexibel auf Reaktionen Ihrer Zuhörer wie Lachen oder Raunen ein, oder ziehen Sie einen vorbereiteten Text ohne Abweichungen stur durch? Sie werden von uns erfahren, welche körpersprachlichen Fehler zum Punktabzug beim Vortrag im Assessment-Center führen und wie Sie es besser machen können.

Halten Sie Blickkontakt zum Publikum

Vortragsthemen

Es gibt natürlich vielfältige Vortragsthemen im Assessment-Center. Trotzdem lassen sich alle auf bestimmte Themenblöcke reduzieren, die mit großer Wahrscheinlichkeit verwendet werden. Dies sind zukünftige oder aktuelle Entwicklungen, berufliche Qualifikationen und politische Themen.

Aktuelle Entwicklungen im zukünftigen Arbeitsfeld

Zum einen werden Themenstellungen eingesetzt, bei denen Ihr Blick in die Zukunft gefragt ist. Damit möchte man feststellen, ob Sie einen Blick für aktuelle Entwicklungen in Ihrem zukünftigen Arbeitsfeld haben.

Zukünftige Entwicklungen

→ *Vortragsthema:* »Wie sieht die Zukunft der Automobilbranche aus?«
→ *Vortragsthema:* »Welche Folgen wird der Konzentrationsprozess im Einzelhandel haben?«
→ *Vortragsthema:* »Wird das Internet die Medienlandschaft revolutionieren?«

BEISPIEL

Ein weiterer Themenblock beinhaltet Vortragsthemen zur beruflichen Qualifikation. Mit diesen Vortragsthemen überprüfen die Unternehmen, neben Ihren rhetorischen Fähigkeiten, auch die Fähigkeit zur Selbstreflexion. Man möchte erfahren, ob sich die Ansprüche der Unternehmen an zukünftige Mitarbeiter mit Ihren Vorstellungen decken. Da Sie als Führungskraft später Mitarbeiter anleiten und zum Teil auch auswählen müssen, möchte man im Assessment-Center sehen, unter welchen Gesichtspunkten Sie diese Aufgaben bewältigen.

BEISPIEL

Berufliche Qualifikation

→ *Vortragsthema:* »Skizzieren Sie ein Personalentwicklungssystem, mit dem die Personalfluktuation vermindert und die Mitarbeitermotivation erhöht werden kann.«

→ *Vortragsthema:* »Was zeichnet einen Vertriebsmitarbeiter (Projektingenieur/Marketingexperten/Niederlassungsleiter) aus?«

→ *Vortragsthema:* »Über welche zehn Eigenschaften muss ein Topmanager verfügen? Bitte begründen Sie, warum!«

Bleiben Sie sachlich und vermittelnd

Vorsicht bei politischen Themenstellungen: Ihre politische Meinung hat im Assessment-Center keinen Platz. Gehen Sie diplomatisch vor, und werden Sie bei der Aufbereitung politischer Themen nicht zum Stammtischpolitiker.

Wenn Sie ein politisches Thema für Ihren Vortrag erhalten, sollten Sie sich davor hüten, mit Ihrer persönlichen Meinung missionieren zu wollen. Das Assessment-Center ist eine Stresssituation: Emotional aufgeladene Themen sollten Sie möglichst sachlich bearbeiten. Nehmen Sie am besten eine vermittelnde Position zwischen den Extremmeinungen ein und stellen Sie Pro- und Contra-Argumente heraus.

Lassen Sie das Ergebnis offen. Schließen Sie damit, dass eine Auflösung der unterschiedlichen Sichtweisen nicht möglich ist. Sie punkten, wenn Sie auch bei politischen Themen auf die betriebswirtschaftliche Relevanz einer möglichen Entscheidung hinweisen. Beim Thema »Verbot des Individualverkehrs in den Innenstädten« könnten Sie beispielsweise auf mögliche Beeinträchtigungen des Einzelhandels hinweisen.

Politische Themen

BEISPIEL

→ *Vortragsthema:* »Wie sinnvoll ist der autofreie/fernsehfreie Sonntag?«
→ *Vortragsthema:* »Müssen die Innenstädte für den Individualverkehr geschlossen werden?«
→ *Vortragsthema:* »Sind höhere Krankenversicherungsbeiträge für Raucher gerechtfertigt?«
→ *Vortragsthema:* »Ist eine Frauenförderung durch Quotenregelungen am besten zu erreichen?«
→ *Vortragsthema:* »Sollte die allgemeine Wehrpflicht abgeschafft werden?«

Vortragstypen

Im Assessment-Center für Führungskräfte lassen sich zwei Vortragstypen unterscheiden. Es kann Sie eine Themenpräsentation erwarten, aber auch ein Stressvortrag.

Themenpräsentation

Bei der üblicherweise im Assessment-Center verwendeten Themenpräsentation bekommen Sie eine Vorbereitungszeit und ein Thema genannt.

Aufgabenstellung zur Themenpräsentation

BEISPIEL

Die Aufgabenstellung könnte beispielsweise so lauten: »Bitte halten Sie uns einen Vortrag zum Thema ›Über welche Fähigkeiten muss eine erfolgreiche Führungskraft verfügen?‹. Sie haben eine Vorbereitungszeit von 15 Minuten. Für Ihren anschließenden Vortrag haben Sie 20 Minuten Zeit.«

Gelegentlich schließt sich an Ihren Vortrag noch eine kurze Diskussion an, für die Sie dann ebenfalls eine Zeitvorgabe genannt bekommen. Um Ihre kommunikativen Fähigkeiten

Eine anschließende Diskussion

auf die Probe zu stellen, konfrontieren die Beobachter Sie dann in der Diskussion mit gegensätzlichen Meinungen und vermeintlichen Widersprüchen in Ihren Argumenten. Üblicherweise stellen die Beobachter die Fragen zu Ihrem Vortrag. Die anderen Teilnehmer haben normalerweise kein Fragerecht, um zu verhindern, dass sie den Vortragenden aus Konkurrenzgründen in die Enge treiben. Bei einer Themenpräsentation achten die Beobachter darauf,

→ wie Sie strukturieren und gliedern,
→ wie flüssig Sie formulieren,
→ wie überzeugend Ihre Argumente sind,
→ wie Sie Kernaussagen und Handlungsaufforderungen herausarbeiten,
→ wie Sie konkrete Beispiele einsetzen, um abstrakte Inhalte verständlich zu machen,
→ wie Sie Medien zur Visualisierung einsetzen,
→ wie souverän Sie sich auf dem Vortragspodium verhalten,
→ was Ihre Körpersprache mitteilt,
→ wie Sie die Zeitvorgabe einhalten und
→ wie Sie auf Verständnisfragen und Sachfragen der Zuhörer reagieren.

Stressvortrag

Extrem kurze Vorbereitungs- und Vortragszeiten

Wenn Sie im Assessment-Center für Ihren Vortrag nur eine sehr kurze Vorbereitungszeit eingeräumt bekommen, beispielsweise drei Minuten, und für Ihre Ausführungen nur fünf Minuten erhalten, so ist dies ein sogenannter Stressvortrag. In der sich eventuell anschließenden Diskussion gehen die Fragesteller auch sehr viel härter mit Ihnen um. So werden Sie beispielsweise persönlichen Angriffen ausgesetzt, oder mehrere Beobachter drängen Sie in scharfem Ton, eine Vielzahl von Fragen gleichzeitig zu beantworten.

Ihre Leistungsfähigkeit unter Druck

Stressvorträge setzen Unternehmen ein, um Ihre emotionale Stabilität zu testen. Die Beobachter setzen Sie bei Stressvorträgen unter Druck, um damit im Schnellverfahren die Grenzen Ihrer Belastbarkeit auszuloten. Beim Stressvortrag werden Ihre Vortrags- und Redekünste zwar ebenfalls registriert, im Mittelpunkt des Interesses stehen jedoch andere Beobachtungsdimensionen. Nach dem Motto: »Erst in der Krise zeigt sich das wahre Ich« wollen die Beobachter zusätzlich sehen,

- → wie gut Sie Aufgabenstellungen unter starkem Druck bewältigen,
- → wie stark Sie wichtige Informationen bei minimalen Zeitvorgaben verdichten können,
- → ob Sie auf persönliche Angriffe so reagieren, dass eine Kampfsituation entsteht,
- → wie schnell Sie Ihre Ruhe im Umgang mit schwierigen Zuhörern verlieren und
- → ob Sie ein kritisches Publikum (wieder) in den Griff bekommen.

Ob Themenpräsentation oder Stressvortrag, mit der richtigen Vorbereitung bewältigen Sie beide Vortragstypen.

Vorbereitung von Vorträgen

Sie bewältigen die Übung Vortrag, wenn Sie in der Vorbereitungsphase Argumente sammeln, sie sichten und auswählen, die Argumente dann in ein Vortragsschema einordnen und schließlich Ihren Medieneinsatz planen.

Vorsprung durch Strukturierung

Argumente sammeln

Beginnen Sie Ihre Themenaufbereitung mit einem Brainstorming. Notieren Sie auf einem Zettel alles, was Ihnen zum vorgegebenen Thema einfällt. Nehmen Sie an dieser Stelle noch keine Auswahl oder Rangordnung vor. Schreiben Sie erst einmal alles nieder.

Wir sind immer wieder erstaunt, wie selten aktuelle Meinungen und Fakten von den Kandidaten bei Ihren Vorträgen eingebracht werden. Dies sollten Sie aber tun. Lesen Sie in der Zeit vor dem Assessment-Center jeden Tag den Wirtschaftsteil einer Zeitung, beispielsweise *Frankfurter Allgemeine Zeitung*, *Süddeutsche Zeitung*, *Handelsblatt* oder *Financial Times Deutschland*. Dann fällt es Ihnen leichter, Argumente in Ihrer Vortragsvorbereitung zu finden. Unser Beispiel zeigt Ihnen ein mögliches Ergebnis eines Brainstormings zum Vortragsthema: »Welche

Der Wirtschaftsteil einer Zeitung gehört zur Pflichtlektüre

Unterstützung braucht der Vertrieb, um erfolgreich arbeiten zu können?«

BEISPIEL

Brainstorming: Unterstützung des Vertriebs

→ austauschbare Produkte
→ Kundenbindung
→ Premiumprodukte
→ Weiterbildung
→ Neukundenansprache
→ Direktmarketing
→ Produktentwicklung
→ Prämien
→ Personalfluktuation
→ Arbeitsorganisation
→ Marktentwicklung
→ spezielle Vertriebsmaßnahmen
→ Point-of-Sale-Aktivitäten
→ Vergütungssysteme
→ Leistungsorientierung
→ Produkteigenschaften
→ Zusatznutzen
→ Anbietermarkt
→ Käufermarkt

Argumente sichten und auswählen

Wenn Sie die Stichworte und Argumente aus Ihrem Brainstorming auswählen, werden Sie sich beschränken müssen. Wählen Sie aus den gefundenen Begriffen diejenigen aus, die für das vorgegebene Thema wichtig sind und die eine möglichst hohe Signalwirkung für die Zuhörer haben. Nutzen Sie für Ihre Themenpräsentation Schlagworte und Schlüsselbegriffe, die auch in aktuellen Diskussion und Berichten in den Medien benutzt werden. Mit dem Einsatz von Schlagworten und Schlüsselbegriffen im Vortrag erzielen Sie eine hohe Aufmerksamkeit der Beobachter und können sich Sympathie-Effekte erarbeiten.

Wenn Sie zur Vorbereitung auf das Assessment-Center die Geschäftsberichte und Broschüren des ausrichtenden Unternehmens durcharbeiten, können Sie herausfinden, auf welche Reizworte die Unternehmensvertreter anspringen werden. Sie sollten sich schon vor dem Assessment-Center mit dem Sprachgebrauch innerhalb des Unternehmens vertraut machen, um im Vortrag signalisieren zu können, dass Sie dazugehören.

Sichten Sie Broschüren und Geschäftsberichte des Unternehmens

Eine gute Mischung von Argumenten aus aktuellen Berichten aus der Tagespresse und Schlagworten aus der Selbstdarstellung des Unternehmens macht Sie in der Übung Vortrag zum überzeugenden Kandidaten. Wie dies gelingen könnte, sehen Sie an unserem Beispiel.

Schlagworte und Schlüsselbegriffe im Vortrag

Lautet das Vortragsthema »Zukünftige Entwicklungen des Zigarettenmarktes«, kann sich eine Kandidatin, die sich für eine Position im Marketing bewirbt, mit diesen Schlagworten und Schlüsselbegriffen in Szene setzen:

BEISPIEL

→ Werbeverbote
→ Lifestyle-Orientierung
→ Event-Marketing
→ Zusatznutzen
→ Markenfixierung
→ Erlebnisdefizite aufgreifen
→ Sponsoring
→ Marktführerschaft

Entsprechende Formulierungen in dem Vortrag der Kandidatin könnten dann so lauten: »Um die Marktposition unseres Unternehmens weiter auszubauen, müssen wir in einer Zeit zunehmender Einschränkungen der Werbemöglichkeiten alternative Marketinginstrumente entwickeln. Die Abhängigkeit der Verkaufszahlen von groß angelegten Werbekampagnen sollten wir reduzieren und Lifestyle-Konzepte in den Vordergrund stellen. Dazu gehört für mich beispielsweise das Spon-

→ FORTSETZUNG AUF DER NÄCHSTEN SEITE

soring von zielgruppenspezifischen Events. Das Erlebnisdefizit in modernen Gesellschaften wird noch weiter zunehmen. Wir sollten unsere Marken mit einem möglichst großen Erlebniswert als Zusatznutzen anreichern.«

Formulieren Sie allgemeinverständlich

Bei der Auswahl geeigneter Schlagworte und Schlüsselbegriffe sollten Sie darauf achten, dass Sie Begriffe aus der öffentlichen Diskussion benutzen, um Ihre Ausführungen allgemeinverständlich zu halten. Selbstverständlich können Sie Ihre Fachkompetenz aufblitzen lassen. Verzichten Sie aber auf eine Aneinanderreihung unverständlicher Fachtermini. Auch abstrakte Modelle und Theorien sollten Sie in Ihrem Vortrag so vereintacht darstellen, dass sie auch für Laien verständlich werden.

Sie können schon vor dem Assessment-Center unsere nachfolgende Übung trainieren. Sie wird Ihnen von großem Nutzen sein. Üben Sie, Schlagworte und Schlüsselbegriffe zu finden, die in Ihrer Branche ein Thema sind. Erarbeiten Sie sich damit einen Startvorteil für die Übung Vortrag.

ÜBUNG

Schlagworte und Schlüsselbegriffe aus Ihrer Branche

Bereiten Sie einen Vortrag zum Thema »Die Zukunft meiner Branche« vor. Überlegen Sie, wodurch die zukünftige Entwicklung in Ihrer Branche gekennzeichnet sein wird. Sammeln Sie mindestens sieben Schlagworte und Schlüsselbegriffe zu diesem Thema.

Schlagwort 1: ....
Schlagwort 2: ....
Schlagwort 3: ....
Schlagwort 4: ....
Schlagwort 5: ....
Schlagwort 6: ....
Schlagwort 7: ....

Formulieren Sie nun aus den Schlagworten und Schlüsselbegriffen Einleitungssätze für Ihren Vortrag:

Satz 1: ....
....

Satz 2: ....
....

Satz 3: ....
....

Vortragsschema nutzen

Sie haben an diesem Punkt Ihrer Vorbereitung aus der Sammlung Ihrer Argumente aussagekräftige Schlagworte und Schlüsselbegriffe herauskristallisiert. Nun geht es darum, Ihre Argumente zu ordnen. Hierfür geben wir Ihnen ein Ablaufschema an die Hand, mit dessen Hilfe Sie im Assessment-Center Themen überzeugend präsentieren können.

So ordnen Sie Ihre Argumente richtig

Die sieben Schritte der Themenpräsentation

ÜBERSICHT

→ Nennen Sie das Thema und machen Sie deutlich, warum es für die Zuhörer wichtig ist.
→ Was macht Sie zum Experten für das Thema? Stellen Sie Ihren fachlichen und persönlichen Bezug heraus.
→ Wie sieht die derzeitige Situation aus?
→ Welche Gründe hat die derzeitige Situation?
→ Welche Situation soll in der Zukunft erreicht werden?
→ Welche Maßnahmen sind zu ergreifen, damit die neuen Zielsetzungen erreicht werden können?
→ Geben Sie eine Schlusszusammenfassung mit konkreter Handlungsaufforderung!

Mit diesem Schema lässt sich jedes Thema in den Griff bekommen. Im Folgenden geben wir Ihnen ein Beispiel dafür, wie sich unser Schema bei Themenpräsentationen einsetzen lässt. Unser Beispiel baut auf dem exemplarischen Brainstorming auf, das wir Ihnen im Beispiel »Brainstorming: Unterstützung des Vertriebs« vorgestellt haben.

BEISPIEL

Sieben Schritte zum Thema Vertriebsunterstützung

Beim Vortragsthema »Welche Unterstützung braucht der Vertrieb, um erfolgreich arbeiten zu können?« könnten Sie mit unserem Schema folgendermaßen vorgehen:

1. »In den nächsten zehn Minuten wird das Thema ›Welche Unterstützung braucht der Vertrieb, um erfolgreich arbeiten zu können?‹ im Mittelpunkt stehen. Dieses Thema gewinnt ständig mehr an Bedeutung, weil Produkte immer austauschbarer werden und weil Beratung und Markterfolg eng miteinander verzahnt sind. Gezielte Vertriebsmaßnahmen wirken der Austauschbarkeit von Produkten entgegen und helfen, sich gegen Mitbewerber durchzusetzen. Wir sollten durch gute Beratung beim Verkauf auf eine langfristige Kundenbindung hinarbeiten.«

2. »Ich werde meine Erfahrungen aus dem Vertrieb nutzen, um Ihnen wesentliche Punkte der Vertriebsunterstützung darzustellen. An einigen Stellen werde ich an meine Tätigkeiten für die Unternehmen AB und CD anknüpfen. Dort habe ich für Premiumprodukte Konzepte für die direkte Ansprache von Neukunden entwickelt und umgesetzt. Hierbei habe ich auf neue Methoden aus dem Direktmarketing zurückgegriffen, die ich kurz darstellen werde.«

3. »Die Situation im Vertrieb sieht zurzeit folgendermaßen aus: Die Abteilungen F&E, Produktion, Marketing und Vertrieb werden bei der Produktentwicklung folgendermaßen koordiniert: .... Auftragseingänge werden nach dem Schema .... abgearbeitet. Vergleichende Analysen ha-

ben ergeben, dass der Vertrieb in vielen Unternehmen mehr Kompetenzen besitzt. Zur Motivation unserer Vertriebsmitarbeiter werden folgende Prämien- und Vergütungssysteme eingesetzt .... Die Personalfluktuation im Vertrieb bewegt sich in folgendem Rahmen ....«

4. »Die Gründe für die geschilderte derzeitige Situation des Vertriebs sehe ich in folgenden Ursachen. Erstens: Die alte Arbeitsorganisation zwischen den Abteilungen beruht auf der bisherigen Marktentwicklung, die besondere Vertriebsmaßnahmen nicht erforderlich gemacht hat. Zweitens: Unsere Mitbewerber haben spezielle Vertriebsmaßnahmen begonnen, da sich bei unseren Produkten der Anbieter- zum Käufermarkt wandelt. Drittens: Unsere Prämien- und Vergütungssysteme im Vertrieb beruhen auf den Kennzahlen der Jahre ....«

5. »Der Vertrieb hat in seiner Bedeutung für den gesamten Unternehmenserfolg zugenommen. Neue Maßnahmen sollten dieser Bedeutung gerecht werden. Um mit neuen speziellen Produkten Wachstum zu erreichen, ist der Vertrieb von Anfang an bei Entwicklung, Produktion und Marketing zu beteiligen. Die derzeitige Entwicklung vom Anbieter- zum Käufermarkt erfordert jetzt neue Handlungskonzepte für den Vertrieb. Der Vertrieb sollte zusätzliche Möglichkeiten erhalten, Stammkunden zu binden.«

6. »Nach meiner Auffassung sollten für die Zukunft mehrere Maßnahmen ergriffen werden, damit der Vertrieb wirkungsvoller arbeiten kann. Erstens: Der Vertrieb ist enger mit den anderen Abteilungen zu verzahnen, dies könnte in folgender Art geschehen: .... Zweitens: Die Maßnahmen unserer Mitbewerber im Bereich der Point-of-Sale-Aktivitäten sind dahingehend zu überprüfen, ob wir entsprechende Maßnahmen entwickeln sollten .... Drittens: Wir sollten unser Vergütungssystem noch stärker leistungsorientiert ausbauen, dabei sind aktuellere Daten heranzuhen als bisher .... Viertens: .... Fünftens: ....«

→ FORTSETZUNG AUF DER NÄCHSTEN SEITE

7. »Meine Ausführungen zum Thema ›Welche Unterstützung braucht der Vertrieb, um erfolgreich arbeiten zu können?‹ haben gezeigt, dass in diesem Bereich noch viel Entwicklungspotenzial vorhanden ist. Der Zusatznutzen von Produkten entscheidet heute oft über den Markterfolg. Da der Vertrieb die Vermittlungsfunktion der Produkteigenschaften und des Zusatznutzens nach außen hin übernimmt, sollte er besser in betriebliche Entscheidungsprozesse integriert werden. Kurzfristig halte ich folgende Ansätze für erfolgversprechend ………«

Verdeutlichen Sie Ihre Argumente mit Beispielen

Zum lebhaften Redner werden Sie, indem Sie Ihre Argumente anhand von Beispielen aus dem Berufsalltag deutlich machen. Ihre Zuhörer folgen Ihnen mit größerer Freude, wenn Sie bei Ihren Ausführungen Beispiele aus der Praxis oder eigene Erfahrungen einfließen lassen. Verlieren Sie sich jedoch nicht im Geschichtenerzählen. Arbeiten Sie die sieben Blöcke Ihrer Themenpräsentation ab. Stellen Sie die von Ihnen gefundenen Schlagworte und Schlüsselbegriffe heraus.

Wichtig: das richtige Zeitmanagement

Besondere Aufmerksamkeit während Ihres Vortrags müssen Sie auf Ihr Zeitmanagement richten. Riskieren Sie nicht, mitten in Ihren Ausführungen vom Moderator zum Abbruch gezwungen zu werden. Sie müssen die Vortragszeit einhalten. Sonst rufen Sie bei den Beobachtern eine negative Einschätzung Ihrer Arbeitsweise hervor nach dem Motto: »Wenn man diesem Bewerber für eine Aufgabenstellung im Assessment-Center zehn Minuten einräumt, braucht er 20, und wenn man ihm später im Berufsalltag einen Monat einräumt, braucht er zwei.« Sie dürfen die Vortragszeit nicht überziehen, sollten aber auch darauf achten, sie auszufüllen. Wenn Sie am Ende Ihres Vortrags, nachdem Sie das Schema abgearbeitet haben, merken, dass Ihnen noch Zeit verbleibt, sollten Sie diese Zeit mit weiteren Beispielen und Erfahrungen aus Ihrem Berufsalltag füllen.

Notieren Sie sich Anfangs- und Endzeit des Vortrages

Notieren Sie in den Unterlagen, die Sie zum Vortrag mit nach vorne nehmen, den Zeitpunkt, an dem Sie aufhören müssen, beispielsweise: Ende 15.27 Uhr. Vermeiden Sie aber, dauernd auf die Uhr an Ihrem Handgelenk zu schauen. Dies lenkt die Zuhörer von Ihrem Vortrag ab. Nehmen Sie Ihre Uhr ab und legen Sie sie neben Ihre Unterlagen. Dann können Sie sich jederzeit mit einem kurzen Seitenblick über die noch verbleibende Zeit informieren.

Es kann passieren, dass Ihnen bereits während des Vortrags Fragen gestellt werden. Vom Aspekt des Zeitmanagements her muss es Ihr Interesse sein, den Vortrag in der vorgegebenen Zeit zu halten. Lassen Sie sich nicht durch Zwischenbemerkungen Ihr Vortragskonzept zerstören. Sie wirken bei Fragen während Ihres Vortrags souverän, wenn Sie Verständnisfragen von Diskussionsbeiträgen trennen.

Verständnisfragen, die Ihnen beispielsweise zu Fachausdrücken gestellt werden, beantworten Sie sofort. Sie zeigen damit Ihr Einfühlungsvermögen für die Bedürfnisse Ihrer Zuhörer. Damit Sie sich den Vortrag nicht aus der Hand nehmen lassen, nehmen Sie weitergehende Anmerkungen interessiert zur Kenntnis und verweisen auf die Möglichkeit zur Diskussion am Ende Ihrer Ausführungen.

Reagieren Sie auf Verständnisfragen sofort

Bei Stressvorträgen müssen Sie damit rechnen, dass einer der Beobachter in Ihrem Vortrag den Dauerfrager spielt und damit versucht, Sie aus dem Konzept zu bringen. Machen Sie sich zum Anwalt der anderen Zuhörer und des Themas. Würgen Sie Dauerfrager charmant ab, beispielsweise so: »Um zunächst für alle Zuhörer den gleichen Kenntnisstand herbeizuführen, möchte ich Sie bitten, sich mit Ihren Anmerkungen noch etwas zu gedulden.« Auf diese Weise gelingt es Ihnen, Störversuche abzuwehren und im Vortrag gelassen zu bleiben.

Wichtig ist der Abschluss Ihres Vortrags, da er den Beobachtern lange gegenwärtig sein wird. Wenn Ihr letzter Satz verklungen ist, schauen Sie bitte nicht hilflos in den Saal oder mit einem demutsvoll zur Seite geneigten Blick zum Moderator. In der siebten und letzten Stufe Ihrer Themenpräsentation haben Sie eine Schlusszusammenfassung geliefert und eine konkrete Handlungsaufforderung an Ihr Publikum gerichtet. Behalten Sie auch weiterhin die Kontrolle auf der Bühne. Eröffnen Sie, wenn es vorgesehen ist, die an den Vortrag anschließende Diskussion oder gehen Sie von dem Podium zu Ihrem Platz zurück.

Wenn nach Ihrem Vortrag eine Diskussion vorgesehen ist, müssen Sie diese moderieren. Gehen Sie auf die während des

Die Moderation der anschließenden Diskussion

Vortrags zurückgestellten Fragen von sich aus ein. Beantworten Sie die Fragen der Zuhörer mit Geduld und Freundlichkeit. Sie befinden sich während Ihres Vortrags in einer Stresssituation, dadurch sind Ihre emotionalen Reaktionen stärker als üblich. Humor schlägt unter Stress schnell in verkrampfte Fröhlichkeit um, lautes Antworten in aggressive Patzigkeit. Lassen Sie sich nicht auf eine Kampfstimmung ein. Kehren Sie immer wieder zu den Fakten aus Ihrem Vortrag zurück. Stellt man Ihnen Fragen, die Sie nicht beantworten können, sollten Sie ebenfalls gelassen bleiben und mit der Aussage reagieren: »In Ihrer Frage sind interessante Aspekte enthalten. Eine ausführliche Bewertung aller Fakten ist in diesem Rahmen jedoch nicht möglich. Wir sollten uns einmal zusammensetzen, um zu einer umfassenden Lösung zu kommen.«

Der gelungene Abgang

Beenden Sie auch die Diskussion mit einer Schlusszusammenfassung der Redebeiträge. Wiederholen Sie Ihre wichtigsten Argumente und danken Sie Ihren Zuhörern für die Aufmerksamkeit und die Diskussionsbeiträge, beispielsweise mit dem Satz: »Ich habe mich über Ihre Anmerkungen und Rückmeldungen gefreut. Dies zeigt mir, wie wichtig das Thema ist. Vielen Dank für Ihre Aufmerksamkeit.« Verlassen Sie das Podium, kehren Sie zu Ihrem Platz zurück.

Prägen Sie sich die sieben Stufen der Themenpräsentation ein und trainieren Sie die Umsetzung dieses Schemas mit der Übung »Themen präsentieren«.

ÜBUNG

Themen präsentieren

Halten Sie einen Vortrag zum Thema: »Welche Entwicklungen sind in meiner Branche zu erwarten?«

Greifen Sie auf Ihre Argumente aus der Übung »Schlagworte und Schlüsselbegriffe aus Ihrer Branche« zurück und arbeiten Sie sie in unser siebenstufiges Schema für Themenpräsentationen ein. Sie haben für diese Übung fünf Minuten Vorbereitungszeit. Ihr anschließender Vortrag sollte eine Länge von zehn Minuten haben.

Medieneinsatz planen

Setzen Sie bei Ihrem Vortrag Medien ein. Dadurch können Sie Ihren Zuhörern immer wieder klarmachen, an welcher Stelle Sie sich im Vortrag befinden, und Ihre Argumente können von den Zuhörern eingeordnet werden. So entsteht Schritt für Schritt ein schlüssiges Gesamtbild, und Sie verdeutlichen von Anfang an, dass Sie Fakten visualisieren können.

Der Medieneinsatz verschafft Ihnen bei den Beobachtern Pluspunkte. Bei Vorträgen sollten Sie sowohl den Overheadprojektor als auch die Flipchart als visuelle Orientierungshilfe für Ihr Publikum einsetzen. Wenn Overheadfolien und -stifte zur Verfügung stehen, wird man Sie nicht explizit darauf aufmerksam machen, dass Sie diese Hilfsmittel verwenden sollen. Einen stillen Wink mit dem Zaunpfahl bekommen Sie aber, wenn die Moderatoren bei ihren Übungsinstruktionen selbst Folien auflegen und Informationen an der Flipchart notieren.

Nutzen Sie visuelle Orientierungsmittel

Ein weiterer Vorteil des Medieneinsatzes zeigt sich, falls Sie einmal den Faden verlieren sollten. Ein Blick auf Ihre Gliederung auf dem Overheadprojektor genügt, und Sie wissen wieder, wo Sie sich gerade befinden. Verschaffen Sie sich die Möglichkeit dieser Medien, den Redefluss jederzeit wieder aufnehmen zu können.

Für Ihr Publikum hat Ihr Medieneinsatz den Vorteil, dass der Spannungsbogen während Ihres Vortrags nicht abreißt. Die Zuhörer haben durch die Visualisierung Fixpunkte und verlieren deshalb nicht die Orientierung. Sie vermeiden durch den Einsatz von Medien, dass die Zuhörer Ihrem Vortrag nicht mehr folgen können, weil sie kurzfristig abgeschaltet haben. Integrieren Sie Ihre Zuhörer in Ihre Themenpräsentation, indem Sie Kernaussagen auch visuell hervorheben.

So hält der Spannungsbogen

Unser siebenstufiges Schema für Themenpräsentationen visualisieren Sie für Ihre Zuhörer, indem Sie eine Hauptgliederung auf einer Overheadfolie entwickeln. Diese Gliederung legen Sie zu Beginn Ihres Vortrags auf, damit die Zuhörer sich einen Überblick über Ihren Vortrag und dessen Inhalte verschaffen können. Sie sollten bei der Erstellung Ihrer Gliederungsfolie den Präsentationsgrundsatz: »Nicht mehr als sieben Punkte pro Folie« berücksichtigen. Zu viele Informationen auf einmal verwirren Ihr Publikum. Stellen Sie zunächst eine grobe Struktur vor, bevor Sie eine weitere Aufgliederung auf nachfolgenden Folien liefern.

Entwickeln Sie die Hauptgliederung auf einer Overheadfolie

Wenn Sie eine Folie das erste Mal auflegen, sollten sie etwa drei Sekunden lang eine Pause machen und dabei auf Ihr Publikum schauen. Dieses Schweigen ist für Ihre Zuhörer wichtig, damit die neuen Informationen gelesen und verarbeitet werden können. Zusätzlich hat Schweigen den Vorteil, dass es Spannung beim Zuhörer aufbaut. Ihnen verschafft diese Kunstpause eine Möglichkeit, sich auf die nun folgenden Inhalte zu konzentrieren.

Gehen Sie auf die Begriffe ein, die Sie auf Ihrer Folie aufgeführt haben. Bei Ihrem Vortrag sollten Sie sich an die vorgestellte Gliederung halten. Legen Sie keine Folien auf, die undokumentiert bleiben. Wenn Sie von Ihrer Gliederung abweichen oder Ihr Vortrag nicht visuell nachvollziehbar ist, weil die Folie einen anderen Inhalt zeigt, führt dies nur zu Verwirrung und Unruhe im Publikum.

Beschriften Sie die Overheadfolien in der Vorbereitungszeit

Bereiten Sie die Overheadfolien, die Sie in Ihrer Themenpräsentation benutzen wollen, in der Vorbereitungszeit vor. Schreiben Sie nicht während des Vortrags auf Overheadfolien. Bei den meisten Kandidaten äußert sich ihre Anspannung in einem leichten Zittern der Hände. Der Overheadprojektor würde dieses Zittern vergrößert an die Projektionsfläche werfen und dadurch nur Ihre Aufregung visualisieren.

Verwenden Sie immer blaue oder schwarze Stifte

Nutzen Sie die Flipchart, um Stichworte anzuschreiben und Fakten zu visualisieren. Notieren Sie an der Flipchart aber keine Sätze, sondern nur einzelne Schlagworte und Schlüsselbegriffe. Verwenden Sie nach Möglichkeit Abkürzungen, sonst dauert das Anschreiben zu lange. Schreiben Sie in Blockbuchstaben und so groß, dass Ihre Schrift auch von den weiter hinten Sitzenden gelesen werden kann. Verwenden Sie immer schwarze oder blaue Stifte. Gelbe, rote oder grüne Aufzeichnungen sind schwer lesbar.

Sie erinnern sich sicherlich an zahlreiche Vorträge, bei denen Sie als Zuhörer zuerst das Interesse und dann den Faden verloren haben, weil der Vortragende erst einmal schweigend die gesamte Tafel vollgeschrieben hat, bevor er mit seinen Ausführungen begann. Diese Situation kennen Sie wahrscheinlich aus der Schule oder dem Studium. Der Lehrer schreibt an die Tafel, und die Schüler sehen aus dem Fenster.

Sprechen Sie beim Anschreiben laut mit

Beim Einsatz der Flipchart gilt deshalb der Grundsatz des Paraphrasierens, das heißt: Sie sprechen beim Anschreiben laut mit. Dies ist auch notwendig, um die von Ihnen auf der

Flipchart verwendeten Abkürzungen verständlich zu machen. Achten Sie darauf, dass der Spannungsbogen wegen zu langer Schreibpausen nicht abreißt.

Stellen Sie sicher, dass Ihre Zuhörer einen freien Blick auf Ihre Visualisierungen haben. Unprofessionalität beim Medieneinsatz zeigen viele Vortragende, indem sie ihrem Publikum die Sicht nehmen, beispielsweise indem sie sich in den Projektionskegel des Overheadprojektors stellen oder die Flipchart mit ihrem Körper verdecken. Ermöglichen Sie Ihren Zuhörern eine freie Sicht.

Medien haben nicht nur strukturierende Funktion. Sie sorgen auch für den Abbau von Stress beim Vortragenden. Wenn Sie Medien einsetzen, werden Sie zeichnen, zeigen, umblättern und sich auf dem Podium bewegen. Die positiven Folgen für Sie: Sie können körpersprachlich nicht »einfrieren«, Ihre Hände sind beschäftigt und Sie vermitteln den Beobachtern Dynamik.

Übungen zur Vorbereitung

Trainieren Sie Ihre rhetorischen Fähigkeiten, indem Sie sich einzelne Übungsziele setzen. Machen Sie vor jedem Vortrag ein Brainstorming. Arbeiten Sie Schlagworte und Schlüsselbegriffe heraus. Achten Sie darauf, Ihre über das Unternehmen recherchierten Informationen in den Vortrag einfließen zu lassen. Trainieren Sie die Umsetzung unseres Präsentationsschemas. Überprüfen Sie – wenn möglich – Ihre Körpersprache mithilfe einer Videoaufnahme. Für Ihre Vorbereitung stehen Ihnen zehn Minuten zur Verfügung. Ihr Vortrag ist 15 Minuten lang.

Lassen Sie recherchierte Informationen einfließen

→ *Thema 1:* Das Unternehmen, bei dem Sie sich beworben haben, soll verkauft werden. Entwickeln und halten Sie einen Verkaufsvortrag.

→ *Thema 2:* Mit welchen Maßnahmen motivieren Sie Ihre Mitarbeiter zu mehr Eigenverantwortung?

→ *Thema 3:* Sie sind Abteilungsleiterin/Abteilungsleiter bei dem Unternehmen, bei dem Sie sich beworben haben. Ihre Abtei-

ÜBUNG

→ FORTSETZUNG AUF DER NÄCHSTEN SEITE

lung will eine neue Serie von Produkten beziehungsweise Dienstleistungen auf dem Markt einführen. Überzeugen Sie mit Ihrem Vortrag den anwesenden Vorstand, Ihnen mehr Personal und finanzielle Mittel zur Verfügung zu stellen.

→ *Thema 4:* Was muss getan werden, um den Standort Deutschland für ausländische Investoren attraktiver zu machen?

→ *Thema 5:* Halten Sie einen Vortrag zu einem Thema Ihrer Wahl!

→ *Thema 6:* Wo steht das Unternehmen, bei dem Sie sich beworben haben, in zehn Jahren?

→ *Thema 7:* Worauf sind Sie besonders stolz?

Körpersprache im Vortrag

Ihre Körpersprache lässt Rückschlüsse auf Ihre Belastbarkeit zu

Ihre Körpersprache ist auch in der Übung Vortrag ein für die Beobachter wesentliches Kriterium. Da im Assessment-Center vorrangig Ihre soziale und methodische Kompetenz überprüft wird, geht es beim Vortrag nicht nur darum, ein Thema fachlich einwandfrei zu präsentieren. Auch die Art, wie das Thema präsentiert wird und wie sich der Vortragende auf dem Podium verhält, spielt eine große Rolle. Eine angemessene Körpersprache ist wichtig, damit Sie bei Themenpräsentationen überzeugen.

Aus Ihrer Körpersprache im Vortrag werden Beobachter Rückschlüsse auf Ihre Selbstsicherheit und Ihre Belastbarkeit ziehen. Durch eine unpassende Körpersprache kann der gesamte Vortrag entwertet werden. Körpersprachliche Unsicherheits-, Aggressions- und Angriffssignale verhindern, dass Sie einen Draht zum Publikum aufbauen können. Mit einer Körpersprache, die Ihre Argumente unterstützt, werden Sie Ihre Zuhörer für sich und Ihr Thema einnehmen.

Geben Sie Ihren Händen Spielraum

Wer sich einen schnellen Überblick über Fehlerquellen aus dem Bereich Körpersprache verschaffen will, braucht sich nur die letzten Vorträge, die er erlebt hat, ins Gedächtnis zu rufen. Hauptfehlerpunkt aller Vortragenden sind die Hände. Statt den Händen Spielraum zu geben, werden sie vor dem Bauch oder hinter dem Rücken ineinander verschränkt. Der dadurch steif wirkende Ausdruck des Redners ist schon schlimm genug. Leider kommt ein weiterer negativer Effekt hinzu: Die Vortragenden können ihre Hände nicht mehr lösen, sie verkrampfen sie ineinander, und der einzige Aufmerksamkeitseffekt, der sich dann einstellt, sind die vor Blutleere bleichen Fingerknöchel. Die Verspannung kann so schlimm werden, dass der Redefluss ins Stocken gerät. Starke Anspannung wird auch signalisiert, wenn Vortragende ihre Hände zu Fäusten zusammenballen.

Die Hände müssen frei sein, damit der Vortragende wichtige Aussagen und Kernelemente durch Arm- und Handbewegungen unterstreichen kann. Wenn Vortragende von der Handhaltung her verkrampfen und »einfrieren«, fehlt diese Lebendigkeit. Lassen Sie Ihre Arme am Beginn Ihres Vortrages seitlich anliegen. Wenn Sie nach zwei bis drei Minuten Anwärmphase einen konstanten Redefluss erreicht haben, werden Sie, ohne bewusst darüber nachzudenken, Ihre Aussagen durch eine angemessene Gestik unterstützen. Aufgesetzte Gesten brauchen Sie nicht einzustudieren. Es genügt, wenn Sie Ihren Händen einen ausreichenden Spielraum zur Verfügung stellen.

Beginnen Sie mit seitlich anliegenden Armen

Andere Fehler, um sich auf der Bühne bewegungsunfähig zu machen, sind das Aufstützen auf den Overheadprojektor, das Anlehnen an das Rednerpult oder das Festhalten des Manuskriptes. Das zuletzt genannte Verhalten ist besonders heimtückisch. Die meisten Redner neigen wegen der erhöhten Spannung im Assessment-Center dazu, beim Vortrag mit den Händen zu zittern. Wird dabei ein Stück Papier in den Händen gehalten, verstärkt sich dieses Zittern optisch, sodass es noch der Zuhörer in der letzten Reihe sieht. Die in Assessment-Centern gefragte emotionale Stabilität wird dadurch nicht dokumentiert.

Stehen Sie frei vor dem Publikum

Ein erprobtes Mittel, um dem körpersprachlichen »Einfrieren« auf dem Podium entgegenzuwirken, ist Bewegung. Bewegung ist aktiver Stressabbau. Sie können Ihren Redeplatz in der Mitte zwischen Flipchart und Overheadprojektor einnehmen. Dann sind Sie in der Lage, sich von diesem Zentrum aus zum Medieneinsatz nach links oder rechts zu bewegen.

Bewegung hilft, Stress abzubauen

Diese Bewegung ist auch deshalb nützlich, weil dadurch bei Ihrem Publikum Spannung aufgebaut und Interesse verstärkt wird. Übertreiben Sie die Bewegung auf der Bühne aber nicht, setzen Sie sie sparsam ein.

Das Drehen an Ohrringen oder Perlenketten, das nervöse Herumspielen mit Stiften und das Auf- und Absetzen der Brille nach Politikerart signalisieren Unruhe und Nervosität und sind daher zu vermeiden. Solche Unsicherheits- und Verlegenheitsgesten werden von den Beobachtern aufmerksam registriert.

Lassen Sie sich durch Fragen nicht aus der Ruhe bringen

Manche Kandidaten weichen Fragen aus dem Publikum nicht nur mit Worten, sondern auch körpersprachlich aus: Sie gehen so lange zurück, bis sie die Wand im Rücken spüren. Machen Sie es besser, indem Sie bei Fragen nach vorne treten und die Frage zunächst laut wiederholen. Damit binden Sie Ihr Publikum ein. Halten Sie bei Ihrer anschließenden Antwort den Blickkontakt zum Fragenden. Signalisieren Sie auch mit Ihrer Körpersprache, dass Sie sich nicht aus der Ruhe bringen lassen.

Eine bei Frauen zu beobachtende körpersprachliche Besonderheit ist das Mädchenschema. Männer neigen auf dem Podium eher dazu, zu poltern oder aggressive Gesten zu verwenden. Eine typisch männliche Stressreaktion ist das künstliche Aufblähen, das heißt, dass die Arme seitlich angewinkelt und die Hände in die Taille gestemmt werden. Frauen greifen unter Stress gelegentlich auf körpersprachliche Signale zurück, die sie längst aus ihrem Verhaltensrepertoire gestrichen glaubten. Sie legen den Kopf schief, drehen den Oberkörper hin und her, pendeln dabei mit den Armen und lächeln unsicher. In dieses Mädchenschema zu fallen ist problematisch, da die Glaubwürdigkeit der Argumente und damit die Kompetenz der Vortragenden mit den ausgestrahlten Körpersignalen kollidiert. Bei den Beobachtern werden dadurch Spekulationen darüber ausgelöst, ob sich die Kandidatin auch bei späteren beruflichen Aufgaben eher auf weibliche Hilflosigkeit zurückziehen wird, statt sich durchzusetzen.

Wer bei seiner Themenpräsentation keinen Blickkontakt zum Publikum hält, sorgt für Irritationen und baut unnötig Antipathien auf. Der professorale Typ, der bei seinem Vortrag die ganze Zeit nach unten schaut, ausformulierte Sätze von seinem Skript abliest und verwundert beim ersten Hochschauen feststellt, dass sein Publikum bereits gegangen ist, sollte nicht Ihr Vorbild sein.

Mit ein wenig Übung gelingt es Ihnen, parallel zu Ihren Ausführungen ins Publikum zu schauen und dabei den Blick über einzelne Zuhörergruppen streifen zu lassen. Wichtig ist für Sie dabei: Überinterpretieren Sie auf keinen Fall die Mimik Ihrer Zuhörerinnen und Zuhörer. Viele Menschen haben einen sehr strengen Gesichtsausdruck, wenn sie konzentriert zuhören. Beziehen Sie diesen Ausdruck nicht auf sich und Ihre Ausführungen. Verfolgen Sie weiter Ihr Redekonzept. *Halten Sie den Blickkontakt*

Vortragende wirken abwesend und desinteressiert, wenn sie mehr aus dem Fenster als in ihr Publikum schauen. Die Gedächtnispsychologie bestätigt zwar die Bedeutung kurzer abwesender Blicke – wir blicken ins Leere, um vor unserem inneren Auge Gedächtnisinhalte abzurufen. Fortgeschrittene Redner achten aber darauf, dass sich derartige Erinnerungsphasen nicht verselbstständigen. Der Blick zum Publikum sollte von Ihnen deshalb ständig neu gesucht werden.

AUF EINEN BLICK

Auf einen Blick
Vorträge

→ Die Übung Vortrag ist für viele Kandidaten eine besondere Stresssituation, da sie allein vor eine Gruppe treten müssen.

→ Der Medieneinsatz ist bei Vorträgen unverzichtbar.

→ Bereiten Sie für Ihren Vortrag ein Vortragsskript vor und planen Sie Ihren Medieneinsatz.

→ Erläutern Sie am Anfang Ihres Vortrags Ihre Gliederung.

→ Nutzen Sie in Ihrem Vortrag Schlagworte und Schlüsselbegriffe. Vermeiden Sie langatmige Ausführungen.

→ Notieren Sie sich die Anfangs- und Endzeit Ihres Vortrags.

→ FORTSETZUNG AUF DER NÄCHSTEN SEITE

→ Vorträgen wird oft eine Diskussion angeschlossen, die Sie moderieren müssen.

→ Medien haben nicht nur strukturierende Funktion. Der Medieneinsatz dient auch dem aktiven Stressabbau.

→ Ihre Körpersprache kann Ihre Argumente unterstreichen, aber auch entwerten.

→ Stellen Sie sich frei auf das Podium, halten Sie sich nicht am Overheadprojektor oder am Pult fest.

→ Halten Sie Ihr Vortragsskript nicht in der Hand, legen Sie es ab, damit ein eventuelles Händezittern nicht verstärkt wird.

→ Vermeiden Sie das Herumspielen mit Schmuck und Stiften. Unsicherheitsgesten lenken Ihr Publikum ab und werden von den Beobachtern negativ registriert.

→ Vortragende, die ständig aus dem Fenster oder auf den Boden sehen, gelten als desinteressiert. Richten Sie Ihren Blick ins Publikum.

13. Aufsätze

In der Übung Aufsatz soll Ihr schriftliches Ausdrucksvermögen überprüft werden. Zeigen Sie, dass Sie schlüssige Argumentationslinien entwickeln und dass Sie Wesentliches herausstellen können. Bereiten Sie Aufsätze leserzentriert auf. Verzichten Sie auf unverständliche Fachausdrücke und komplizierte Formulierungen.

Die Übung Aufsatz wird vorwiegend eingesetzt, um Teilnehmer zu beschäftigen und keinen Leerlauf im Assessment-Center zu riskieren. Eine Blöße dürfen Sie sich bei der schriftlichen Aufbereitung von Themen trotzdem nicht geben. Aus Ihrem Aufsatz muss deutlich werden, welche Auffassung Sie vertreten, und Sie müssen zeigen, dass Sie ein Thema strukturieren können. Bei der Auswertung Ihres Aufsatzes müssen die Beobachter bereits beim ersten flüchtigen Überfliegen erkennen, was Sie vermitteln wollen.

Zeigen Sie, dass Sie ein Thema strukturieren können

Bei speziellen Bewerbergruppen sind die Anforderungen in der Übung Aufsatz höher gesteckt. Hierzu zählen Bewerberinnen und Bewerber für journalistische Arbeitsfelder oder im PR-Bereich. Wenn Sie sich als Leiterin der Abteilung für Öffentlichkeitsarbeit bewerben, erwartet man von Ihnen, dass Sie Informationen schriftlich aufbereiten können und Mitteilungen so verfassen, dass sie in der externen und internen Unternehmenskommunikation eingesetzt werden können. In diesen Fällen hat die Übung Aufsatz den Charakter einer Arbeitsprobe. Der Aufsatz soll Aufschluss über die Qualität der schriftlichen Ausdrucksfähigkeit unter Zeitdruck geben.

Für die Mehrzahl der Bewerber gilt jedoch, dass die Übung Aufsatz in Assessment-Centern meistens dann eingesetzt wird, wenn die Beobachter zeitintensive Einzelübungen mit ausgewählten Kandidaten durchführen. Wird ein Kritikgespräch simuliert, ein Verkaufsgespräch durchgespielt

Der Stresspegel soll hoch gehalten werden

oder ein Interview durchgeführt, sind der Moderator und die Beobachter gebunden. Es können dann nicht alle Kandidaten gleichzeitig beobachtet werden. Diejenigen, die nicht bei den oben genannten Übungen antreten, müssen beschäftigt werden. Sonst würde der Druck von den Kandidaten abfallen, und der Stresspegel der Kandidaten würde sinken. Da man Sie im Assessment-Center aber ständig unter Anspannung halten möchte, konfrontiert man Sie in diesen Phasen mit der Übung Aufsatz. Dazu muss man Sie nicht beobachten, es wird nur das schriftliche Endergebnis bewertet.

BERATUNG

Aus unserer Beratungspraxis
Heimarbeit

In einem unserer Assessment-Center erlebten wir einen Kandidaten, der während der Zeit, die ihm für die Anfertigung seines Aufsatzes zur Verfügung stand, nur sehr wenig schrieb, dafür jedoch umso öfter aus dem Fenster blickte. Wir wunderten uns, dass er nach einer Stunde trotzdem einen sorgfältig ausgearbeiteten achtseitigen Aufsatz ablieferte. Der Aufsatz war in einer exzellenten Handschrift verfasst, gut strukturiert und mit einem Inhaltsverzeichnis versehen. Der einzige formale Mangel des Aufsatzes bestand darin, dass das Papier zweifach gefaltet war. Bei einem näheren Blick auf das Papier stellten wir auch fest, dass es sich um eine andere Papiersorte handelte als die, die wir im Assessment-Center zur Verfügung gestellt hatten.

Der Teilnehmer hatte von einem Freund eine Liste der durchgeführten Übungen erhalten, in der auch das Thema der Aufsatzübung vermerkt war. Um gut abzuschneiden, hatte der Teilnehmer den Aufsatz zu Hause vorgeschrieben und in seiner Jacketttasche ins Assessment-Center geschmuggelt. Seine Vorbereitung auf das Assessment-Center haben wir natürlich gelobt, mussten ihm jedoch mangelnde Cleverness unterstellen, da er sich eine bessere Bewertung erarbeitet hätte, wenn er seine mitgebrachte Ausarbeitung einfach noch einmal abgeschrieben hätte.

> **Fazit:** Oft scheitert ein gutes Abschneiden im Assessment-Center an Kleinigkeiten. Die Beobachter reagieren allergisch auf Kandidaten, die versuchen, sich durch das Assessment-Center zu schummeln.

Wir geben Ihnen im Folgenden Hinweise, was Sie thematisch erwartet, wie Sie bei der inhaltlichen Ausgestaltung überzeugen und welche formalen Regeln Sie bei der Niederschrift berücksichtigen sollten.

Aufsatztypen

Drei Themengruppen
Wenn in Assessment-Centern Aufsätze geschrieben werden sollen, so lassen sie sich folgenden drei Themengruppen zuordnen:

→ **Warum sollen wir Sie einstellen?**
→ **Berufsfeldbezogene Themen**
→ **Themen aus dem Bildungsbürgertum**

Warum sollen wir Sie einstellen?: Bei diesem Aufsatztyp ist Ihre Selbstpräsentation in Schriftform gefragt. Die inhaltliche Ausgestaltung des Aufsatzes gelingt Ihnen mit den Regeln, die für Ihre Selbstpräsentation gelten. Bauen Sie Ihren Aufsatz so auf, dass der Bezug zur ausgeschriebenen Stelle deutlich wird. Stellen Sie die Aufgaben Ihrer derzeitigen Position an den Anfang. Heben Sie die Tätigkeiten hervor, die einen Bezug zur neuen Stelle haben. Erläutern Sie Ihre berufliche Entwicklung.
  Unser Beispiel zeigt Ihnen, wie die entsprechenden Aufgabenstellungen zu diesem Thema lauten könnten.

Eine schriftliche Selbstpräsentation

BEISPIEL

Warum Sie?

Aufgabenstellung: »Sie haben 60 Minuten Zeit, um schriftlich darzulegen, warum Sie bei der ABC-Bank arbeiten wollen. Überzeugen Sie Ihren zukünftigen Filialleiter von Ihren Qualitäten.«

Berufsfeldbezogene Themen: Diese Aufsatzthemen sind mehr auf Aspekte Ihres zukünftigen Berufsfeldes ausgerichtet. Mögliche Aufgabenstellungen haben wir in unserem Beispiel zusammengefasst.

BEISPIEL

Der Bezug zum Beruf

→ »Welche vertriebsunterstützenden Maßnahmen sind für unsere neue Produktreihe sinnvoll?«
→ »Wie sollte sich unser Unternehmen auf einer Fachmesse präsentieren?«
→ »Welche Fähigkeiten sind wichtig, um als Führungskraft Erfolg zu haben?«

Können Sie strukturieren?

Die berufsfeldbezogenen Aufsätze sollten Sie gut durchstrukturieren. Erstellen Sie ein Konzept, das in der beruflichen Praxis umgesetzt werden könnte. Bauen Sie berufsfeldbezogene Aufsätze nach dem folgenden Schema auf:

→ Warum ist das Thema für Unternehmen wichtig?
→ Was soll erreicht werden?
→ Welche Maßnahmen könnten ergriffen werden?
→ Welche Maßnahmen sind weniger sinnvoll?
→ Welche Maßnahmen sind sinnvoll?
→ Ihre Meinung: Diese Maßnahmen sollten eingesetzt werden.

Ein besonderer Fall des berufsfeldbezogenen Aufsatzes ist die Aufforderung an die Kandidatinnen und Kandidaten, bestimmte Aussagen oder Eigenschaften nach ihrer Wichtigkeit zu ordnen, diese Ordnung zu begründen und eigene Aussagen oder Eigenschaften hinzuzufügen. Zu diesem Sonderfall stellen wir Ihnen die nachfolgende Übung vor.

Ihre Meinung ist gefragt!

ÜBUNG

Sie haben 60 Minuten Zeit, um aus folgenden 15 Eigenschaften sieben auszuwählen, die erfolgreiche Vorgesetzte charakterisieren.

1. teamfähig
2. einfühlsam
3. durchsetzungsfähig
4. begeisterungsfähig
5. motivierend
6. ausdauernd
7. kreativ
8. analytisch
9. aufgeschlossen
10. pragmatisch
11. fachlich kompetent
12. optimistisch
13. risikobereit
14. gelassen
15. vertrauensvoll

Begründen Sie Ihre Auswahl und nennen Sie drei weitere Eigenschaften, die Sie sich persönlich von Ihren Vorgesetzten wünschen. Ihre schriftliche Ausarbeitung soll nicht länger als acht DIN-A4-Seiten sein.

Themen aus dem Bildungsbürgertum: Wenn Ihnen in Aufsätzen Bildungsthemen vorgegeben werden, wissen Sie, dass man Sie hauptsächlich beschäftigen will. In einem Schweizer Unter-

Bleiben Sie engagiert

nehmen aus der Luftfahrt lautete die Aufgabenstellung in der Übung Aufsatz: »Assozieren Sie über das Zitat von Max Frisch: ›Alles Fertige hört auf, Behausung unseres Geistes zu sein.‹«

Versuchen Sie, berufsbezogen zu argumentieren

Wie bei allen anderen Übungen in Assessment-Centern ist auch hier Ihre Anpassungsfähigkeit an die Situation gefragt. Spielen Sie so gut wie möglich mit. Der Rückgriff auf die berufliche Praxis hilft Ihnen auch bei sehr allgemein gehaltenen Themen weiter. Bezogen auf unser Beispiel könnten Sie thematisieren, dass es wichtig ist, Entwicklungen weiter voranzutreiben, Produkte ständig zu optimieren, sich auf verändernde Marktsituationen einzustellen und auf kreativen Wegen die eingefahrenen Pfade des Tagesgeschäfts sinnvoll zu erweitern. Versuchen Sie, auch bei allgemein gehaltenen Themen berufsbezogen zu argumentieren, und zeigen Sie, dass Sie in der Lage sind, ihr kreatives Potenzial für berufliche Zusammenhänge einzusetzen. Solche Themenstellungen aus dem Bildungsbürgertum werden jedoch nur selten im Assessment-Center verwandt.

Formale Gestaltung

Machen Sie es dem Leser leicht

Leider werden die meisten Aufsätze im Assessment-Center verfasst wie missglückte Schulaufsätze zum Thema: »Mein schönstes Ferienerlebnis«. Weitschweifige Formulierungen, verschachtelte Sätze, der Verzicht auf Absätze und andere Textstrukturierungen machen es dem Leser schwer zu erkennen, was der Schreiber eigentlich mitteilen möchte. Oft beginnt der Aufsatz links oben auf dem ersten Blatt Papier und endet nach sieben eng beschriebenen Seiten rechts unten auf der letzten Seite. Da die Seiten nur in Ausnahmefällen durchnummeriert werden, ergibt sich für die Beobachter das Geduldspiel, die richtige Anschlussseite zu finden. Wenn dann die Schrift noch unleserlich oder zu klein ist, kassieren die Kandidaten Minuspunkte.

Stellen Sie eine Gliederung voran

Ihre schriftliche Ausarbeitung überzeugt dann, wenn sie den Leser nicht nur inhaltlich, sondern auch gestalterisch anspricht. In jedem Fall sollten Sie Ihren ausformulierten Gedanken eine Gliederung voranstellen, damit die Klarheit Ihrer Argumente durch eine visuelle Struktur unterstützt wird. Erstellen Sie ein Deckblatt, auf dem Sie das Thema des Aufsatzes wiederholen. Fertigen Sie ein Inhaltsverzeichnis an. Nummerieren Sie die Seiten und gliedern Sie den Text mit Absätzen und Zwischenüberschriften.

Bevorzugen Sie kurze Sätze, achten Sie auf die Lesefreundlichkeit Ihres Textes. Versuchen Sie nicht, den Leser durch Fachtermini zu erschlagen. Erstellen Sie Ihren Aufsatz so, wie Sie es für einen interessierten Laien tun würden. Wichtige Aussagen können Sie hervorheben. Unterstreichen Sie beispielsweise Kerngedanken oder kennzeichnen Sie Absätze mit einem Ausrufezeichen. Lassen Sie genügend Seitenrand. Liefern Sie eine kurze Einleitung und einen Ausblick.

Auf einen Blick
Aufsätze

AUF EINEN BLICK

→ Aufsätze dienen vorrangig dazu, Teilnehmer zu beschäftigen und Leerlauf im Assessment-Center zu vermeiden.

→ Versuchen Sie nicht, Leser durch Fachtermini zu erschlagen. Richten Sie Ihren Aufsatz auf die Bedürfnisse interessierter Laien aus.

→ Erstellen Sie Ihren Aufsatz so, dass auch die Gestaltung ansprechend wirkt. Liefern Sie ein Deckblatt und ein Inhaltsverzeichnis. Nummerieren Sie die Seiten und gliedern Sie den Text.

→ Achten Sie auf die Lesefreundlichkeit Ihres Textes. Bevorzugen Sie kurze Sätze. Machen Sie Kerngedanken deutlich. Lassen Sie einen Rand für Anmerkungen des Lesers.

14. Postkorb

In der Übung Postkorb werden Sie auch als Führungskraft einmal in den Genuss der Ablagebearbeitung kommen. Sie müssen schriftlich fixierte Vorgänge beurteilen, Termine vergeben, Aufgaben delegieren und Entscheidungen treffen – und dies alles unter enormem Zeitdruck.

Eine der bekanntesten Übungen

Die Übung Postkorb ist eine der bekanntesten Übungen von Assessment-Centern. Die Meinungen der Experten über Sinn und Unsinn des Postkorbs gehen allerdings weit auseinander. Während die einen behaupten, »dass Postkorbübungen heute in jedes Assessment-Center gehören«, meinen die anderen, dass diese Übung »mit dem Alltag von Managern nahezu nichts zu tun hat und daher im Assessment-Center völlig fehl am Platz ist«.

Wir wissen, dass auch Kandidatinnen und Kandidaten, die einmal unvorbereitet einen Postkorb bewältigt haben, diese Übung in schlechter Erinnerung behalten. Sie haben jetzt die Möglichkeit, sich auf die Übung Postkorb vorzubereiten. Wir werden Ihnen zunächst aufzeigen, worum es beim Postkorb geht. Dann stellen wir Ihnen bewährte Techniken vor, mit denen Sie die Situation in den Griff bekommen.

Damit Sie selbst ausprobieren können, wie sich unsere Tipps und Techniken umsetzen lassen, haben wir für Sie die komplette Übung Postkorb aufgeführt. Da wir aus unserer Beratungspraxis wissen, dass positive Trainingseffekte bei der Übung Postkorb schon nach einem Probedurchlauf zu erzielen sind, sollten Sie unseren Postkorb zu Übungszwecken unbedingt durcharbeiten.

Der Postkorb kommt meist in zweitägigen Assessment-Centern vor

Noch eine Anmerkung aus unserer Beratungspraxis: Ihre Chancen stehen etwa fifty-fifty, ob Sie in Ihrem Assessment-Center auf diese Übung treffen werden. Nach unserer Erfahrung müssen Sie bei zweitägigen Assessment-Centern mit einem Postkorb rechnen, während bei eintägigen Veranstaltungen diese Übung eher abnimmt. Bei eintägigen Assessment-Centern werden Übungen bevorzugt, in denen sich soziale und methodische Kompetenzen direkt beobachten lassen: Gruppendiskussionen, Vorträge und Rollenspiele führen zu sofort beobachtbarem und bewertbarem Verhalten. Auf den Einsatz des Postkorbs wird in vielen Unternehmen auch deswegen verzichtet, weil die Entwicklung, Durchführung und Auswertung viel zu zeit- und kostenaufwändig ist.

Sinn und Zweck des Postkorbs

Nach den Befürwortern der Übung Postkorb lässt sich damit feststellen, wie ausgeprägt Ihre analytischen Fähigkeiten, Ihre Fähigkeiten im Umgang mit komplexen Sachverhalten, Ihre Entscheidungsbereitschaft, Ihre Delegationsbereitschaft und Ihre emotionale Stabilität unter starkem Zeitdruck sind. *Ihre analytischen Fähigkeiten in Stresssituationen*

Den Postkorb bearbeiten Sie üblicherweise schriftlich. Sie notieren Ihre Bewertung der ausgehändigten Schriftstücke und geben dann Ihre Lösungsvorschläge ab. Gelegentlich werden Ihre schriftlichen Ergebnisse in einer anschließenden Runde von den Beobachtern hinterfragt und Sie zur Begründung einzelner Entscheidungen aufgefordert. In diesem Fall wird mit der Übung Postkorb zusätzlich auch Ihr Umgang mit Kritik, Ihre Ausdauer beim Vertreten Ihrer Entscheidungen, Ihr Argumentationsgeschick und Ihr sprachliches Ausdrucksvermögen bewertet. Wenn die Beobachter Ihre Entscheidungen anzweifeln, versucht man damit zumeist nur, Sie unter Druck zu setzen. Geben Sie nicht nach und gestehen womöglich, dass Sie Ihre Entscheidungen eher intuitiv getroffen haben. Verweisen Sie auf Zusammenhänge zwischen einzelnen Vorgängen, Terminüberschneidungen und übliche Informations- und Entscheidungswege bei delegierten Aufgaben.

Gerade der Faktor der Stressresistenz unter starkem Zeitdruck ist ein wesentliches Kriterium dieser Übung. Die Übung ist immer so angelegt, dass die vorgegebene Zeit nicht ausreicht. Sie werden es niemals schaffen, hundertprozentige Lösungen für alle Vorgänge auszuarbeiten. Beim Postkorb, wie auch im späteren beruflichen Alltag, gilt die Grundregel, dass Sie bei Zeitbeschränkungen lieber fünf Aufgaben gut lösen, statt eine perfekt zu bewältigen und vier andere unerledigt zu lassen. *Wie stressresistent sind Sie unter Zeitdruck*

Daher lässt sich eine Nähe der Übung Postkorb zu späteren beruflichen Anforderungen nicht leugnen. Wenn Sie die *Demonstrieren Sie Berufsnähe*

Aufgabenstellungen innerhalb des Postkorbs lösen, wie es aus Sicht des Unternehmens erwartet wird, zeigen Sie damit, dass Sie mit betrieblichen Abläufen, mit Hierarchien und Zuständigkeiten, also mit den üblichen Arbeits- und Umgangsformen innerhalb von Unternehmen vertraut sind.

Beim Postkorb sind vor allem Ihr Zeitmanagement und Ihre Entscheidungsfreude gefragt. Wir vermitteln Ihnen nun, welche Techniken Ihnen dabei helfen, die Übung Postkorb zu bewältigen.

Techniken zur Bewältigung

Die Kurzfassung der Aufgabenstellung für die Übung Postkorb lautet: »Sehen Sie die Ablage durch und bearbeiten Sie sie!« In dieser Übung haben Sie eine bestimmte Anzahl von Schriftstücken zu bearbeiten. Es handelt sich dabei um Aufzeichnungen betrieblicher Vorgänge, Entscheidungsvorlagen und private Notizen. Sie haben dazu üblicherweise ein bis zwei Stunden Zeit.

BEISPIEL

Aufgaben im Postkorb

Ausgangssituation: Sie sind Führungskraft im Unternehmen XY. Sie kommen zwischen zwei Auslandseinsätzen in Ihr Büro. Dort arbeiten Sie alle aufgelaufenen beruflichen und privaten Vorgänge innerhalb einer Stunde ab und koordinieren Sie terminlich. Die Schriftstücke in der Postkorbübung könnten so aussehen:

→ *Notiz 1:* Ihr Stellvertreter hat eine Grippe bekommen und sich für die nächste Woche krankgemeldet. Er sollte einen Vortrag beim »Verband der Marketingfreunde in Rente« halten.

→ *Notiz 2:* Die Personalabteilung möchte unbedingt eine Entscheidung darüber haben, an welchen Fortbildungsmaßnahmen Ihre Mitarbeiter in den nächsten zwölf Monaten teilnehmen sollen.

→ *Notiz 3:* Die Geschäftsleitung hat Sie aufgefordert, ein Konzept mit Verbesserungsvorschlägen zur Kundenberatung zu entwickeln. Das Konzept soll in vierzehn Tagen vor der Leitung präsentiert werden.
→ *Notiz 4:* Ihr neuer Mitarbeiter Herr Müller hat sich beim Betriebsfest negativ über die Führungsqualitäten des Gruppenleiters, Herrn Schmidt, geäußert. Herr Schmidt bittet Sie, dass Sie Herrn Müller zu diesem Vorgang zur Rede stellen.

Ihr erster Schritt muss sein, wichtige von unwichtigen Informationen zu trennen und dringliche von weniger dringlichen Terminen zu unterscheiden. Hierbei hilft Ihnen unsere Entscheidungsmatrix, die Sie für die Bewertung jedes einzelnen Vorgangs einsetzen können.

Trennen Sie wichtige von unwichtigen Informationen

	wichtig	weniger wichtig
dringlich	+w +d	-w +d
weniger dringlich	+w -d	-w -d

Entscheidungsmatrix für die Postkorbübung

Überlegen Sie sich bei jedem Vorgang, welche Auswirkungen sich für das Unternehmen ergeben. Auf diese Weise können Sie entscheiden, ob der Vorgang wichtig oder unwichtig ist. Stellen Sie auch fest, welche zeitliche Priorität der Vorgang hat, ob er dringlich oder weniger dringlich ist. Aus unserer Entscheidungsmatrix ergeben sich vier Kategorien für die Vorgänge, die Sie unterschiedlich bearbeiten sollten.

Erstellen Sie vier Kategorien

→ *Kategorie 1:* Sehr wichtige und sehr dringliche Vorgänge müssen Sie in jedem Fall bearbeiten und selbst entscheiden.
→ *Kategorie 2:* Bei sehr wichtigen Vorgängen, die aber nicht dringlich sind, behalten Sie sich die Entscheidung vor. Sie können in diesen Fällen einen Termin festlegen, der mit den sehr dringenden und sehr wichtigen Vorgängen nicht kollidiert.

→ *Kategorie 3:* Sind Vorgänge weniger wichtig, gleichzeitig aber sehr dringlich, delegieren Sie sie an Ihre Mitarbeiter.

→ *Kategorie 4:* Unwichtige und nicht dringliche Vorgänge sind Zeitfallen, auf die Sie beim Aufbereiten des Postkorbs nur kurz eingehen sollten.

Vermerken Sie direkt auf dem Schriftstück Ihre Entscheidung

Wenn Sie die Vorgänge bezüglich ihrer Wichtigkeit und Dringlichkeit untersuchen, sollten Sie direkt auf dem Schriftstück Ihre Entscheidung vermerken. Achten Sie beim Durchlesen auch darauf, ob einzelne Vorgänge miteinander in einem Zusammenhang stehen.

Lesen Sie zunächst alle Notizen

Auf keinen Fall dürfen Sie den Postkorb bearbeiten, bevor Sie nicht alle Notizen gelesen haben. Die Übung ist oft so gestaltet, dass spätere Inhalte im Widerspruch zu vorhergehenden stehen. Daher müssen Sie sich zunächst einen Überblick über sämtliche Informationen verschaffen. Lesen Sie alle Notizen und Hinweise durch, bevor Sie anfangen, detaillierte Lösungen auszuarbeiten. In manche Aufgabenstellungen hat mittlerweile auch die moderne Technik Einzug gehalten: Blinkt an Ihrem Bearbeitungsplatz ein Anrufbeantworter, muss dieser natürlich auch abgehört werden.

Beim Postkorb müssen Sie meistens einen Tagesplan erstellen, in den Sie Ihre Termine für Gespräche, Konferenzen und Anrufe eintragen. Achten Sie bei der Erstellung Ihres Tagesplans darauf, dass Sie mit realistischen Zeitvorgaben arbeiten, das heißt zwischen den einzelnen Terminen ausreichend Spielraum lassen, und nicht mehr als 50 Prozent Ihrer gesamten Tageszeit verplanen.

Sie können davon ausgehen, dass die Unterlagen Termine enthalten, die sich überschneiden. Daher tragen Sie, um einen Überblick zu bekommen, alle Termine in einen Terminkalender ein. Gelegentlich liegt ein Kalender bei, wenn nicht, fertigen Sie auf einem Blatt Papier einen eigenen an.

Delegieren Sie Vorgänge

Die Perspektive, die Sie bei der Bearbeitung des Postkorbs einnehmen, ist folgende: Ihre Entscheidungen müssen einen deutlichen Bezug zu der vorgegebenen Führungsposition erkennen lassen. Machen Sie deutlich, dass Sie sich mit betrieblichen Abläufen und Hierarchien auskennen: Delegieren Sie Vorgänge, geben Sie Informationen an die zuständigen

Abteilungen und Mitarbeiter weiter, fordern Sie bei unklarer Ausgangslage weitere Informationen an und zeigen Sie sich bei aktuellem Handlungsbedarf entscheidungsfreudig.

Um delegieren zu können, müssen Sie natürlich wissen, welcher Mitarbeiter in welcher Position beschäftigt ist. Auch hier gilt, dass dem Postkorb zum Teil ein Organigramm beigefügt ist, das bereits die Positionen und Namen der genannten Mitarbeiter enthält. Ist die Betriebshierarchie nicht visualisiert, skizzieren Sie sich selbst kurz ein Organigramm.

Grundsätzlich gilt in der Übung Postkorb die Grundregel: »Erst kommt der Beruf, dann das Private!« Dies ist zu beachten, wenn in Ihrem Postkorb Vorgänge liegen wie beispielsweise: »Der Klassenlehrer Ihres Sohnes hat angerufen und als Termin für ein Gespräch mit Ihnen in der Schule den 14. Februar, 10 Uhr, genannt. Ihr Sohn ist zum dritten Mal beim Rauchen erwischt worden und soll nun einen Schulverweis bekommen.« Wenn Sie in Ihrem Postkorb gleichzeitig die Notiz finden, dass »die Werbeagentur Müller angerufen hat, weil Sie am 14. Februar um 10 Uhr die neue Dachkampagne für die Produkte Ihres Unternehmens präsentieren wird«, dürfte Ihnen eine Entscheidung hinsichtlich der beiden parallel liegenden Termine sicherlich keine Schwierigkeiten bereiten.

»Erst kommt der Beruf, dann das Private!«

Ihre Lösungen müssen Sie schriftlich fixieren, wobei Sie auf eine ansprechende formale Präsentation achten sollten. Flüchtig und unleserlich hingekritzelte Hieroglyphen, die die Handschrift des zukünftigen Topmanagers andeuten, erfreuen die Beobachter bei der anschließenden Auswertung kaum. Am besten fertigen Sie für jeden Vorgang einen separaten Lösungszettel mit hervorgehobener Überschrift, beispielsweise in großen Blockbuchstaben LÖSUNG ZU VORGANG 1, an. Notieren Sie dann stichwortartig zu jedem Vorgang:

Notieren Sie Ihre Lösungen übersichtlich

→ Welche Entscheidung haben Sie getroffen?
→ Warum haben Sie diese Lösung gewählt?
→ Was ist nun zu tun?

Mit dieser Vorgehensweise machen Sie Ihre Entscheidungen für die Beobachter transparent und nachvollziehbar.

Übung Postkorb

Trainieren Sie diese Übung

Wie schon erwähnt, stellen wir Ihnen eine komplette Übung Postkorb vor, da wir die Erfahrung gemacht haben, dass schon nach einem Probedurchlauf positive Trainingseffekte zu erzielen sind. Nehmen Sie sich deshalb die Zeit, diese Übung zu trainieren.

ÜBUNG

Postkorb

Lassen Sie sich von Freunden die Postkorbübung kopieren und die einzelnen Notizen jeweils in einen verschlossenen Briefumschlag legen. Setzen Sie sich mit den Umschlägen an Ihren Arbeitsplatz. Als Hilfsmittel haben Sie Papier und Stifte zur Verfügung. Sie haben 30 Minuten für die Ausarbeitung Ihrer Lösung zur Verfügung. Es gibt keine Verlängerung!

Ausgangssituation: Sie sind Herr Felix Svensson, Hauptgeschäftsführer der Industrie- und Handelskammer. Sie begleiten ab heute den Wirtschaftsminister zusammen mit führenden Vertretern von Unternehmen und Wirtschaftsverbänden auf einer zweiwöchigen Reise in die Ukraine. Dort kann man Sie nicht erreichen. Heute ist Dienstag, der 15. Juli. Sie sind heute morgen sehr früh in Ihr Büro in die IHK gefahren, es ist 4.30 Uhr. Sie haben 30 Minuten Zeit, um die für Sie aufgelaufenen Nachrichten und Termine aufzuarbeiten. Um 5 Uhr holt Sie ein Taxi von der IHK ab, das Sie direkt zum Flughafen bringt. Am Montag, dem 28. Juli sind Sie von Ihrer Reise zurück.

Bei Ihrer Arbeit in der IHK unterstützt Sie Ihr persönlicher Referent, Herr Zimmer. Die Sekretärin, Frau Dennenwaldt, ist sowohl für Sie als auch für die Abteilung für Außenwirtschaft zuständig. Personalleiterin ist Frau Kanupka.

In Ihrer Ablage finden Sie Notizen, Faxe, Briefe und Entscheidungsvorlagen. Nehmen Sie, soweit es Ihrer Meinung nach erforderlich ist, zu den einzelnen Vorgängen Stellung. Treffen Sie Entscheidungen, delegieren Sie, lassen Sie Termine vereinbaren.

Geben Sie Ihre Lösungen zu den Notizen bitte in Schriftform ab.

Notiz 1:

Hausmitteilung per Brief
Von: Frau Stefanie Jürgens, Hauptabteilungsleiterin Außenwirtschaft

Lieber Felix,
hiermit lade ich Dich herzlich zu unserem Empfang anlässlich des 10-jährigen Bestehens unseres Arbeitskreises »Wirtschaft in der Schule« ein. Komm doch bitte am 22. Juli in den großen Kongresssaal. Um 11.15 Uhr geht es los.
Bis dann, Stefanie Jürgens

Notiz 2:

Brief
Von: Oberbürgermeister

Sehr geehrter Herr Svensson,
der von Ihnen gewünschte Gesprächstermin mit dem Herrn Oberbürgermeister anlässlich der Neuausweisung von Gewerbeflächen im Stadtgebiet am 29. Juli muss leider vorverlegt werden. Der Herr Oberbürgermeister hat nur am 24. Juli um 11.30 Uhr Zeit. Kommen Sie für das Gespräch bitte ins Rathaus.
Mit freundlichen Grüßen
Sekretariat des Oberbürgermeisters

Notiz 3:

Persönliche Mitteilung
Von: Frau Dennenwaldt, Sekretariat

Sehr geehrter Herr Svensson,
schon wieder hat Frau Kanupka bei der Frühstückspause gesagt, dass Sie mehr außerhalb als innerhalb der IHK zu sehen sind. Das sollten Sie sich nicht länger gefallen lassen.
Mit freundlichen Grüßen
Ihre Frau Dennenwaldt

→ FORTSETZUNG AUF DER NÄCHSTEN SEITE

Notiz 4:

Telefonnotiz
Von: Software GmbH

Die in der IHK benutzte Software muss wegen der Euro-Einführung angepasst werden. Unser Unternehmen hat eine Software entwickelt, die die Einführung des Euros berücksichtigt. Unsere Preise liegen 30 Prozent unter vergleichbaren Angeboten.
Bitte vereinbaren Sie einen Präsentationstermin mit unserem Vertrieb.

Notiz 5:

Fax
Von: Präsident der Unternehmensverbände

Sehr geehrter Herr Svensson,
für die Vorbereitung unserer gemeinsamen Stellungnahme zum Thema »Ausbildungsplatzabgabe für nicht ausbildende Betriebe« bitte ich um die Zusendung der offiziellen Position der IHK bis zum 25. Juli. Der Ausschuss trifft sich dann wie besprochen mit Ihnen persönlich am 1. August.
Mit freundlichen Grüßen
Präsident

Notiz 6:

Telefonnotiz
Von: Dennenwaldt

Anruf von Ihrem Kunsthändler. Ein hübscher Biedermeier-Sekretär, der Ihnen noch für Ihr Arbeitszimmer zu Hause fehlte, ist für 2 000 Euro zu bekommen. Der Sekretär ist für Sie bis zum 18. Juli reserviert. Wenn Sie bis dahin kein Interesse gezeigt haben, wird er an einen amerikanischen Sammler verkauft.

Notiz 7:

> Fax
> Von: Handwerkskammer　　　　An: Herrn Svensson
>
> Am 16. Juli um 12.30 Uhr komme ich in die Kammer, um Ihren Standpunkt hinsichtlich der neuen Gefahrstoffverordnung bei Gefahrguttransporten der Klassen C, D und E kennen zu lernen.
> Thomsen, Assistent für Presse- und Öffentlichkeitsarbeit

Notiz 8:

> Postkarte
> An den
> Hauptgeschäftsführer der IHK Herrn Felix Svensson
>
> Hallo Felix,
> ich las neulich in der Zeitung, dass Du richtig Karriere gemacht hast. Ich mache eine Woche Urlaub in Deiner Stadt. Am 24. Juli schaue ich um 12 Uhr bei Dir herein. Stell' das Bier kalt, das erste Wiedersehn nach 30 Jahren muss begossen werden. Dein alter Studienkollege
>
> Benedikt

Notiz 9:

> Fax
> Industrieblatt, Düsseldorf
>
> An den
> Hauptgeschäftsführer der IHK Herrn Felix Svensson
>
> Sehr geehrter Herr Svensson,
> am 23. Juli erscheint unser Industrieblatt mit einer Sonderbeilage, diesmal zum Thema »Wirtschaftsstandort Deutschland«. Wie in den Jahren zuvor möchten wir auch diesmal Ihre Meinung zu diesem aktuellen Thema in unseren Artikel einfließen lassen. Ich rufe Sie daher am 22. Juli

→ FORTSETZUNG AUF DER NÄCHSTEN SEITE

um 11.10 Uhr an, um in einem zwanzigminütigen Gespräch wesentliche Aspekte zu klären. Vielleicht faxen Sie mir vorher wieder einen Gesprächsleitfaden, der aktuelle Stichworte zu dem oben aufgeführten Thema enthält.

Mit freundlichen Grüßen
Ihre Susanne Schnell (Redakteurin)

Notiz 10:

Entscheidungsvorlage
Von: Zimmer

Betrifft: Erneuerung der Sitzgelegenheiten und Tische im großen Saal

Es liegen zwei Angebote in der von Ihnen gewünschten Ausstattung vor. Angebot 1 für 10 250 Euro und Angebot 2 für 8 500 Euro. Wenn wir das Angebot 2 wahrnehmen wollen, müssen wir beim Händler bis zum 17. Juli bestellen. Danach gelten die Sommeraktionspreise nicht mehr. Damit Sie eine bessere Vorstellung haben, liegen Kataloge mit Fotos von den Tischen bei.

Notiz 11:

Brief
Bundesverband der Industrie- und Handelskammern

Bundesweites Jahrestreffen der Geschäftsführerinnen und Geschäftsführer

Sehr geehrter Herr Svensson,
Vom 10. bis zum 12. Oktober findet unser bundesweites Jahrestreffen statt, dieses Jahr turnusgemäß in Ihrer IHK. Damit möglichst viele der eingeladenen Gäste den Termin wahrnehmen können, geht unser Programm am 24. Juli in Druck und wird ab dem 25. Juli versandt. Einzelne Punkte im Rahmenprogramm sind noch unklar. Ich

nehme am 16. Juli am Kongress »Föderalismus und Europa?« in Ihrer Stadt teil. Die Mittagspause möchte ich nutzen, um mit Ihnen die noch offenen Punkte unseres Jahrestreffens zu klären. Ich werde gegen 12.45 Uhr bei Ihnen sein.

Mit freundlichen Grüßen
Hauptgeschäftsführer der Bundesvereinigunng

Notiz 12:

Telefonnotiz
Von: Zimmer

Anruf vom Staatssekretär aus dem Wirtschaftsministerium. Er wartet noch auf die von Ihnen zugesagte Tagesordnung für das Ausschusstreffen in der IHK zum Thema »Autofreie Innenstadt?«. Aus Zeitgründen soll die Tagesordnung nicht mehr als sechs Punkte enthalten.

Notiz 13:

Brief
Von: Bildungsakademie der Wirtschaft/BdW

Sehr geehrter Herr Svensson,
vielen Dank für den Termin am 16. Juli um 12 Uhr, den mir Ihre Sekretärin kurzfristig eingeräumt hat. Für die Computerfortbildungen und die Fortbildungen in den Bereichen Präsentation und Moderation sind noch jeweils zwei Plätze frei. Wir sollten in unserem Gespräch klären, an welchen Kursen Sie teilnehmen und wer sonst noch aus der IHK infrage kommt.

Mit freundlichen Grüßen
Ilse Brenner, Bildungsreferentin an der BdW

→ FORTSETZUNG AUF DER NÄCHSTEN SEITE

Notiz 14:

Wichtiger Termin
Sehr geehrter Herr Svensson,

wie Sie wissen, scheidet Ihr Referent Herr Zimmer aus seiner Position am 1. Oktober aus, weil er dann als Abteilungsleiter zur IHK nach Leipzig wechselt. Ich habe Vorstellungsgespräche mit wirklich interessanten Kandidatinnen und Kandidaten vereinbart. Sie sollten unbedingt dabei sein, schließlich sind Sie Fachvorgesetzter. Die sieben Vorstellungsgespräche finden am 16. Juli statt. Folgender Zeitplan ist vorgesehen:

9.30 Uhr	Kandidatin 1	11.30 Uhr	Mittagspause
10.00 Uhr	Kandidat 2	12.00 Uhr	Kandidat 5
10.30 Uhr	Kandidat 3	12.30 Uhr	Kandidatin 6
11.00 Uhr	Kandidatin 4	13.00 Uhr	Kandidatin 7

Ich sehe Sie dann am 16. Juli,
mit freundlichen Grüßen, Kanupka

Notiz 15:

Telefonnotiz
Von: Dennenwaldt

Anruf von der Studentengruppe EIESEK. Anlässlich des Sommerkurses »Verständigung ohne Grenzen« hatten Sie zugesagt, einen Vortrag vor den von der Studenteninitiative eingeladenen Studierenden aus Portugal zu halten. Ich habe mit dem Vertreter der Gruppe vereinbart, dass Sie die Studentinnen und Studenten am 22. Juli um 11 Uhr in der Kammer begrüßen werden. Ich erbitte Ihre Bestätigung.

Für diese Übung haben wir Ihnen außerdem die Lösung zusammengestellt. Für jede einzelne Notiz haben wir eine Handlungsanweisung an diverse Personen vorgeschlagen, wie Sie dies auch tun sollten. Falls Sie diese Übung trainieren wollen, so überblättern Sie bitte unseren Lösungsvorschlag.

So halten Sie Ihre Handlungsanweisungen fest

Lösungsskizze

→ *Zu Notiz 1:* Frau Dennenwaldt nette Absage mit Hinweis auf die Dienstreise schreiben lassen. Form des Briefes (Du) lässt Rückschlüsse auf gutes persönliches Verhältnis und damit Verständnis für die Absage zu. Kollidiert mit den Notizen 9 und 15, daher kann Herr Zimmer nicht als Vertreter einspringen.

→ *Zu Notiz 2:* Frau Dennenwaldt veranlassen, das Sekretariat des Oberbürgermeisters per Fax an die Dienstreise zu erinnern. Neuer Termin möglichst schnell nach dem 28. Juli.

→ *Zu Notiz 3:* Momentan keine Reaktion nötig. Aber nach Dienstreise Gespräche mit Kanupka und Dennenwaldt führen. Eventuell Reibungspunkte durch mangelnde Terminkoordination (siehe Notizen 13, 14, 15).

→ *Zu Notiz 4:* Herr Zimmer soll einen Präsentationstermin für die Zeit nach dem 28. Juli vereinbaren. Bis zum Termin Konkurrenzangebote und die Stellungnahmen der betroffenen Fachabteilungen (EDV, Rechnungswesen etc.) einholen lassen.

→ *Zu Notiz 5:* Zimmer soll die Position der IHK dem Präsidenten der Unternehmensverbände zusenden. Der Termin am 1. August wird von Felix Svensson wahrgenommen.

→ *Zu Notiz 6:* Frau Dennenwaldt soll mit Hinweis auf die bisher guten Geschäftsbeziehungen versuchen, eine Reservierung bis zum 31. Juli zu erreichen. Der 29. und 30. Juli müssen für einen eventuell Termin mit dem Oberbürgermeister freigehalten werden (siehe Notiz 2).

→ *Zu Notiz 7:* Zimmer soll den PR-Assistenten Herrn Thomsen an die zuständigen Stellen in der IHK verweisen und die kurzfristige Terminsetzung rügen.

→ *Zu Notiz 8:* Frau Dennenwaldt eine kurze Notiz hinterlassen, dass am 24. Juli um 12 Uhr ein Benedikt am Empfang auftauchen und nach Ihnen fragen könnte. Der Empfang soll ihn freundlich abwimmeln und mit Sightseeing-Tips versorgen.

→ *Zu Notiz 9:* Zimmer eine vierseitige Stellungnahme der IHK zum Thema »Wirtschaftsstandort Deutschland« ausarbeiten und unter dem Namen von Felix Svensson an die Redakteurin Frau Schnell faxen lassen. Im Fax wird auf die Abwesenheit von Svensson am 22. Juli hingewiesen. Weitere Auskünfte durch Zimmer.

→ *Zu Notiz 10:* Zimmer soll eine Präsentation der Tische – und Stühle! – im großen Saal veranlassen. Lieferant 1 auf günstigeres Konkurrenzangebot hinweisen. Entscheidung nach Dienstreise und Probesitzen.

→ *Zu Notiz 11:* Zimmer soll per Fax die unklaren Punkte erfragen und dann so aufbereiten, dass er sie im Gespräch mit dem Hauptgeschäftsführer der Bundesvereinigung am 16. Juli um 12.45 Uhr klären kann. Der Termin kollidiert nur scheinbar mit den Notizen 13 und 14, weil die Vorgaben aus diesen Notizen delegiert werden (Entscheidungen siehe dort).

→ *Zu Notiz 12:* Zimmer beim Sekretariat des Staatssekretärs erkundigen lassen, ob die Tagesordnung noch vor dem 28. Juli da sein muss. Wenn ja, Tagesordnungen bisheriger Veranstaltungen (Dauerthema!) zuschicken lassen. Wenn nein, wird sie wegen möglicher Modifikationen erst nach Ihrer Rückkehr ausgearbeitet und abgeschickt.

→ *Zu Notiz 13:* Die Bildungsreferentin Frau Brenner wird an die Personalleiterin Frau Kanupka verwiesen, um mit ihr den Weiterbildungsbedarf der Mitarbeiter der IHK zu erörtern. Rückmeldung an Frau Dennenwaldt, dass sie derartige Bagatelltermine in Zukunft nur nach Rücksprache vergibt (siehe auch Notiz 15).

→ *Zu Notiz 14:* Frau Dennenwaldt soll Frau Kanupka in nettem Ton – um die Spannung zwischen den beiden nicht zu verstärken (siehe Notiz 3) – schriftlich auf die Arbeitsteilung in der IHK hinweisen und ihr versichern, dass Sie ihrer Vorauswahl voll und ganz vertrauen. Frau Kanupka soll als Personalleiterin drei geeignete Kandidaten auswählen, die sich nach dem 31. Juli in einer zweiten Vorstellungsrunde bei Ihnen vorstellen.

→ *Zu Notiz 15:* Herr Zimmer soll EIESEK begrüßen. Wieder schlechte Terminvergabe durch Frau Dennenwaldt (siehe Notiz 13, Konsequenz siehe Notiz 3).

Auf einen Blick
Postkorb

AUF EINEN BLICK

→ Zu Beginn der Übung müssen Sie zuerst alle zur Verfügung stehenden Informationen durchlesen. Erst dann fangen Sie mit der Bearbeitung der Vorgänge an.

→ Nutzen Sie den Kalender, tragen Sie dort alle Termine ein. Ist kein Kalender vorhanden, fertigen Sie einen eigenen an.

→ Das Delegieren fällt Ihnen leichter, wenn Sie ein Organigramm aller beteiligten Personen zur Verfügung haben. Ist kein Organigramm beigelegt, erstellen Sie es selbst.

→ Nutzen Sie bei der Aufarbeitung des Postkorbs unsere Entscheidungsmatrix: Legen Sie für jeden Vorgang fest, ob er wichtig oder unwichtig ist und ob er dringlich oder weniger dringlich ist.

→ Fixieren Sie Ihre Entscheidungen schriftlich. Notieren Sie stichwortartig Ihre Entscheidung und eine kurze Begründung.

→ Sie lassen bei dringenden und weniger wichtigen Vorgängen Ihre Führungsqualitäten erkennen, wenn Sie entsprechend delegieren.

→ FORTSETZUNG AUF DER NÄCHSTEN SEITE

→ Ihre im Postkorb angegebene Position, beispielsweise die eines Abteilungsleiters, ist Ihre Handlungsperspektive bei der Bearbeitung der Vorgänge.

→ Achten Sie bei der schriftlichen Präsentation Ihrer Ergebnisse auf eine leserliche Handschrift und eine ansprechende äußere Form.

→ Gibt es im Anschluss an Ihren Postkorb eine Befragung über die Gründe für Ihre Entscheidungen bei einzelnen Vorgängen, müssen Sie gegenüber den Beobachtern nachvollziehbar argumentieren.

→ Ist der Ton der Beobachter bei der Befragung eher aggressiv, kann es sich um einen verdeckten Stresstest handeln. Reagieren Sie nicht auf persönliche Angriffe. Bleiben Sie bei Ihren Antworten konsequent, und verteidigen Sie Ihre Entscheidungen in ruhigem und sachlichem Ton.

15. Fallstudien und Business-Cases

Fallstudien und Business-Cases werden besonders gerne dann in Assessment-Centern eingesetzt, wenn Kandidatinnen und Kandidaten für internationale Managementaufgaben gesucht werden. Hierbei ist eine Vielzahl von Informationen und Daten zu sichten. Anschließend sollen sie unternehmerische Entscheidungen begründet darlegen. Der Umfang reicht dabei von ein- bis zweiseitigen Problemdarstellungen bis hin zu zwanzigseitigen Unternehmens- und Marktanalysen. Manchmal bilden Fallstudien und Business-Cases die Grundlage für weitere Übungen, beispielsweise können die Analyseergebnisse Thema für eine Gruppendiskussion, eine Präsentation oder auch ein Mitarbeitergespräch sein.

Business-Cases werden eingesetzt, um das analytische Vermögen, das unternehmerische Denken und die Entscheidungskompetenz der Teilnehmer zu überprüfen. Können Sie die richtigen Schlüsse aus Unternehmensszenarien ziehen? Sind Sie in der Lage, auch in einem knappen Zeitrahmen zu tragfähigen Entscheidungen zu kommen? Können Sie neben der Analyse auch zu einem schlüssigen Ergebnis kommen? Je anspruchsvoller die zu besetzende Position ist, desto komplexer werden die Aufgabenstellungen. Manche Unternehmen fragen dann auch spezielle Kenntnisse aus dem künftigen Arbeitsfeld ab und lassen die Bewerber Businesspläne erstellen, Marktforschungsdaten auswerten oder Bilanzen interpretieren.

Warum wird diese Übung eingesetzt?

Bei einer Fallstudie oder einem Business-Case mit schriftlicher Ergebnisfixierung bewerten die Beobachter, ob Sie die richtigen Kernaussagen erkannt, Zusammenhänge berücksichtigt und nachvollziehbare Entscheidungen getroffen haben. In erster Linie kommt es also auf das Ergebnis an. Fallstudien und Business-Cases dieser Art haben den Charakter einer Arbeitsprobe. Die Beobachter erwarten eine schlüssige Entscheidungsvorlage. Bei einer eventuell anschließenden Ergebnispräsentation berücksichtigen die Beobachter auch kommunikative

Worauf achten die Beobachter?

Aspekte, insbesondere Ihre Überzeugungskraft und Ihre Fähigkeit, zu notwendigen, oft auch unangenehmen Veränderungen zu motivieren. Auf eine ansprechende Visualisierung der Ergebnisse wird ebenfalls großer Wert gelegt. Bei einer eventuell folgenden Fragerunde müssen die Teilnehmer beweisen, dass sie argumentationsstark und kritikfähig sind.

Typische Fehler

Besonders das Zeitmanagement stellt viele Kandidaten bei dieser Übung vor große Probleme. Sie verbringen oft viel zu viel Zeit mit einer detaillierten Auswertung und können am Ende die zu treffende Entscheidung nicht mehr fundiert darlegen. Ferner sollten Sie sich nicht zu schnell auf eine Sichtweise festlegen. Alternativen geraten dann vorschnell aus dem Blickfeld, und die Fakten werden einseitig interpretiert. Bei der schriftlichen Ergebnisfixierung gehen Kandidatinnen und Kandidaten auf die gestellten Fragen oft nur unzureichend ein. Wer einfach das Zahlenmaterial wiederholt, ohne daraus Schlüsse zu ziehen, lässt Zweifel an seiner unternehmerischen Kompetenz aufkommen. Bei Präsentationen fällt es den Beobachtern besonders unangenehm auf, wenn Teilnehmer auf die einzelnen Overheadfolien nicht weiter eingehen. Wer keine klare Linie bei seiner Entscheidungsfindung deutlich machen kann, fällt bei den Beobachtern durch.

Sinnvolle Strategien

Um Fehler im Zeitmanagement zu vermeiden, sollten Sie nach folgendem Schema vorgehen:

→ **Unterlagen sichten**
→ **Kernaussagen notieren**
→ **Zusammenhänge erkennen**
→ **Lösungsskizze entwerfen**
→ **schriftliche Fixierung der Auswertung**

Reservieren Sie auf jeden Fall genug Zeit, um Ihre Ergebnisse festzuhalten. Falls Sie diese im Anschluss vortragen sollen, müssen Sie zusätzlich Zeit einplanen, in der Sie die Overheadfolien und Flipchartskizzen anfertigen. Gehen Sie bei Ihrer Auswertung immer zuerst auf die Ihnen gestellten Fragen ein. Die Beantwortung dieser Fragen hat Vorrang vor weiteren Detailauswertungen.

Bei komplexen Fallstudien und Business-Cases sollten Sie auch Entscheidungsalternativen beleuchten. Mit einer Chancen-Risiken-Abwägung können Sie dann die von Ihnen bevorzugte Vorgehensweise herausarbeiten. Da sich oft nicht alle Entscheidungen ausschließlich aus dem vorliegenden Material treffen lassen, sollten Sie auch auf ihr Branchen- und Fachwissen zurückgreifen. Zeigen Sie Ihr Insiderwissen, indem Sie gezielt auf Branchentrends, Best-Practice-Ansätze und Marktgegebenheiten eingehen.

Übung Fallstudie: Cosmetics Worldwide AG

Fallstudie mit typischen Aufgabenstellungen

ÜBUNG

Die folgende Fallstudie enthält verschiedene Arbeitsblätter, die Informationen über die Cosmetics Worldwide AG enthalten. Die Cosmetics Worldwide AG agiert weltweit und hat in den zurückliegenden Jahren in den einzelnen Regionen eine unterschiedlich verlaufende wirtschaftliche Entwicklung genommen. Analysieren Sie die vorliegenden Informationen und werten Sie sie aus. Entwickeln Sie dann ein präsentationsfähiges Konzept, das auf folgende Fragen eingeht:

→ Wo liegen Ihrer Meinung nach die interessantesten Wachstumsmärkte?
→ Wie lässt sich die Markt- und Technologieführerschaft auch künftig sicherstellen und ausbauen?
→ Welche zusätzlichen Geschäftsaktivitäten erscheinen Ihnen sinnvoll?

Für die Analyse der Arbeitsblätter und die Erarbeitung eines präsentationsfähigen Konzeptes haben Sie 60 Minuten Zeit.

Pressemitteilung der Cosmetics Worldwide AG

Luxemburg, 8. Februar 2011: Die Cosmetics Worldwide AG hat zum 20. Mal den Preis für Innovation verliehen

→ FORTSETZUNG AUF DER NÄCHSTEN SEITE

Innovative Produkte und Dienstleistungen haben schon seit jeher zum Markterfolg der Cosmetics Worldwide AG beigetragen. Daher wird seit 20 Jahren der Preis für Innovation an kreative Forscher, einfallsreiche Entwickler, Marketingspezialisten oder Vertriebsprofis verliehen, die nachweislich dazu beigetragen haben, die Markt- und Technologieführerschaft der Cosmetics Worldwide AG zu sichern und auszubauen. Verliehen wurde der Preis an drei Teams, die mit ihren unterschiedlichen Produkten beziehungsweise Dienstleistungen auch für die Angebotsvielfalt der Cosmetics Worldwide AG stehen. Mit dem Preis für Innovation ausgezeichnet wurden:

→ Body PUR, eine komplette Pflegeserie für den Mann, Hautpflege von Kopf bis Fuß
→ Hair GLOSS, eine Tönungsserie für Teenager
→ AkuPRESS, ein Angebot zur lokalen Akupressur an Flughäfen und in Einkaufszentren

John Smith, CEO der Cosmetics Worldwide AG, stellte fest: »Der internationale Erfolg der Cosmetics Worldwide AG beruhte schon immer darauf, dass wir Kunden mit zukunftsweisenden Produkten und Dienstleistungen begeistern und auf diese Weise neue Märkte erschließen konnten.«

Umsätze und Mitarbeiter der Cosmetics Worldwide AG

Umsätze und Mitarbeiter in Westeuropa

Jahr	Umsatz	Mitarbeiter
2006	5 234 Millionen Euro	16 100
2007	4 655 Millionen Euro	13 200
2008	5 023 Millionen Euro	13 400
2009	5 734 Millionen Euro	14 300
2010	6 123 Millionen Euro	15 400

Umsätze und Mitarbeiter in Osteuropa (einschließlich Russland)

Jahr	Umsatz	Mitarbeiter
2006	1 674 Millionen Euro	4 200
2007	1 945 Millionen Euro	4 400
2008	2 325 Millionen Euro	4 800
2009	2 404 Millionen Euro	5 100
2010	2 823 Millionen Euro	5 300

Umsätze und Mitarbeiter in Asien

Jahr	Umsatz	Mitarbeiter
2006	1 900 Millionen Euro	3 700
2007	2 287 Millionen Euro	4 100
2008	2 827 Millionen Euro	4 900
2009	2 912 Millionen Euro	5 200
2010	3 227 Millionen Euro	5 400

Umsätze und Mitarbeiter in Lateinamerika

Jahr	Umsatz	Mitarbeiter
2006	1 455 Millionen Euro	2 700
2007	1 648 Millionen Euro	2 900
2008	1 325 Millionen Euro	3 100
2009	1 208 Millionen Euro	2 200
2010	1 578 Millionen Euro	2 400

→ FORTSETZUNG AUF DER NÄCHSTEN SEITE

Kennzahlen aus der Bilanz 2010 der Cosmetics Worldwide AG

	2009	2010	+/−
Umsatz	12 258 Millionen Euro	13 751 Millionen Euro	12,18 Prozent
Betriebliches Ergebnis/EBIT	1 563 Millionen Euro	1 723 Millionen Euro	10,24 Prozent
Umsatzrendite/EBIT	12,75	12,53	− 0,22 pp
Ergebnis je Aktie	3,21 Euro	3,15 Euro	− 1,87 Prozent
Investitionen in Produktionsanlagen	424 Millionen Euro	461 Millionen Euro	8,73 Prozent
Forschungs- und Entwicklungskosten	361 Millionen Euro	301 Millionen Euro	− 16,62 Prozent
Dividende je Aktie	1,21 Euro	1,30 Euro	7,45 Prozent

Unternehmensphilosophie der Cosmetics Worldwide AG

Unsere Produkte und Dienstleistungen werden weltweit nachgefragt: zur Pflege und zum Wohlfühlen. Alle, die unsere Produkte und Dienstleistungen kaufen, haben einen Anspruch auf unser hohes Qualitätsniveau und auf angemessene Preise. Mit unseren Angeboten möchten wir die Lebensqualität und das Wohlbefinden unserer Kundinnen und Kunden langfristig steigern. Es ist unsere Aufgabe, auf die sich immer schneller ändernden Kundenbedürfnisse und -gewohnheiten mit passenden Angeboten zu reagieren.

Unsere Mitarbeiter sind in mehr als 130 Ländern weltweit für uns tätig. Bei uns werden Frauen und Männer mit ihrer individuellen Persönlichkeit geachtet, unabhängig von kulturellem Hintergrund, Geschlecht, Berufsausbildung und beruflicher Erfahrung. Ein respektvoller Umgang miteinander ist Voraussetzung für unseren Erfolg. Nur die Bereitschaft zu effektiver Zusammenarbeit, überdurchschnittlichen Leistungen, außergewöhnlicher Produktivität und kontinuierlichem Lernen sichert langfristig unseren Erfolg.

Unsere Aktionäre können darauf vertrauen, dass wir uns der Verantwortung, in der wir ihnen gegenüber stehen, bewusst sind. Eine Fokussierung auf die Kostenstrukturen ist unverzichtbar. Um auch künftig angemessene Gewinne erzielen zu können, sind Prozessoptimierungen und Neuausrichtungen notwendig. Wir müssen konsequent daran arbeiten, für Aktionäre interessant zu bleiben. Es muss immer wieder deutlich gemacht werden, welches Potenzial hinter unseren geschäftlichen Aktivitäten steht, damit für sie der Kauf unserer Aktien sinnvoll erscheint.

Unsere Forschung und Entwicklung im eigenen Haus ist Garant dafür, dass auch künftig innovative Produkte und Dienstleistungen angeboten werden können. Qualität steht dabei für uns an oberster Stelle. Unser hervorragendes Image und unsere Marktführerschaft bei vielen Produkt- und Dienstleistungsangeboten beruhen nicht zuletzt auch auf der kontinuierlichen und innovativen Arbeit unserer Forschungs- und Entwicklungsabteilungen.

Cosmetics Worldwide AG

Pressemitteilung der Cosmetics Worldwide AG

Luxemburg, 12. März 2011: Die Cosmetics Worldwide AG richtet ihre Forschung & Entwicklung für die Zukunft aus

Um künftig stärkeres Wachstum durch innovative Produkte und Dienstleistungen zu generieren, wird die Cosmetics Worldwide AG ihre Forschung & Entwicklung neu aufstellen. Die neue Strategie zielt darauf ab, die Aktivitäten künftig an wenigen Orten zu bündeln. Im Fokus stehen dabei europäische Standorte. Die Konzentration auf ausgewählte Kompetenzzentren erfolgt nach den zur Verfügung stehenden Ressourcen. Auch künftig werden innovative Produkte und Dienstleistungen für die globalen Märkte entwickelt. Allerdings berücksichtigt das Unternehmen dabei stärker als bisher, wo überdurchschnittliche Wachstumschancen genutzt werden können.

Hierzu stellt der CEO der Cosmetics Worldwide AG, John Smith, fest: »Die gründliche Bestandsaufnahme des Bereiches Forschung & Entwicklung hat ergeben, dass wir über erstklassige personelle Ressourcen verfügen. Um unsere Wettbewerbsvorteile künftig noch stärker nutzen zu können, ist es allerdings wichtig, unsere Aktivitäten zu bündeln. Die Fokussierung auf ausgewählte Kompetenzzentren wird helfen, dass unsere innovativen Angebote den Weg zum Kunden künftig schneller finden. Ich bin der festen Überzeugung, dass die Konzentration auf wenige Standorte zu signifikanten Synergieeffekten führen wird.«

Momentan findet die Entwicklungs- und Forschungsarbeit europaweit an 42 Standorten mit 2 100 Mitarbeitern statt. Künftig wird es acht Kompetenzzentren geben. Jedes von ihnen wird sich auf bestimmte Kernkompetenzen spezialisieren. Der größte Teil der Mitarbeiter an den bisherigen Standorten bekommt die Gelegenheit, künftig in einem der Kompetenzzentren weiterzuarbeiten. 280 Arbeitsplätze fallen weg. »Die Cosmetics Worldwide AG wird mit den beteiligten Betriebsräten und Mitarbeitern in Kontakt treten, um sozialverträgliche Lösungen zu entwickeln«, sagte John Smith. Das Unternehmen ist bemüht, allen Mitarbeitern bei der Suche nach neuen Einsatzmöglichkeiten innerhalb oder außerhalb des Konzerns behilflich zu sein.

Gutachten der Investitionen Bank AG

Nach einer Prognose der Investitionen Bank AG wird sich die weltweite Kaufkraft in den kommenden Jahren folgendermaßen entwickeln (alle Angaben in Euro pro Haushalt im Monat. Die Zahlen entsprechen dem frei verfügbaren Einkommen: Netto-Haushaltseinkommen abzüglich laufender Kosten wie Mieten, Energie, Telekom, Auto etc.):

	2013	2014	2015	2016
Westeuropa	740	750	740	755
Osteuropa	270	280	300	310
Asien	300	320	330	340
Lateinamerika	250	240	240	250

Hinweise zur Lösung der Fallstudie

Haben Sie bei der Analyse der Informationen und Daten erkannt:

→ dass die Cosmetics Worldwide AG großen Wert auf innovative Produkte legt (Premiumanbieter)?
→ dass laut Pressemitteilung vom 8. Februar 2011 zusätzlich zur Zielgruppe Frauen (kann noch weiter ausdifferenziert werden) verstärkt auch Männer und Teenager umworben werden sollen?

→ dass es in Westeuropa im Jahr 2007 Umsatzrückgänge gegeben hat und die Mitarbeiterzahl stark reduziert wurde, sich inzwischen aber wieder erholt hat? (Sättigungstendenzen, aber Wachstum durch Innovationen möglich; erstes Greifen der neuen Zielgruppenstrategie)
→ dass die Märkte in Asien und Osteuropa kontinuierlich gewachsen sind? Dies könnte bedeuten, dass sich in diesen Gesellschaften mit vielen jungen Menschen konsumfreudige Zielgruppen finden lassen.
→ dass die Umsatzzuwächse in Lateinamerika von 2009 auf 2010 prozentual am größten waren?
→ dass in der Aufstellung der Umsätze und Mitarbeiter Nordamerika als Region nicht auftaucht? Dieser Markt ließe sich aus Lateinamerika gut zusätzlich bedienen (NAFTA-Mitglied Mexiko!).
→ dass von 2009 auf 2010 die Investitionen in Produktionskapazitäten verstärkt, die in Forschungs- und Entwicklungsaktivitäten dagegen reduziert worden sind?
→ dass von 2009 auf 2010 trotz sinkendem Ergebnis je Aktie eine höhere Dividende ausgeschüttet wurde? Und dass dies mit dem in der Unternehmensphilosophie thematisierten Shareholder-Value-Ansatz zusammenhängen könnte? (Spannungsfeld: Kosten für Forschung und Entwicklung gegen Dividendenausschüttung)
→ dass laut Pressemitteilung vom 12. März 2011 künftig die Forschung und Entwicklung in acht Kompetenzzentren zusammengefasst werden soll? Dabei soll die Entwicklung für die globalen Märkte weiterhin in Europa stattfinden. Eine Idee wäre, Entwicklungskapazitäten in Osteuropa aufzubauen (Personalkosten).
→ dass laut Gutachten der Investitionen Bank die Haushaltseinkommen in Osteuropa und Asien am stärksten steigen werden? Zudem ist davon auszugehen,
→ dass in Osteuropa und Asien die Zahl der Haushalte aufgrund von Individualisierungstendenzen stark zunehmen wird, während diese Entwicklung in Westeuropa bereits vollzogen ist.
→ dass sich zur Frage der zusätzlichen Geschäftsaktivitäten in der Pressemitteilung vom 8. Februar 2011 ein Hinweis auf AkuPRESS findet. Daher ist davon auszugehen, dass der Trend, Wellness-Dienstleistungen anzubieten,

Bestandteil der Geschäftsstrategie zum Cross-Selling wird.
→ Sind Sie auf die Beantwortung der drei vorgegebenen Fragen eingegangen?
→ Haben Sie in der vorgegebenen Zeit auch ein präsentationsfähiges Konzept erstellt?

Auf einen Blick
Fallstudien und Business-Cases

AUF EINEN BLICK

→ Behalten Sie bei der Bearbeitung Ihrer Fallstudie beziehungsweise Ihres Business-Case die Zeit im Blick? Planen Sie genügend Zeit zur Ergebnisfixierung ein?

→ Sind Sie nach folgendem Schema vorgegangen?
  – Unterlagen sichten
  – Kernaussagen notieren
  – Zusammenhänge erkennen
  – Lösungsskizze entwerfen
  – Auswertung schriftlich fixieren

→ Falls Sie Ihr Ergebnis präsentieren sollen: Haben Sie sich überlegt, welche Medien Sie wie einsetzen wollen (Flipchart, Overhead, Whiteboard, Metaplan)? Und haben Sie auch genügend Zeit für die Anfertigung Ihrer Visualisierungen reserviert?

→ Welche Kernaussagen beinhalten die verschiedenen Unterlagen?

→ Sind Ihnen Zusammenhänge zwischen den einzelnen Dokumenten aufgefallen?

→ Wie lassen sich die Kernaussagen zur Beantwortung der gestellten Fragen herausziehen?

→ Haben Sie eine Lösungsskizze mit zentralen Aussagen entworfen, bevor Sie in die Details einsteigen?

→ FORTSETZUNG AUF DER NÄCHSTEN SEITE

→ Können Sie darstellen, welche strategischen und operativen Konsequenzen sich aus dem vorliegenden Zahlenmaterial ergeben?

→ Stellen Sie Ihre beruflichen Kompetenzen heraus, indem Sie Ihre Branchenerfahrungen und/oder Ihre Kenntnisse aus dem Tagesgeschäft beispielhaft mit in die Lösung einfließen lassen?

→ Sind die von Ihnen dargelegten Konsequenzen aus der Analyse des Materials für die Leser/Zuhörer logisch und nachvollziehbar?

→ Haben Sie sich auch Gedanken über mögliche Alternativlösungen gemacht?

16. Tests

Die Einführung von Assessment-Centern zur Personalauswahl und Personalentwicklung war auch dazu gedacht, den Einsatz von Ankreuztests einzuschränken. Manche Unternehmen können sich trotzdem nicht ganz von der Vergangenheit lösen. Wir erläutern Ihnen in diesem Kapitel, auf welche Arten von Ankreuztests Sie gelegentlich treffen und wie Sie sich vorbereiten können.

Die im Assessment-Center eingesetzten Tests haben größtenteils den gleichen Zweck wie Aufsätze: einen Leerlauf in der Durchführung zu verhindern. Wenn die Beobachter mit einzelnen Kandidaten sehr zeitaufwändige Einzelverfahren wie Rollenspiele, Interviews oder Vorträge durchführen, müssen die anderen Teilnehmer für diesen Zeitraum beschäftigt werden. Hier bieten sich unter anderem Tests an, die keine besondere Betreuung verlangen. Dennoch müssen Ihre Testergebnisse zumindest im oberen Mittelfeld liegen. Liefern Sie schlechte Testergebnisse, werden die Beobachter an Ihren Qualitäten zweifeln. Ein gutes Gesamtergebnis können Sie dann nicht mehr erzielen.

Ein kühler Kopf, auch unter Zeitdruck

Auch in Tests wird versucht, den Druck auf Sie so hoch wie möglich zu halten. Die Aufgaben an sich sind meist nicht besonders schwierig. Die Bearbeitungszeit wird jedoch immer so gewählt, dass sie nicht ausreicht, um die gesamte Aufgabe zu lösen.

Es gibt keinen allgemeinen Einstellungstest, der von jedem Unternehmen eingesetzt werden kann. Abhängig von den Anforderungen des zu besetzenden Arbeitsplatzes, dem »Testvertrauen« des Unternehmens und den Vorlieben des Moderators kommen in Assessment-Centern unterschiedliche Tests zum Einsatz. Diese lassen sich unterscheiden in:

→ Intelligenztests
→ Konzentrationstests
→ Persönlichkeitstests

Sie müssen auf jeden Fall mitspielen

Viele Unternehmen entwickeln eigene Tests, denen jedoch keine langjährige wissenschaftliche Arbeit vorausgeht. Diese Tests sind oft eine Mischung aus Intelligenz-, Konzentrations- und Persönlichkeitstests. Aus der Sicht der Kandidaten ist es unerheblich, ob der vorgelegte Test vom Unternehmen selbst oder von Psychologen entwickelt worden ist, die Unterschiede sind beim Ausfüllen nicht zu erkennen. Sie müssen auf jeden Fall mitspielen, egal was Sie von solchen Tests halten, sonst ist das gesamte Assessment-Center für Sie beendet.

Intelligenztests

Das menschliche Denkvermögen soll erfasst werden

Was Intelligenz ist, ist bis heute noch nicht wissenschaftlich geklärt. Einen »allumfassenden Intelligenztest« konnten Psychologen daher noch nicht entwickeln. Intelligenztests bestehen aus verschiedenen Teilen, die jeweils versuchen, unterschiedliche Bereiche des menschlichen Denkvermögens zu erfassen. Das Testergebnis, das eine Person in einem Intelligenztest erzielt, wird mit dem Wert IQ (Intelligenzquotient) angegeben.

Intelligenztests werden in Assessment-Centern eingesetzt, um die Fähigkeiten der Teilnehmer in folgenden Bereichen zu bewerten: logisches Denken, praktische Rechenfähigkeiten, Abstraktionsfähigkeit, räumliches Vorstellungsvermögen, Sprachverständnis.

Die folgenden Beispielaufgaben zeigen Ihnen eine Auswahl, was in Intelligenztests auf Sie zukommen kann. Am Ende dieses Kapitels finden Sie die Lösungen zu den Testaufgaben.

Aufgabe 1

Setzen Sie die Zahlenreihen fort. Fügen Sie die fehlende Zahl am Ende der Reihe ein!

A) 1 4 7 10 ?
B) 18 14 11 9 ?
C) 9 12 8 11 7 10 6 9 ?
D) 2 4 6 10 16 ?
E) 7 7 9 8 11 ?
F) 8 8 7 10 6 ?
G) 6 4 2 6 4 ?
H) 11 22 44 22 44 88 33 ?

Aufgabe 2

Ergänzen Sie sinnvoll. Jede Reihe von Figuren enthält drei Bilder, das vierte Bild fehlt. Suchen Sie aus den vorgegebenen Bildern mit der Bezeichnung a), b), c), d) und e) das Bild heraus, das die obere Reihe sinnvoll ergänzt. Tragen Sie den richtigen Lösungsbuchstaben dort ein, wo das Fragezeichen steht.

Aufgabe A

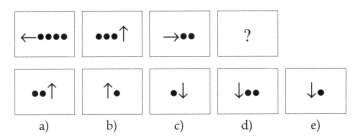

Aufgabe B

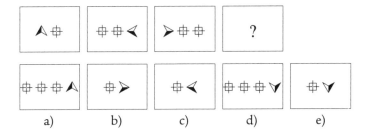

Aufgabe C

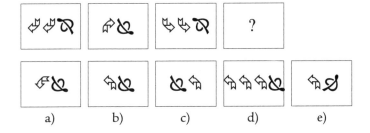

Aufgabe D

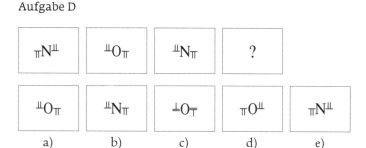

Konzentrationstests

Sorgfältiges Arbeiten unter Zeitdruck

Konzentrationstests prüfen Kenntnisse der Kandidaten in bestimmten, eingegrenzten Bereichen wie Konzentrationsfähigkeit, Ausdauer oder Merkfähigkeit. In der Übungsdurchführung benutzt man meistens den Anglizismus »Press-Test«. Mit diesen Tests sollen die Teilnehmer unter Druck gesetzt werden. Die Beobachter wollen überprüfen, ob Sie auch unter Stress sorgfältig arbeiten können. Stellen Sie sich daher auf durchgehend zu knappe Zeitvorgaben ein. Sie sollten niemals mitten im Test aufgeben und die Bearbeitung abbrechen. Bleiben Sie bis zum Schluss am Ball. Die folgenden Beispiele zeigen Ihnen typische Aufgabenstellungen aus Konzentrationstests.

Aufgabe 1

Ihre Aufgabe besteht darin, alle Buchstaben »d« und »p« durchzustreichen. Sie haben dafür zwei Minuten Zeit. In der Testpraxis sind Konzentrationstests natürlich wesentlich länger. Wenn Sie eine umfangreichere Version durcharbeiten möchten, kopieren Sie einfach die folgende Übung fünfmal und setzen sich dann ein Zeitlimit von zehn Minuten für die Bearbeitung. Falls Sie eine weitere Verschärfung ausprobieren möchten, sollten Sie nicht nur die Buchstaben »d« und »p« durchstreichen, sondern zusätzlich notieren, wie oft Sie jeweils das »d« und das »p« im gesamten Test gefunden haben.

qqbqqbpbqpbbqdqpddbpqdpqbpdbpdpdqbpqdbpqpbdqb
pdqbdqbpdbdqpbqpdbpbqddbqpbqdqpbdqddpbqdbpbqp
bbqdqpddbpqdpqbpdbpdpdqbpqdbpqpbdqbpddpqbbdpq
qbdpqbbdpqdbpddpqbbdpqqqbppdqqqbppdqqqbppdqbp
dbdpqbbdpqqbqqbpbqpdpdqbdqbpddpqbbdpqqqbpdpqb
pdpdqbbpqdbpdbppbpbdbdqpbbpqpbdqbdpqbdqpbqdbd
pqbpqqqbpdbqdppbdbqbqdpqdbpqdpbqdbdqpbddbqdpp
dqpqbdbqdpbpqqbpdqdppbqbpdqbqpqdpbqbpddqpbqdb
pqdqqdpdbqbdppqdbqdbqdqqpbqbqdppqdqbbdpqbdbdq
bqpddppqddbppqbppqbpdpbdqpbqdbqpdqbdqbqdpbddq
qbdqbpdbdqpbqpdbpbqddppqdbqdbqbdbqdpbpdqpbdqd
dqbpqdbpqpbdqbpdbdqpbqdbqpdqbdqbqdpbddppqdbqd
bppqbppqbpdpbdqpbqdbqpdqbdqbqdpbddqqbdbqdpbpd
dbqdpbpqqbpdqdppbqbpdqbqpqdpbqbpddqpbqdbqbdbq
ddbppqbppqbpdpbbpqdbpqpbdqbpdbdqpbqdbqpdqpbdq
qbdbqdpbpbppqbppqbpdpbdqpbqdbqpdqbdqbqdpbddqb
pqpbdqbpddpqbbdpqqbdpqbbdpqdbpddpqbbdpqqqbppd
qdqpbdqqbppqbppqbpdpbdqpbqdbqpdqbdqbqdpbddqbb
pddppqddbppqbppqbdqbpqdbpqpbdqbpdpqdqqdpdbqbd

Aufgabe 2

In der folgenden Liste sehen Sie 42 Aufgaben unterteilt in drei Blöcke. Der erste Block enthält die Aufgaben A1 bis A14, der zweite B1 bis B14 und der dritte C1 bis C14. Jede Aufgabe besteht aus zwei Teilschritten: Führen Sie zunächst im Kopf die Rechenoperationen des oberen Teilschritts aus und merken Sie sich das Zwischenergebnis. Dann führen Sie die Rechenoperation des unteren Teilschritts aus und merken sich ebenfalls das Zwischenergebnis. Nun haben Sie zwei Zwischenergebnisse, mit denen Sie wiederum eine Rechenoperation durchführen. Und zwar nach folgenden Regeln:

1. Ist das obere Zwischenergebnis größer als das untere, dann ziehen Sie vom größeren oberen Zwischenergebnis das kleinere untere Zwischenergebnis ab. Abschließend notieren Sie das Endergebnis.
2. Ist das obere Zwischenergebnis kleiner als das untere, dann addieren Sie beide Zwischenergebnisse und notieren Sie ebenfalls das Endergebnis.

Achtung! Sie dürfen die Zwischenergebnisse nicht notieren, sonst gilt die Aufgabe als nicht gelöst. Schreiben Sie nur das Endergebnis auf.

Beispiel:

9 – 9 + 1 = 1
1 + 7 + 6 = 14

1 ist kleiner als 14, also werden die beiden Zwischenergebnisse im Kopf addiert. Tragen Sie als Endergebnis 15 ein.

Sie haben für die folgenden Aufgaben zehn Minuten Zeit.

A1	1 + 4 – 2 8 – 1 + 9 Ergebnis: ___	B1	6 + 1 – 7 5 – 1 + 9 Ergebnis: ___	C1	1 + 0 + 2 7 – 4 – 2 Ergebnis: ___
A2	1 – 1 + 7 2 + 5 – 2 Ergebnis: ___	B2	1 + 1 + 3 2 + 6 – 5 Ergebnis: ___	C2	1 + 4 – 1 6 + 7 – 7 Ergebnis: ___
A3	7 – 1 + 9 1 – 0 + 1 Ergebnis: ___	B3	1 + 5 – 1 7 + 1 + 5 Ergebnis: ___	C3	2 + 6 – 7 1 + 5 + 6 Ergebnis: ___
A4	8 – 1 + 5 1 + 7 – 2 Ergebnis: ___	B4	1 + 4 – 1 3 + 4 – 1 Ergebnis: ___	C4	7 + 7 – 1 6 + 1 + 7 Ergebnis: ___
A5	7 – 2 + 6 1 + 8 – 2 Ergebnis: ___	B5	4 + 1 + 3 2 + 1 + 1 Ergebnis: ___	C5	5 + 6 + 1 0 + 2 + 7 Ergebnis: ___
A6	5 + 1 + 3 2 + 5 – 2 Ergebnis: ___	B6	5 + 2 + 3 1 + 5 – 1 Ergebnis: ___	C6	4 + 2 – 2 4 + 1 + 6 Ergebnis: ___
A7	7 + 9 – 8 1 + 9 + 1 Ergebnis: ___	B7	7 + 1 + 5 1 + 4 + 1 Ergebnis: ___	C7	2 + 8 – 7 2 + 7 + 2 Ergebnis: ___
A8	7 + 6 + 5 1 + 8 + 1 Ergebnis: ___	B8	3 + 4 – 1 4 + 1 + 3 Ergebnis: ___	C8	6 – 2 + 4 1 + 5 – 1 Ergebnis: ___
A9	5 + 2 + 3 2 + 5 – 1 Ergebnis: ___	B9	2 + 1 – 1 5 + 2 + 3 Ergebnis: ___	C9	5 – 1 + 7 1 + 6 – 2 Ergebnis: ___

A10 7 − 1 + 9
       3 + 2 + 3
       Ergebnis: ___
	B10 1 + 9 + 2
	       7 + 8 + 4
	       Ergebnis: ___
		C10 5 − 2 + 6
		       6 + 2 − 4
		       Ergebnis: ___

A11 1 + 5 + 2
       5 + 6 + 7
       Ergebnis: ___
	B11 3 − 2 + 1
	       6 + 1 − 4
	       Ergebnis: ___
		C11 8 + 2 − 5
		       2 + 3 + 4
		       Ergebnis: ___

A12 2 + 9 − 1
       1 + 2 − 3
       Ergebnis: ___
	B12 1 + 8 + 1
	       5 − 2 + 3
	       Ergebnis: ___
		C12 2 + 9 + 2
		       4 − 1 + 7
		       Ergebnis: ___

A13 1 + 2 + 1
       4 + 2 + 6
       Ergebnis: ___
	B13 4 + 0 + 8
	       1 + 7 + 2
	       Ergebnis: ___
		C13 2 − 2 + 1
		       0 + 1 + 3
		       Ergebnis: ___

A14 2 + 2 + 2
       1 + 2 + 1
       Ergebnis: ___
	B14 9 + 2 − 8
	       2 + 7 + 8
	       Ergebnis: ___
		C14 2 + 4 − 2
		       4 − 3 − 0
		       Ergebnis: ___

Persönlichkeitstests

Persönlichkeitstests sollen Charaktereigenschaften und Persönlichkeitsmerkmale deutlich machen. Zu den Eigenschaften, die in ihrer unterschiedlich starken Ausprägung erkannt werden sollen, gehören: Kontaktfähigkeit, Aggression, Antriebsstärke, Belastbarkeit und viele andere. Der Einsatz von Persönlichkeitstests ist jedoch problematisch, weil aus wissenschaftlicher Sicht bisher nicht klar ist, aus welchen Eigenschaften die menschliche Persönlichkeit besteht. Noch unklarer ist, wie diese möglichen Eigenschaften gemessen werden sollen. Diese Einwände halten manche Ausrichter von Assessment-Centern aber nicht davon ab, Sie mit Persönlichkeitstests zu konfrontieren.

Charaktereigenschaften und Persönlichkeitsmerkmale erkennen

Im folgenden Beispiel finden Sie einige Fragen aus einem »selbstentwickelten Persönlichkeitstest«, den eine Personalberatung im Assessment-Center einsetzt.

Bitte nehmen Sie zu den folgenden Aussagen Stellung, entscheiden Sie sich und kreuzen Sie die Antwortmöglichkeiten (a, b oder c) an:

	stimmt (a)	unsicher (b)	stimmt nicht (c)
1. Ich möchte lieber in einer aufstrebenden betriebsamen Stadt wohnen als in einem abgeschiedenen Dorf.	☐	☐	☐
2. Mit fremden Menschen ein Gespräch zu beginnen fällt mir schwer.	☐	☐	☐
3. Wenn Leute wenig von mir halten, ist mir das gleich.	☐	☐	☐
4. Es amüsiert mich, wenn ich Experten verunsichern kann.	☐	☐	☐
5. In aufregenden Situationen neige ich dazu, nervös und kopflos zu werden.	☐	☐	☐
6. Ich hänge gerne Tagträumen nach.	☐	☐	☐
7. Ich wäre lieber Schauspieler als Buchhalter.	☐	☐	☐
8. Ich gehe auf die andere Straßenseite, um Leuten aus dem Weg zu gehen, die ich nicht treffen möchte.	☐	☐	☐
9. Ich sage manchmal zum Spaß Dinge, nur um Leute in Erstaunen zu versetzen und zu hören, was sie sagen.	☐	☐	☐

Antworten Sie in Persönlichkeitstests so, wie es die Auswerter hören möchten. Kreuzen Sie an, was allgemein erwünscht ist. Stellen Sie sich als aktiv, zupackend, innerlich ausgeglichen, gesprächsbereit, hilfsbereit und souverän im Umgang mit anderen dar.

Antworten Sie so, wie es allgemein erwünscht ist

Die Vorhersagekraft von Persönlichkeitstests liegt deutlich unter der bereits niedrigen von Intelligenz- und Leistungstests. Der Traum vieler Psychologen, dass sich die komplizierte menschliche Persönlichkeit mithilfe von ein paar Kreuzen auf einem Blatt Papier erfassen und bewerten lässt, ist bisher nicht in Erfüllung gegangen. Nach dem derzeitigen Stand der Wissenschaft in Sachen Persönlichkeitstests sind Fortschritte in diesem äußerst umstrittenen Teilbereich der Testforschung nicht zu erwarten.

Lösungen

Intelligenztests

Aufgabe 1

A) 13 (Lösung: +3 +3 +3 +3)
B) 8 (Lösung: -4 -3 -2 -1)
C) 5 (Lösung: von der ersten Zahl -1 zur dritten Zahl -1 zur fünften Zahl -1 zur siebten Zahl -1 zur fehlenden neunten Zahl)
D) 22 (Lösung: +2 +2; neue Reihe +6 +6 zur fehlenden Zahl)
E) 9 (Lösung: von der ersten Zahl +2 zur dritten Zahl +2 zur fünften Zahl; von der zweiten Zahl +1 zur vierten Zahl +1 zur fehlenden Zahl)
F) 12 (Lösung: von der ersten Zahl -1 zur dritten Zahl -1 zur fünften Zahl; von der zweiten Zahl +2 zur vierten Zahl +2 zur fehlenden Zahl)
G) 2 (Lösung: -2 -2 ; Wiederholung der Reihe -2 -2)
H) 66 (Lösung: x2 x2; neue Reihe x2 x2; neue Reihe x2 zur fehlenden Zahl)

Aufgabe 2
A) c
B) e
C) b
D) d

Konzentrationstests

Aufgabe 1

qqbqqbpbqpbbqdqpddbpqdpqbpdbpdpdqbpqdbpqpbdqb
pdqbdqbpdbdqpbqpdbpbqddbqpbqdqpbdqddpbqdbpbqp
bbqdqpddbpqdpqbpdbpdpdqbpqdbpqpbdqbpddpqbbdpq
qbdpqbbdpqdbpddpqbbdpqqqbpppdqqqbpppdqqqbppdqbp
dbdpqbbdpqqbqqbpbqpdpdqbdqbpddpqbbdpqqqbpdpqb
pdpdqbbpqdbpdbppbpbdbdqpbbpqpbdqbdpqbdqpbqdbd
pqbpqqqbpdbqdppbdbqbqdpqdbpqdpbqdbdqpbddbqdpp
dqpqbdbqdpbpqqbpdqdppbqbpdqbqpqdpbqbpddqpbqdb

pqdqqdpdbqbdppqdbqdbqdqqpbqbqdppqdqbbdpqbdbdq
bqpddppqddbppqbppqbpdpbdqpbqdbqpdqbdqbqdpbddq
qbdqbpdbdqpbqpdbpbqddppqdbqdbqbdbqdpbpdqpbdqd
dqbpqdbpqpbdqbpdbdqpbqdbqpdqbdqbqdpbddppqdbqd
bppqbppqbpdpbdqpbqdbqpdqbdqbqdpbddqqbdbqdpbpd
dbqdpbpqqbpdqdppbqbpdqbqpqdpbqbpddqpbqdbqbdbq
ddbppqbppqbpdpbbpqdbpqpbdqbpdbdqpbqdbqpdqpbdq
qbdbqdpbpbppqbppqbpdpbdqpbqdbqpdqbdqbqdpbddqb
pqpbdqbpddpqbbdpqqbdpqbbdpqdbpddpqbbdpqqqbppd
qdqpbdqqbppqbppqbpdpbdqpbqdbqpdqbdqbqdpbddqbb
pddppqddbppqbppqbdqbpqdbpqpbdqbpdpqdqqdpdbqbd

Aufgabe 2

A1: 19	B1: 13	C1: 2
A2: 2	B2: 2	C2: 10
A3: 13	B3: 18	C3: 13
A4: 6	B4: 10	C4: 27
A5: 6	B5: 4	C5: 3
A6: 4	B6: 5	C6: 15
A7: 19	B7: 7	C7: 14
A8: 8	B8: 14	C8: 3
A9: 4	B9: 12	C9: 6
A10: 7	B10: 31	C10: 5
A11: 26	B11: 5	C11: 14
A12: 10	B12: 4	C12: 3
A13: 16	B13: 2	C13: 5
A14: 2	B14: 20	C14: 3

Wenn Sie damit rechnen, in Ihrem Assessment-Center auf Tests zu treffen, sollten Sie Ihr Abschneiden auch hier nicht dem Zufall überlassen. Eine gründliche Vorbereitung mit über 1 500 Übungen aus Tests bietet Ihnen unser Ratgeber *Handbuch Einstellungstest*.

Auf einen Blick
Tests

→ Nicht in allen Assessment-Centern werden Tests durchgeführt.

→ Tests in Assessment-Centern lassen sich untergliedern in Intelligenztests, Konzentrationstests und Persönlichkeitstests.

→ Um Stress zu erzeugen, ist die Bearbeitungszeit generell so gewählt, dass nicht alle Aufgaben bearbeitet werden können.

→ Testergebnisse sind wenig aussagekräftig. Sie dienen vorwiegend zur Beschäftigung von Kandidaten. Aber bei schlechten Testleistungen ist ein gutes Gesamtergebnis nicht zu erreichen.

→ Testerfolg lässt sich durch Training in der Vorbereitungsphase steigern. Wer damit rechnet, im Assessment-Center auf Tests zu treffen, sollte sich daher im Vorfeld auch mit diesem Übungsteil gründlich beschäftigen.

AUF EINEN BLICK

17. Job-Interviews

Im Job-Interview wird hauptsächlich Ihre Motivation und Ihre emotionale Stabilität überprüft. Bei den Fragen nach Ihren Stärken und Schwächen ist Ihre Selbsteinschätzung gefragt. Rechnen Sie damit, dass man Sie im Job-Interview stärker unter Druck setzt, als dies bei normalen Vorstellungsgesprächen üblich ist.

Im Interview während eines Assessment-Centers stellen die Unternehmen schwerpunktmäßig Fragen aus diesen Themenblöcken:

→ Selbsteinschätzung und Leistungsmotivation
→ Stärken und Schwächen
→ emotionale Stabilität und Stressresistenz

Wie schätzen Sie sich selbst ein?

Das Job-Interview im Assessment-Center ähnelt einem Vorstellungsgespräch. Der Unterschied liegt darin, dass man Sie im Interview stärker unter Druck setzen wird, um Ihre Stressresistenz zu überprüfen. Daneben interessiert die Beobachter besonders, wie Sie sich selbst einschätzen. Wir machen Sie mit Fragen zur Überprüfung Ihrer Leistungsmotivation vertraut und geben Ihnen Beispiele dafür, wie Sie mit Ihren Antworten überzeugen können. Um deutlich zu machen, dass Sie sich mit Ihren eigenen Fähigkeiten auseinandergesetzt haben, sollten Sie auch Fragen nach Ihren Stärken und Schwächen souverän beantworten können. Man wird versuchen, Sie unter Druck zu setzen, indem man Sie mit Unterstellungen provoziert. Taktisches Antwortverhalten auf Stressfragen hilft Ihnen hier weiter. Insbesondere durch gezielten Einsatz Ihrer Körpersprache können Sie Ihre emotionale Stabilität dokumentieren.

Aus unserer Beratungspraxis
Kampfstimmung

BERATUNG

In einem Assessment-Center schaltete ein Teilnehmer gleich zu Beginn des Job-Interviews auf Angriff um. Die bisher durchgeführten Übungen hatten ihm Schwierigkeiten bereitet. Jetzt wollte er zurückschlagen. Die Fragen im Interview stellte eine jüngere Personalverantwortliche. Der Kandidat wollte ihr zeigen, dass sie einer erfahrenen Führungskraft nicht das Wasser reichen könne.

Die Frage »Wie schätzen Sie sich selbst ein?« beantwortete er mit: »Wozu führen Sie denn die ganzen Übungen durch, wenn Sie das nicht selbst herausfinden können?« Bei vielen Antworten lehnte er sich behäbig im Stuhl zurück, verschränkte die Hände hinter dem Kopf und blickte die Personalverantwortliche spöttisch an. Wenn ihm auf eine Frage keine Antwort einfiel, quittierte er dies mit: »Na, na, was soll denn das jetzt?« und verschränkte seine Arme vor der Brust.

Um sich selbst in Szene zu setzen, versuchte er immer wieder, Fragen mit Gegenfragen zu beantworten. So stellte er auf die Frage »Können Sie erfolgreich arbeiten?« die Gegenfrage »Was tragen Sie denn zum Unternehmenserfolg bei?«. Der bisher eher durchschnittliche Eindruck von ihm aus den Übungen erhielt durch das Interview eine negative Trübung. Der Kandidat erreichte nicht die Punktzahl, die für die nächste Beförderungsstufe notwendig gewesen wäre.

Fazit: Oftmals versuchen Teilnehmer im Job-Interview, sich gegen den Interviewer durchzusetzen. Durch diese Kampfstimmung können Sie jedoch keine Siege erzielen. Es wird vielmehr deutlich, dass Sie nicht in der Lage sind, sich unter Druck kooperativ zu verhalten. Dies führt zu einer schlechten Bewertung der Leistungen im Interview.

Selbsteinschätzung und Leistungsmotivation

Stellen Sie sich als überdurchschnittlich leistungsfähigen Bewerber dar

Mit Fragen wie »Was unterscheidet Sie von anderen Bewerbern?«, »Warum sollten wir gerade Sie einstellen?« oder »Glauben Sie wirklich, Sie passen zu uns?« möchte man herausfinden, wie Sie sich selbst einschätzen. Stellen Sie sich in Ihren Antworten als überdurchschnittlich leistungsfähiger Bewerber dar. Ihr Qualifikationsprofil müssen Sie so aufbereiten, dass es zur ausgeschriebenen Position passt. Geben Sie Beispiele für von Ihnen erzielte Erfolge. Machen Sie deutlich, dass Sie in Ihrer beruflichen Entwicklung ständig mehr Verantwortung übernommen haben. Runden Sie Ihr Profil ab mit der Darstellung von Weiterbildungsveranstaltungen, die Bezug zur ausgeschriebenen Position haben. Vermitteln Sie, dass Ihr bisheriger Werdegang kein Zufallsprodukt, sondern das Ergebnis zielgerichteten Handelns ist. Die Aufnahme der neuen Tätigkeit im Unternehmen sollte für Sie die konsequente Fortsetzung Ihres eingeschlagenen Weges sein.

Stellen Sie heraus, dass Erfolg Sie motiviert

Um festzustellen, wie zielstrebig Sie tatsächlich sind und wie Sie Ziele erreichen, wird man Sie weiter mit Fragen folgender Art konfrontieren: »Nennen Sie uns den größten Erfolg, den Sie je hatten!«, »Wie gehen Sie mit Misserfolg um?« oder »Wie gehen Sie berufliche Aufgaben an?«. Ihre Antworten sollten zu erkennen geben, dass Sie ein aktiver Problemlöser sind, der nicht gleich aufgibt, wenn er auf Widerstände trifft. Betonen Sie in Ihren Antworten auch, dass die erzielten Erfolge Sie immer wieder für das Tagesgeschäft motivieren.

BEISPIEL

Erfolg

Frage: »Was bedeutet für Sie Erfolg?«

Antwort: »Erfolg bedeutet für mich, gesteckte Ziele in vorgegebener Zeit zu erreichen. Meine Anstrengungen müssen sich in Ergebnissen widerspiegeln. Als Projektleiter der abteilungsübergreifenden Arbeitsgruppe Qualität habe ich für meinen derzeitigen Arbeitgeber ein Qualitätsmanagement installiert. Neben der Ausschussreduzierung gelang es mir auch, Reibungsverluste zwischen den Unternehmensbereichen auszuräumen. Die mit dem Qualitätsmanagement erzielten Gewinnsteigerungen haben mir gezeigt, dass die Anstrengungen sich gelohnt haben.«

Bei Fragen nach Misserfolgen sollten Sie herausstellen, dass Sie nie aufgeben und Ihre analytischen Fähigkeiten dazu nutzen, den Ursachen auf den Grund zu gehen. Im Job-Interview sollten Sie nur Misserfolge thematisieren, für die Sie nichts können. Stellen Sie nicht eigenes Versagen, sondern lieber die Auflösung problematischer Situationen in den Vordergrund.

Misserfolg

Frage: »Wie gehen Sie mit Misserfolgen um?«

BEISPIEL

Antwort: »Die Ausweitung der Geschäftstätigkeit meines Unternehmens im europäischen Raum erwies sich schwieriger als geplant. Ich habe die Ursachen analysiert und gesehen, dass die Marketingaktivitäten nicht genügend auf die neuen Märkte zugeschnitten waren. Mit einer neuen Markteinführungsstrategie gelang es unserem Unternehmen dann, auch in anderen Ländern erfolgreich Fuß zu fassen.«

Wenn man Sie danach fragt, was Sie tun würden, wenn Sie mehr Zeit zur Verfügung hätten, will man feststellen, ob der Mittelpunkt Ihres Lebens die Arbeit ist oder ob Sie sich inzwischen anderen Interessen zugewendet haben. Entsprechend sollten Sie Ihre Antwort formulieren. Verdeutlichen Sie, dass Ihre berufliche Entwicklung für Sie im Vordergrund steht. Sagen Sie, dass Sie zusätzliche Zeit mit geeigneten Weiterbildungsmaßnahmen füllen würden oder zusätzliche Sprachkenntnisse erwerben würden.

Bei Ihrer Selbsteinschätzung ist auch Ihre Fähigkeit im Umgang mit Kritik gefragt. Im Berufsalltag werden Sie stän-

Ihre berufliche Entwicklung sollten Sie in den Vordergrund stellen

dig damit konfrontiert. Sie müssen deshalb klarstellen, dass Sie sich bei Kritik nicht in die Schmollecke verziehen oder einen Kleinkrieg gegen Ihren Kritiker beginnen. Differenzieren Sie zwischen sachlicher und unsachlicher Kritik. Persönliche Spannungen resultieren oft aus Angriffen, die auf der Sachebene ausgetragen werden, ihren Grund jedoch im zwischenmenschlichen Bereich haben.

BEISPIEL

Kritik

Frage: »Wie gehen Sie mit Kritik um?«

Antwort: »Bei Kritik analysiere ich die Vorwürfe und entscheide, ob ich meine Arbeitsweise noch einmal überprüfen muss oder ob es sich um persönliche Animositäten handelt. Gerechtfertigte Anmerkungen nehme ich auf. Ich bin bisher mit Vorgesetzten und Mitarbeitern stets gut zurechtgekommen. Es gelang mir immer, Spannungen aufzulösen und mich auf die persönlichen Eigenarten der anderen einzustellen.«

Für die Unternehmen ist vor allem die Einschätzung entscheidend, wie Sie sich im neuen Berufsalltag bewähren werden. Deshalb versucht man, aus bisherigen Stationen in Ihrem Werdegang Rückschlüsse auf Ihr zukünftiges Verhalten zu ziehen. Stellen Sie in Ihren Antworten stets einen Bezug zur Berufspraxis her. Lassen Sie Beispiele einfließen, die zeigen, dass Sie bisher erfolgreich gearbeitet haben.

BEISPIEL

Teamkompetenz

Frage: »Wie sieht Ihre Teamkompetenz aus?«

Antwort: »Während meines Einsatzes in der Fertigungsoptimierung für die Firma XYZ habe ich zusammen mit den Abteilungen Konstruktion, Produktion und Service Produktionsmodifikationen erarbeitet und in Zusammenarbeit mit den Mitarbeitern in der Fertigung umgesetzt. Bei der Leitung von Teams finde ich es wichtig, dass die Ressourcen aller Beteiligten optimal genutzt werden: Um ein Gesamtergebnis zu erreichen, müssen Arbeitsprozesse im Team gut strukturiert werden.«

Unser Beispiel zur Frage nach der Teamkompetenz zeigt Ihnen, dass Sie im Job-Interview Ihre Angaben belegen müssen. Bloße Behauptungen oder abstrakte Formulierungen wie: »Ja, ich verfüge über Teamkompetenz« oder »Meine Teamkompetenz besteht aus Kommunikationsfähigkeit, Leistungsbereitschaft und analytischen Fähigkeiten« überzeugen nicht. Untermauern Sie Aussagen zu Ihren Fähigkeiten immer mit einem Beispiel aus Ihrem bisherigen Werdegang oder Arbeitsalltag.

Belegen Sie Ihre Angaben mit Beispielen

Behalten Sie bei Ihren Antworten immer die ausgeschriebene Position im Visier. Wählen Sie bei der Darstellung Ihrer bisherigen beruflichen Erfolge Beispiele aus, die zur neuen Stelle passen. Gehen Sie auf die Anforderungen ein, die Sie in der neuen Position erfüllen müssen.

Position im Visier

Auf die Frage »Was entscheidet über erfolgreiches Arbeiten in der von Ihnen angestrebten Position?« können Sie bei einem Assessment-Center für die Position Hauptabteilungsleiter Marketing so antworten:

BEISPIEL

»Über erfolgreiches Arbeiten entscheidet die Fähigkeit, ein Produkt oder eine Dienstleistung auf zielgruppenspezifischen Märkten bekanntzumachen und in Werbekampagnen den Produkt- und Zusatznutzen plausibel herüberzubringen. So habe ich in meiner derzeitigen Tätigkeit als Projektleiter der Arbeitsgruppe Direktmarketing bei der TeleMedia AG den Ver-

→ FORTSETZUNG AUF DER NÄCHSTEN SEITE

kauf von kompletten Telekommunikationssystemen für Großkunden verantwortet. Mit speziellen Direktmarketing-Maßnahmen, neu entwickelten Bonussystemen für den Vertrieb und kontinuierlichen Arbeitstreffen zwischen Marketing, Vertrieb und Service ließen sich Ergebnis und Umsatz im Verhältnis zum Vorjahr um mehr als 20 Prozent steigern.«

Stellen Sie sich als aktive und zupackende Persönlichkeit dar

Sie haben an unseren Beispielen gesehen, dass Sie Fragen zur Selbsteinschätzung Ihrer Leistungsmotivation souverän beantworten, wenn Sie auf Erfolge aus Ihrer bisherigen Berufstätigkeit zurückgreifen. Werfen Sie im Job-Interview nicht mit abstrakten Worthülsen um sich, und versuchen Sie nicht, Ihre eigene Leistung dadurch herauszustellen, indem Sie andere abwerten. Geben Sie in Ihren Antworten immer konkrete Beispiele, mit denen Sie Ihre Fähigkeiten deutlich machen. Stellen Sie sich als aktive und zupackende Persönlichkeit dar, die berufliche Aufgabenstellungen im Unternehmensinteresse löst.

Mit unserer Übung »Fragen zur Selbsteinschätzung und Leistungsmotivation« können Sie trainieren, unsere Hinweise zum Umgang mit diesen Fragen umzusetzen.

ÜBUNG

Fragen zur Selbsteinschätzung und Leistungsmotivation

Bitte beantworten Sie die folgenden Fragen:
Frage: »Warum wollen Sie in unserem Unternehmen arbeiten?«

Ihre Antwort: ....
....

Frage: »Wie wichtig sind Führungsaufgaben für Sie?«

Ihre Antwort: ....
....

Frage: »Wie motivieren Sie sich für die tägliche Herausforderung im Beruf?«

Ihre Antwort: ....
....

Frage: »Was sind Sie für ein Mensch?«

Ihre Antwort: ....
....

Frage: »Haben Sie Erfolge vorzuweisen?«

Ihre Antwort: ....
....

Frage: »Wie ist Ihre bisherige Entwicklung verlaufen?«

Ihre Antwort: ....
....

Frage: »Können Sie sich in ein Team einordnen?«

Ihre Antwort: ....
....

Frage: »Was wollen Sie noch erreichen?«

Ihre Antwort: ....
....

Frage: »Wie gehen Sie mit Misserfolg um?«

Ihre Antwort: ....
....

Frage: »Nennen Sie mir Ihren schönsten Erfolg!«

Ihre Antwort: ....
....

→ FORTSETZUNG AUF DER NÄCHSTEN SEITE

Frage: »Kennen Sie die aktuellen Entwicklungen in Ihrem Tätigkeitsfeld?«

Ihre Antwort: ....

....

Frage: »Wie gehen Sie mit außergewöhnlichen Belastungen um?«

Ihre Antwort: ....

....

Frage: »Welches Feedback brauchen Sie für erfolgreiche Arbeit?«

Ihre Antwort: ....

....

Frage: »Wie sieht das Arbeitsumfeld aus, in dem Sie sich optimal entwickeln können?«

Ihre Antwort: ....

....

Frage: »Wie gehen Sie mit Mitarbeitern um?«

Ihre Antwort: ....

....

Frage: »Was erwarten Sie von Vorgesetzten?«

Ihre Antwort: ....

....

Stärken und Schwächen

Kaum ein Job-Interview verläuft ohne die berüchtigten Fragen nach den Stärken und Schwächen der Bewerber. Setzen Sie sich daher unbedingt vor dem Assessment-Center damit auseinander.

Für Unternehmen sind diese Fragen ein wichtiger Punkt bei der Überprüfung der Kandidaten. Schließlich geht es im gesamten Assessment-Center darum, aus Ihrem Verhalten auf Ihre Stärken und Schwächen zu schließen. Im Interview wollen die Beobachter wissen, wo Sie selbst Ihre Stärken und Schwächen sehen. Mit Fragen hierin lässt sich die Selbsteinschätzung der Kandidaten vertiefen. Die Aufforderung »Nennen Sie mir Ihre Stärken und Schwächen!« erwartet Sie daher regelmäßig im Job-Interview.

Setzen Sie sich vorher mit Ihren Stärken und Schwächen auseinander

Stärken

Auch bei der Darstellung Ihrer Stärken sollten Sie Beispiele aus Ihrer bisherigen Berufstätigkeit geben und sich in der Antwort auf die neue Stelle beziehen. Überlegen Sie sich, welche Stärken für den von Ihnen angestrebten Arbeitsplatz wichtig sind. Dann suchen Sie Situationen aus Ihrer bisherigen Berufstätigkeit, die diese Stärken belegen. Auch bei der Vermittlung Ihrer Stärken dürfen Sie keine Leerformeln und Verallgemeinerungen benutzen. Formulierungen wie »Ich bin teamfähig und aufgeschlossen« sind in diesem Fall nichtssagend, da sie keine Belege liefern.

Wir zeigen Ihnen nun in unserem Beispiel anhand der Stärken Aufgeschlossenheit und Teamfähigkeit, wie Sie Belege aus Ihrer beruflichen Praxis in die Darstellung Ihrer Stärken im Vorstellungsgespräch einbauen können.

Geben Sie Beispiele aus Ihrer bisherigen Berufstätigkeit

Aufgeschlossenheit

»Ich bin neuen Situationen gegenüber sehr aufgeschlossen. Für meinen jetzigen Arbeitgeber leite ich internationale Projekte. Dies erfordert regelmäßige Treffen mit den nationalen Teams. In den USA habe ich schnell Kontakte zu allen Verantwortlichen aufgebaut und den Informationsfluss sichergestellt.«

BEISPIEL

BEISPIEL

Teamfähigkeit

»Meine Teamfähigkeit war bei der Leitung von Projektgruppen immer wieder gefragt. Bei der Optimierung unternehmensinterner Abläufe habe ich die Informationswege zwischen den Abteilungen neu gestaltet. Meine Fähigkeit, komplexe Aufgabenstellungen in klare Teilziele zu untergliedern, war dafür eine wesentliche Voraussetzung. Auf Änderungen in der Marktsituation kann mein Unternehmen jetzt viel schneller reagieren.«

Um im Job-Interview zu überzeugen, müssen Sie auf Nachfrage drei Stärken nennen können. Überlegen Sie sich die Stärken, die kennzeichnend für Sie sind. Entscheiden Sie sich nur für Stärken, für die Sie Beispiele aus dem Berufsalltag als Beleg finden können.

ÜBUNG

Stärken erkennen und vermitteln

Gehen Sie bei der Ausarbeitung Ihrer Stärken so vor:

1. Üben Sie, das Stichwort, das Ihre Stärke kennzeichnet, in einem vollständigen Satz zu nennen.
2. Im nächsten Satz nennen Sie eine konkrete Situation, anhand derer Ihre Stärke deutlich wird.

Beispiel »motivationsstark«:

1. »Ich kann mich und andere gut für berufliche Aufgaben begeistern und dadurch motivieren.«
2. »Während der Umstrukturierung unserer Abteilung ging es darum, neue Zuständigkeiten und Verantwortlichkeiten zu definieren. Durch intensive Gespräche konnte ich meine Mitarbeiter und Kollegen für die Übernahme von mehr Verantwortung begeistern, auch wenn dies zunächst mit einem Mehr an Arbeit verbunden war.«

Jetzt sind Sie an der Reihe: Definieren Sie drei eigene Stärken, oder wählen Sie Stärken aus der folgenden Liste aus.

→ Durchsetzungsfähigkeit
→ Führungsstärke
→ Engagement
→ Einfühlungsvermögen
→ Kreativität/eigene Ideen
→ Kompromissbereitschaft
→ Verantwortungsbewusstsein
→ Teamfähigkeit
→ Leistungsbereitschaft
→ Kontaktstärke
→ analytisches Denken
→ Aufgeschlossenheit
→ Risikobereitschaft
→ Verlässlichkeit
→ Entschlussfreude
→ Belastungsfähigkeit

Alle drei ausgewählten Stärken setzen Sie nun nach dem von uns vorgestellten Schema um.

Stärke 1: ....
1. ....
2. ....

Stärke 2: ....
1. ....
2. ....

Stärke 3: ....
1. ....
2. ....

Schwächen

Bei der Darstellung Ihrer Schwächen ist vor allem wichtig, dass Ihr Interviewer den Eindruck gewinnt, dass Sie sich auch

Wählen Sie Ihre Schwäche sorgsam

damit auseinandergesetzt haben. Wenn Sie sagen: »Ich habe keine Schwächen!«, wird diese Antwort als überheblich gedeutet, und Ihnen wird mangelnde Selbstkritik unterstellt. Man wird Sie dann sofort mit Kritik aus den bisher durchgeführten Übungen konfrontieren, zum Beispiel, dass Sie im Mitarbeitergespräch zu weich waren oder dass Ihre rhetorischen Fähigkeiten im Vortrag nur mittelmäßig waren. Um Sie unter Stress zu setzen, wird man diese Anmerkungen drastisch formulieren.

Verzichten Sie auf humorvolle Antworten!

Versuchen Sie nicht, sich mit Humor aus der Affäre zu ziehen. Humor ist hier fehl am Platz. Antworten Sie bitte nicht: »Meine größte Schwäche ist, dass ich abends manchmal das Zähneputzen vergesse.« Auch bei »witzigen« Antworten wird natürlich sofort nachgehakt: »Vielen Dank für Ihre humorvolle Einlage. Aber beantworten Sie nun bitte meine Frage nach Ihren Schwächen!«

Um Ihre Fähigkeit zur Selbstreflexion unter Beweis zu stellen, müssen Sie in der Lage sein, eine Schwäche von sich zu nennen. Damit diese Schwäche nicht als schwerwiegender Makel erscheint, sollten Sie die Darstellung Ihrer Schwäche sorgfältig aufbauen. Das folgende Schema ist dafür optimal geeignet. Gehen Sie in drei Schritten vor:

1. Nennen Sie die Schwäche in einem Satz und benutzen Sie Relativierungen, beispielsweise: manchmal, ab und zu, gelegentlich, es kommt vor, früher.
2. Geben Sie ein Beispiel dafür, wie sich die Schwäche in der Vergangenheit bemerkbar gemacht hat.
3. Legen Sie dar, was Sie getan haben, um Ihre Schwäche in den Griff zu bekommen.

BEISPIEL

Direktheit

»Ich bin manchmal zu direkt und offen im Gespräch. Mit meiner Vorliebe für klare Worte habe ich manchmal Kollegen und Mitarbeiter vor den Kopf gestoßen. Heute passe ich besser darauf auf, dass ich den richtigen Zeitpunkt und die richtige Situation wähle, um meine Meinung zu äußern.«

Zählen Sie auch nicht zu viele Schwächen auf. Nennen Sie zunächst nur eine Schwäche. Eine zweite Schwäche sollten Sie nur bei Nachfragen angeben. Bei weiterer Nachfrage sollten Sie antworten, dass Ihnen beim besten Willen keine Schwäche mehr einfällt. Damit Sie Ihre Schwächen im Interview so darstellen können, dass Sie kein Eigentor schießen, sollten Sie nun anhand unserer Übung »Schwächen darstellen« trainieren.

Nennen Sie nur eine Schwäche

Schwächen darstellen

ÜBUNG

Schreiben Sie zuerst alle Ihre Schwächen auf. Gehen Sie dann Ihre Schwächen einzeln durch und überprüfen Sie, welche Schwäche sich mit unserem Schema in einer für das Vorstellungsgespräch geeigneten Weise darstellen lässt. Eine gut aufgebaute Schwäche könnte so aussehen:

1. »Ich bin manchmal zu abwartend.«
2. »In meiner damaligen Projektgruppe wurde mir gesagt, dass ich mich bei der Planung zukünftiger Arbeitsabläufe mehr einbringen sollte. Ich war erst überrascht, weil ich dachte, dass das stört. Ich hatte viele Ideen, aber auf eine Aufforderung gewartet, um sie vorzustellen.«
3. »Heute warte ich nicht mehr so lange, ich werde schneller von mir aus aktiv.«

Wenn Sie mehrere Schwächen gefunden haben, die in das Schema passen, sollten Sie sich nun für die zwei Schwächen entscheiden, die Sie bei der zukünftigen Arbeit am wenigsten behindern.

Meine Schwäche: ....
1. ....
2. ....
3. ....

Meine (Reserve-)Schwäche: ....
1. ....
2. ....
3. ....

Emotionale Stabilität und Stressresistenz

Sie werden im Assessment-Center in allen Übungen unter Druck gesetzt. Stellen Sie sich darauf ein, dass auch im Job-Interview überprüft werden soll, ob Sie in schwierigen Situationen gelassen bleiben.

Geben Sie souveräne Antworten

Im Interview werden Sie mit Angriffen, Kritik und Unterstellungen konfrontiert, um Ihr Stressverhalten zu testen. Bleiben Sie bei diesen Angriffen ruhig. Gehen Sie nicht auf Angriffe oder Unterstellungen ein. Geben Sie souverän Antworten, indem Sie auf Ihre Fähigkeiten und Kenntnisse verweisen. Lassen Sie sich auf keinen Fall provozieren. Bedenken Sie immer: Wenn Ihr Profil für das Unternehmen uninteressant wäre, hätte man Sie niemals zum Assessment-Center eingeladen.

BEISPIEL

Unterstellungen

Wenn Sie auf die Unterstellung: »Ihre berufliche Entwicklung scheint seit längerer Zeit stillzustehen!« einen roten Kopf bekommen, sich ertappt fühlen und Ihnen nur die Erwiderung einfällt: »Das stimmt nicht!«, dann sind Sie auf einen Stresstest hereingefallen. Antworten Sie lieber sachlich und beherrscht und skizzieren Sie Ihre berufliche Entwicklung in den letzten Jahren, beispielsweise so: »Vor fünf Jahren übernahm ich die Gesamtverantwortung für die Niederlassung Süd. Seit drei Jahren arbeite ich an Projektgruppen zur Optimierung der Logistik mit. Mit meinen Erfolgen in der Umsatz- und Gewinnsteigerung bin ich sehr zufrieden.«

Trainieren Sie, angemessen auf persönliche Angriffe zu reagieren

Trainieren Sie, auf Unterstellungen, persönliche Angriffe und Vorwürfe angemessen zu reagieren. Ihre Stressstabilität zeigen Sie, indem Sie es schaffen, Angriffe ins Leere laufen zu lassen und immer wieder auf positive Selbstdarstellungen zurückzugreifen. Unsere Übung »Stressfragen entschärfen« hilft Ihnen, angemessen auf Stressfragen zu reagieren.

Stressfragen entschärfen

ÜBUNG

Bei Stressfragen empfehlen wir folgende Vorgehensweise:

1. Gehen Sie nicht auf die Unterstellung ein.
2. Stellen Sie das positive Gegenstück der Unterstellung anhand eines Beispiels aus dem Berufsalltag dar.

Die gedankliche Überleitung von der Unterstellung zu einem positiven Inhalt gelingt Ihnen am besten, wenn Sie Ihre Antwort in Gedanken mit den Worten »im Gegenteil« einleiten. Zum Beispiel:

Unterstellung: »Sie scheinen Schwierigkeiten mit Routineaufgaben zu haben!«

Antwort: (In Gedanken: Im Gegenteil) »Durch meine Berufserfahrung und mein gutes Zeitmanagement gelingt es mir, das Tagesgeschäft schnell und effektiv zu bearbeiten. Die Freiräume, die sich daraus ergeben, habe ich immer genutzt, um Sonderaufgaben zu übernehmen. So habe ich den Einsatz moderner Informationstechniken in meinem Unternehmen vorbereitet und die Einführung begleitet.«

Antworten Sie auf die folgenden Stressfragen und üben Sie, unser Schema umzusetzen. Gewöhnen Sie sich an die gedankliche Einleitung Ihrer Antworten mit den unausgesprochenen Worten »im Gegenteil«.

»Sie scheinen Schwierigkeiten damit zu haben, sich unterzuordnen!«
Ihre Antwort: (In Gedanken: Im Gegenteil) ....
....

»Ihre Zielstrebigkeit ist Ihnen wohl im Laufe der Zeit abhanden gekommen!«
Ihre Antwort: (In Gedanken: Im Gegenteil) ....
....

→ FORTSETZUNG AUF DER NÄCHSTEN SEITE

»Ich glaube, Sie sind der Typ Mensch, der sich bei Schwierigkeiten eher versteckt!«
Ihre Antwort: (In Gedanken: Im Gegenteil) ....

»Das Wohl der Firma liegt Ihnen ja nicht besonders am Herzen!«
Ihre Antwort: (In Gedanken: Im Gegenteil) ....

»Sie sind doch jetzt schon überbezahlt!«
Ihre Antwort: (In Gedanken: Im Gegenteil) ....

Körpersprache im Job-Interview

Ihre Körpersprache wird auch im Job-Interview beobachtet und in Beziehung zu Ihren Antworten gesetzt. Man achtet bei Ihnen auf Mimik, Gestik, Sitzhaltung, Tonfall, Sprechtempo und die Lautstärke Ihrer Stimme.

Halten Sie zu allen Anwesenden Blickkontakt

Manchmal sitzen Ihnen im Interview mehrere Fragesteller gegenüber. Deshalb sollten Sie trainieren, Augenkontakt zu allen Anwesenden herzustellen. Verfallen Sie nicht in den Fehler, bei Ihren Antworten nur den Fragesteller anzusehen. Gerade wenn der Moderator die meisten Fragen stellt, fühlen sich die Entscheidungsträger aus dem Unternehmen schnell ausgegrenzt, wenn Sie Ihre Aufmerksamkeit nur dem Moderator widmen. Da sich aber alle Anwesenden eine Meinung über Sie bilden, beeinflusst das Ihr Gesamtergebnis negativ. Beziehen Sie alle Anwesenden im Interview durch Augenkontakt mit ein.

Achten Sie darauf, dass Ihre Antworten von einer entsprechenden Körpersprache unterstützt werden. Nehmen Sie beim Sitzen eine Grundhaltung ein, die Interesse und Offenheit dokumentiert. Richten Sie sich so aus, dass Sie alle Fragesteller im Blick haben. Sitzen Sie aufrecht, stellen Sie die leicht geöffneten Beine im rechten Winkel auf den Boden und legen Sie Ihre Hände auf die Oberschenkel. Die rechtwinklige Beinstellung verhindert, dass Sie im Stuhl immer weiter nach vorne von der Sitzfläche rutschen.

Wenn Sie mit Stressfragen konfrontiert werden, registrieren Beobachter genau, wie Sie körperlich reagieren. Stressgesten sollten Sie daher auf jeden Fall vermeiden. Kandidaten, die ständig die Arme vor dem Oberkörper verschränken und womöglich dabei die gestreckten Beine ineinander verschlingen, haben schlechte Karten. Von den Beobachtern werden solche Gesten als Unsicherheit und Abwehr gedeutet. Das Durchkneten von Papier, das Herumspielen mit einem Stift oder das nervöse Drehen am Ring ist ebenfalls kein Beleg für Ihre emotionale Stabilität. Halten Sie keine Gegenstände in den Händen, legen Sie die Hände immer wieder auf Ihre Oberschenkel.

Vermeiden Sie Stressgesten

Auch sogenannte Revierverletzungen sind problematisch, weil Sie den Gesprächspartner negativ einstimmen und damit von den Gesprächsinhalten ablenken. Wenn Sie im Gespräch Unterlagen achtlos auf den Tisch werfen, verstehen manche Interviewer dies als Kampfsignal. Nervöses Trommeln auf der Tischplatte und zu dichtes Heranrücken wird ebenfalls als unangenehm und aufdringlich empfunden. Männliche Kandidaten, die im Gespräch mit weiblichen Moderatoren Dominanzgesten wie eine Sitzhaltung mit auseinanderklaffenden Beinen oder abwertende Handbewegungen einsetzen und ihre Antworten im angriffslustigen Unterton nach dem Motto »Mädchen, Mädchen! Hast du immer noch nicht gemerkt, dass ich der Richtige für euren Laden bin?« geben, empfehlen sich ebenfalls nicht für Führungsaufgaben.

Werben Sie um die Sympathie Ihres Gesprächspartners

Die Anpassung Ihres Sprechtempos ist ebenfalls wichtig. Schlagworte und Schlüsselbegriffe setzen Sie im Gespräch mit größerer Wirkung ein, wenn Sie sie deutlich betonen und ein mittleres Sprechtempo wählen. Dauerreden ohne Punkt und Komma verhindern, dass Ihre Schlagworte und Schlüsselbegriffe bei den Zuhörern ankommen. Formulieren Sie dagegen zu langsam, hängt Ihr Gegenüber schnell eigenen Gedanken nach. Entwickeln Sie Ihr Gespür für die Situation, achten Sie darauf, welches Sprechtempo die Fragenden benutzen und nehmen Sie diese Vorgabe auf.

Wählen Sie ein mittleres Sprechtempo

AUF EINEN BLICK

Auf einen Blick
Job-Interviews

→ Das Job-Interview im Assessment-Center gleicht einem Vorstellungsgespräch. Der Schwerpunkt liegt auf Ihrer Selbsteinschätzung, Ihren Stärken und Schwächen und Ihrer emotionalen Stabilität.

→ Beantworten Sie Fragen zu Ihrer sozialen und methodischen Kompetenz nicht mit Leerfloskeln. Belegen Sie Ihre Fähigkeiten durch Beispiele aus Ihrer beruflichen Tätigkeit.

→ Bei Ihrer Selbsteinschätzung sollten berufliche Erfolge im Vordergrund stehen. Greifen Sie auf Ihre Selbstpräsentation zurück.

→ Ihre Stärken sollten Sie anhand von Beispielen aus Ihrer Berufspraxis darstellen.

→ Die Frage nach Ihren Schwächen dient dazu, Ihre Selbstreflexion zu überprüfen. Gehen Sie nach diesem Schema vor:
1. Geben Sie Ihre Schwäche mit Relativierungen an.
2. Nennen Sie eine Situation, in der sich Ihre Schwäche bemerkbar gemacht hat.
3. Stellen Sie dar, was Sie getan haben, um Ihre Schwäche in den Griff zu bekommen.

→ Beschränken Sie sich auf eine oder zwei Schwächen.

→ Humor und Ironie lassen auf fehlende Anpassungsfähigkeit des Kandidaten schließen.

→ Achten Sie auf den beruflichen Hintergrund der Fragenden. Fachvorgesetzte erwarten andere Antworten als Personalverantwortliche.

→ Sie werden im Job-Interview mit Unterstellungen konfrontiert, um Ihre emotionale Stabilität zu überprüfen. Gehen Sie nicht auf Unterstellungen ein. Machen Sie anhand von Beispielen deutlich, dass die Unterstellung nicht zutrifft.

→ Die Körpersprache der Kandidaten wird im Job-Interview besonders beachtet.

→ Achten Sie im Interview mit mehreren Personen darauf, dass Sie Ihre Sitzhaltung so ausrichten, dass Sie alle Interviewer in Ihrem Blickfeld haben. Schauen Sie abwechselnd alle Anwesenden beim Antworten an.

→ Nehmen Sie im Interview immer wieder eine entspannte Grundhaltung ein.

→ Vermeiden Sie Stress- und Verlegenheitsgesten. Ballen Sie Ihre Hände nicht zur Faust. Verschränken Sie Ihre Arme oder Finger nicht ineinander.

→ Trommeln Sie nicht mit den Fingern oder einem Stift auf dem Tisch des Interviewers. Dies lenkt von den Gesprächsinhalten ab und wird als Revierverletzung empfunden.

→ Kontrollieren Sie Ihr Sprechtempo.

18. Selbst- und Fremdeinschätzung

Bei der Selbst- und Fremdeinschätzung geht es darum, wie Sie Ihr eigenes Abschneiden und das der anderen Kandidaten im Assessment-Center beurteilen. Ihre Fähigkeit, kritisch zu reflektieren, soll überprüft werden. Die Beobachter wollen herausfinden, ob die Eigenbewertungen der Kandidaten in einem grobem Widerspruch zu den Einschätzungen der Beobachterkonferenz stehen.

Das Instrument der Fremdeinschätzung ist oftmals Bestandteil des Assessment-Centers. Arbeits- und Organisationspsychologen haben entdeckt, dass das Kollegenurteil oftmals genauere Aussagen über den zukünftigen Erfolg eines Menschen in einer Führungsposition ermöglicht als ausgeklügelte Personalauswahlverfahren.

Das Kollegenurteil

Als Kollegenurteil wird bezeichnet, wenn Mitarbeiter, die in der betrieblichen Hierarchie weiter unten stehen, und Kollegen, die sich auf der gleichen Hierarchiestufe befinden, vor einer Beförderung über die Führungsqualitäten der zu befördernden Person befragt werden. Die von Mitarbeitern und Kollegen abgegebene Einschätzung hat oft zuverlässigere Ergebnisse gezeigt als Interviews mit der Fach- oder Personalabteilung oder Assessement-Center. Aus diesem Grund wurde das Kollegenurteil in einige Assessment-Center integriert. Die Fremdeinschätzung wird im Assessment-Center dazu herangezogen, die Bewertung der Beobachter zu bestätigen oder eventuell zu korrigieren.

Die Fähigkeit zur Selbstreflexion

Wenn Kandidaten zur Selbsteinschätzung aufgefordert werden, geht es darum, ob sie in der Lage sind, über sich selbst und ihr Verhalten zu reflektieren. Dabei hat sich gezeigt, dass die Selbsteinschätzung der Kandidaten mit den Bewertungen durch die Beobachter übereinstimmt. Kandidaten, die sich selbst als zögerlich und abwartend einschätzen, sind meist auch von den Beobachtern entsprechend bewertet worden. Diejenigen, die sich als durchsetzungsfähig und zupackend sehen, erhalten von den Beobachtern oft ebenfalls eine entsprechend positive Rückmeldung.

Peer-Ranking und Peer-Rating

Bei der Selbst- und Fremdeinschätzung lassen sich zwei Formen unterscheiden:

→ Peer-Ranking und
→ Peer-Rating

Beim Peer-Ranking geht es darum, die Teilnehmerinnen und Teilnehmer in eine Reihenfolge zu bringen, die aussagen soll, wer im gesamten Assessment-Center am besten abgeschnitten hat. Wer erhält die Goldmedaille? Wer die Silbermedaille? Wer Bronze? Die Kandidaten werden gebeten, eine Liste zu erstellen und eine Rangfolge der Kandidaten nach ihren Leistungen festzulegen.

Die Teilnehmer in eine Reihenfolge bringen

Das Peer-Rating ist präziser: Hier geht es darum, das Verhalten der Teilnehmer in den einzelnen Übungen zu bewerten. Wer war der Beste in der Gruppendiskussion? Wer die Zweitbeste? Wer war die Beste in der Themenpräsentation? Wer der Zweitbeste? Manchmal bekommen Sie auch Skalen vorgegeben, beispielsweise eine Skala von eins bis sechs, auf der Sie das Verhalten der anderen oder das eigene Verhalten in den einzelnen Übungen einordnen sollen.

Taktische Selbsteinschätzung

Die Einschätzung der anderen fällt meistens nicht schwer. Problematisch ist eher, das eigene Verhalten taktisch geschickt zu zensieren. Wie sollen Sie sich entscheiden? Überheblich oder bescheiden? Bei allen Übungen Platz 1 oder lieber das Mittelfeld?

Wenn Sie von den Beobachtern befragt werden und die Möglichkeit haben, sich die Reihenfolge der Übungen, bei denen Sie sich selbst einschätzen sollen, auszusuchen, so sollten Sie Ihre Selbsteinschätzung mit den Übungen anfangen, in denen Sie am besten abgeschnitten haben. Große Zeitreserven hat man am Ende eines Assessment-Centers

Beginnen Sie mit Übungen, bei denen Sie gut abgeschnitten haben

nicht mehr, und so kommt es häufig vor, dass die Zeit für Ihre Selbsteinschätzung vorbei ist, nachdem Sie die Übungen genannt haben, in denen Ihr Abschneiden gut war. Auf jeden Fall bleibt die Signalwirkung der positiven Selbsteinschätzung hängen. Sind beispielsweise Ihre Gruppendiskussion und Ihr Vortrag besonders gut gelungen, heben Sie diese Übungen hervor und begründen Ihre Meinung.

Der Tendenz-zur-Mitte-Trick

Bei Übungen, die weniger gut gelaufen sind, können Sie dies ruhig zugeben. Aber nur, wenn Sie sich ganz sicher sind, dass die Beobachter zu ähnlichen Einschätzungen über Sie gekommen sind wie Sie selbst. Im Strafprozess und im Bewerbungsverfahren gilt schließlich gleichermaßen, dass Sie sich nicht selbst belasten müssen. Treiben Sie sich also nicht selbst in den Abgrund! Ansonsten gilt bei weniger gutem Abschneiden der bewährte Tendenz-zur-Mitte-Trick. Wenn Sie eine Übung nicht absolut »verbockt« haben, ordnen Sie Ihr eigenes Verhalten bei weniger gut gelaufenen Übungen etwa in der Mitte einer gedachten oder tatsächlichen Bewertungsskala ein. Von dieser Position aus können Sie im schlimmsten Fall immer noch etwas nach unten abweichen, ohne dabei allzu großen Gesichtsverlust zu erleiden oder womöglich als kritik- und reflexionsunfähig zu gelten.

Rechnen Sie mit Nachfragen

Mit Nachfragen der Beobachter zu Ihren Angaben über sich selbst und über die anderen Kandidaten müssen Sie natürlich rechnen. Wichtig für Ihre Begründungen bei den Selbst- und Fremdeinschätzungen ist, dass Sie immer sichtbares Verhalten und keine bloßen Vermutungen über innere Beweggründe als Ausgangspunkt Ihrer Bewertungen wählen. Nur beobachtbares Verhalten ermöglicht es Ihnen, Eindrücke und Schlussfolgerungen mit den Beobachtern auszutauschen.

AUF EINEN BLICK

Auf einen Blick
Selbst- und Fremdeinschätzung

→ Bei der Selbst- und Fremdeinschätzung lassen sich das Peer-Ranking und das Peer-Rating unterscheiden.

→ Beim Peer-Ranking werden die Kandidaten aufgefordert, eine Rangliste der besten Teilnehmer zu erstellen.

→ Beim Peer-Rating müssen die Kandidaten das Verhalten der Teilnehmer in den einzelnen Übungen einschätzen.

→ Die Selbsteinschätzung der Kandidaten über das eigene Abschneiden im Assessment-Center dient dazu, ihre Reflexionsfähigkeit zu überprüfen.

→ Ihre Selbsteinschätzung sollte nicht zu weit von den Bewertungen der Beobachter entfernt sein.

19. Englisch – die neue Herausforderung

Immer häufiger werden in Assessment-Centern Interviews in englischer Sprache durchgeführt, oder Sie müssen Ihre Selbstpräsentation in englischer Sprache vortragen. Präsentieren Sie sich hier mit schlechten Englischkenntnissen, verpatzen Sie den Auftritt. Machen Sie es daher besser: Entwerfen Sie schon im Vorfeld Ihre englische Selbstpräsentation und bereiten Sie sich auf englische Fragen im Interview vor!

Ihre Selbstpräsentation auf Englisch

Der unvorbereitete Bewerber

Ein unvorbereiteter Bewerber könnte sich wie folgt präsentieren: »When I finished school, I didn't really know what I wanted to do. Luckily my parents talked me into starting an apprenticeship. The things we had to do in training weren't always very interesting, though. I remember how we had to spend hours filing bits of metal, until one of the older apprentices came up with the idea of doing them on the lathe. Well, some of the things you have to do as an apprentice are a bit pointless ... All the same, I passed my final exam. The company couldn't give me a permanent position, but they kept me on for a while. Then I started looking for another job.«

Hier hat ein Bewerber übersehen, dass Personalverantwortliche vorrangig an seinem beruflichen Profil interessiert ist. Sie möchten aus der Antwort heraushören, was der Bewerber kann und ob er mit den neuen Aufgaben zurechtkommen wird. Natürlich spielt der Werdegang des Bewerbers eine Rolle, allerdings nicht in dieser Breite. Es gilt, unwesentliche von wesentlichen Informationen zu trennen. Der Bewerber hätte zudem auf konkrete Tätigkeiten innerhalb der einzelnen Beschäftigungsverhältnisse eingehen müssen. So allerdings liefert er nur Anekdoten und Allgemeinplätze mit wenig Aussagekraft.

Liefern Sie eine kurze Selbstpräsentation Ihres beruflichen Werdegangs, die Sie bereits zu Hause ausarbeiten und verinnerlichen sollten. Als Führungskraft sollten Sie sich dabei nicht in Details aus der weit zurückliegenden Ausbildung oder dem Studium verlieren. Konzentrieren Sie sich stattdessen darauf, möglichst viele Schnittpunkte zwischen Ihrer momentanen Position und der neuen Stelle herauszuarbeiten. Werden Sie konkret, indem Sie die Erfahrungen, Branchenkenntnisse und Erfolge betonen, die für die neue Stelle wichtig sind. Schließlich zeichnet sich der ideale Mitarbeiter dadurch aus, dass er ohne größere Reibungsverluste im neuen Job voll durchstarten kann.

Positivbeispiel

Eine bessere Selbstpräsentation könnte folgendermaßen lauten: »After I finished school I decided to do an apprenticeship as an industrial mechanic. Even as an apprentice I was able to accompany installation teams on site. I also learned PLC programming with the company. When I finished my apprenticeship, I stayed with the same company for a while, then I moved over to the machine tools sector. At the moment I'm responsible for plant commissioning. Close liaison with the client and developing tailored solutions are important aspects of my work. Your job advertisement also mentioned preparing documentation and training colleagues – those are already part of my duties.«

Der Bewerber stellt in dieser gelungenen Selbstpräsentation sehr gut Überschneidungen bisheriger Tätigkeiten mit den Aufgaben in der neuen Stelle heraus. Er weist auf seine konkreten Erfahrungen in der Inbetriebnahme hin. Es fallen die wichtigen Schlagworte Dokumentation und Schulung von Mitarbeitern, und auch seine Branchenerfahrung macht der Bewerber deutlich. Eine gute Antwort, die den Personalverantwortlichen verdeutlicht, dass der Bewerber weiß, was auf ihn zukommt, und dass er die richtigen Kenntnisse und Erfahrungen mitbringt.

Englisch im Job-Interview

Es ist wichtig, mit genügend Material in das englische Interview im Assessment-Center zu gehen. Eine gut ausgearbeitete Selbstpräsentation auf Englisch ist auch hier ein hervorragender Sicherungsanker. Darüber hinaus sollten Sie sich schon vorab mit typischen Fragen intensiv beschäftigen. Im Folgenden zeigen wir Ihnen die verschiedenen Themenbereiche, die in englischen Job-Interviews angesprochen werden.

ÜBERSICHT

> **Die wichtigsten englischen Fragen im Überblick**
>
> Fragen zur beruflichen Qualifikation:
> → Why should we give you the job? (Warum sollten wir gerade Sie einstellen?)
> → What can you do for us? (Was können Sie für uns leisten?)
> → Are you customer-oriented? (Verfügen Sie über Kundenorientierung?)
> → How good are your PC skills? (Wie gut sind Ihre PC-Kenntnisse?)
>
> Fragen zum Unternehmen:
> → What do you know about our company? (Was wissen Sie über unsere Firma?)
>
> Fragen zur persönlichen Qualifikation:
> → How do you cope with change? (Wie gehen Sie mit Veränderungen um?)
> → How do you motivate yourself for work duties? (Wie motivieren Sie sich für berufliche Aufgaben?)
> → Do you have a realistic self-image? (Ist Ihr Selbstbild realistisch?)
> → How do you deal with conflict? (Kennen Sie Ihr Konfliktverhalten?)
>
> Fragen zur Führungserfahrung:
> → What kind of people manager are you? (Wie führen Sie Ihre Mitarbeiter?)

Überlegen Sie sich für jede Frage individuelle Belege mit Praxisbezug, mit denen Sie Ihre Antworten plausibel formulieren können. Zur Orientierung geben wir Ihnen hier ein paar nützliche Beispielformulierungen an die Hand.

Beispielformulierungen für das englische Interview

ÜBERSICHT

»My duties to date have included ....
and ....«
(»Zu meinen bisherigen Aufgaben gehörte ....,
.... und ....«)

»The main emphasis of my work is ....
and ....«
(»Schwerpunkte meiner Arbeit sind ....,
.... und ....«)

»In recent years I've systematically developed my knowledge of
....,
.... and ....«
(»In den Bereichen ....,
.... und ....
habe ich meine Kenntnisse in den letzten Jahren gezielt ausgebaut.«)

»In my university studies / training / professional development I specialised in ....,
.... and ....«
(»Im Studium / der Ausbildung / der Fortbildung habe ich mich auf die Bereiche ....,
.... und ....
spezialisiert.«)

»I was involved in the ....
and .... projects.«
(»Ich war an den Projekten ....
und .... beteiligt.«)

»My responsibilities include ....
and ....«
(»Mein Verantwortungsbereich umfasst ....,
.... und ....«)

→ FORTSETZUNG AUF DER NÄCHSTEN SEITE

»My particular strengths are in the areas of ....
.... and ....«
(»Besondere Stärken habe ich in den Bereichen ....
.... und ....«)

»In my last job I dealt with ....,
.... and ....«
(»Auch bei meinem letzten Arbeitgeber habe ich die Aufgaben
....,..
und .... bearbeitet.«)

»In the short term / medium term I'd like to take on responsibility for ....«
(»Kurzfristig / mittelfristig möchte ich Verantwortung als ....
.... übernehmen.«)

»I'm keen to make use of my experience in this new position.«
(»Meine Erfahrungen würde ich gerne bei Ihnen einsetzen.«)

Mehr Tipps zur Formulierung Ihrer englischen Selbstpräsentation sowie 200 englische Fragen und 400 Beispielantworten finden Sie in unserem Ratgeber *Das überzeugende Vorstellungsgespräch auf Englisch*.

AUF EINEN BLICK

Auf einen Blick
Englisch im Assessment-Center

→ Führen international agierende Unternehmen Assessment-Center durch, müssen Sie damit rechnen, Ihre Selbstpräsentation auf Englisch zu halten. Auch im Job-Interview könnte man Ihnen Fragen auf Englisch stellen.

→ Stellen Sie auch bei einer englischen Selbstpräsentation Ihr berufliches Profil in den Mittelpunkt.

→ Liefern Sie einen kurzen Abriss Ihrer beruflichen Entwicklung, gehen Sie auf Ihre Erfahrungen und Branchenkenntnisse ein. Und weisen Sie auf berufliche Erfolge hin.

→ Setzen Sie sich bereits in der Vorbereitungsphase mit typischen Fragen aus englischen Job-Interviews auseinander und überlegen Sie sich überzeugende Antworten.

Fit für das Assessment-Center

Für Ihren Erfolg im Assessment-Center ist eine konstruktive Auseinandersetzung mit den Sie erwartenden Übungen und Aufgabenstellungen unverzichtbar. Unser Ratgeber zur Vorbereitung von Assessment-Centern hat Sie mit den besonderen Anforderungen der Übungen und Aufgabenstellungen vertraut gemacht. Sie wissen nun, was Sie erwartet und wie Sie reagieren können.

Verhalten Sie sich situationsangemessen

Lassen Sie sich nicht von der Ansicht, dass im Assessment-Center »natürliches Verhalten« gefragt sei, ins Abseits manövrieren. Verhalten Sie sich situationsangemessen. Setzen Sie in jeder Übung die speziellen Techniken ein, die wir Ihnen vorgestellt haben. Assessment-Center sind durch gezielte Vorbereitung positiv zu beeinflussen. Die Vorarbeit, die Sie mit diesem Ratgeber geleistet haben, wird Ihnen dabei helfen, Erfolge im Assessment-Center zu erzielen.

Der Einsatz von Assessment-Centern wird weiter zunehmen. Diese Entwicklung können Sie bedauern oder begrüßen. Aber Sie werden Assessment-Centern nur schwer aus dem Weg gehen können, wenn Sie Karriere machen wollen.

Stellen Sie Ihre Stärken heraus

Zeigen Sie den Beobachtern, dass Sie mit Druck umgehen können und auch unter starker Belastung handlungsfähig bleiben. Erweisen Sie sich als kompetent und souverän im Umgang mit den anderen Teilnehmern. Sie müssen die anderen Kandidaten nicht aus dem Weg räumen. Stellen Sie lieber Ihre eigenen Stärken heraus und beweisen Sie, dass Sie auch schwierige Situationen handhaben können. Der Rückschluss der Beobachter, dass Sie sich auch in der zukünftigen beruflichen Praxis souverän verhalten werden, wird Ihnen Türen öffnen, die Ihnen sonst verschlossen blieben. Nutzen Sie die Chancen, die Ihnen Assessment-Center bieten. Setzen Sie sich positiv in Szene und empfehlen Sie sich für Top-Positionen.

Viel Erfolg wünschen Ihnen

Christian Püttjer & Uwe Schnierda

Register

A

Ablagebearbeitung 218
Abmahnung 170
Abwertungen 88
Analytisches Denken 13, 31, 35, 39, 156, 215, 219, 269
Anforderungsprofil 32, 39
Angriffe, persönliche 145, 159, 185, 192 f., 234
Antipathie-Effekte 48 f., 51, 56, 59
Antipathien, persönliche 144, 208
Argumentationsblock 135 f., 139
Argumentationsgeschick 219
Argumentationshilfen 153
Argumentationslinien 142, 211
Argumentationsstrategien 135
Argumentationsstrukturen 9, 117
Aufgeschlossenheit 267, 269
Aufsatz 26, 28 f., 34, 64, 66 f., 69, 211, 213 – 217, 247
Aufsatzthemen 214
Aufsatztyp 213
Aus der Beratungspraxis
- Der nette Chef 163
- Der strenge Chef 16
- Die Lotto-Frage 112
- Ein ganz normaler Start im Assessment-Center 82
- Hilflosigkeit in Aktion 187
- Heimarbeit 212
- Kampfstimmung 259
- Kampfstimmung in der Gruppendiskussion 117
- Verschwörer unter sich 105

Ausdauer 47, 51, 56, 156, 174, 176, 180, 215, 219, 250
Ausdrucksvermögen
- schriftliches 211
- sprachliches 46 f., 219

B

Begeisterungsfähigkeit 39, 46 f.
Beispiel(e)
- Aktivität im Bereich Vertrieb 93
- Angestaubte Themen 125
- Argumente für zukünftige Führungskräfte im Versicherungswesen 132
- Aufgaben im Griff 42
- Aufgaben im Postkorb 220
- Aufgabenstellung zur Themenpräsentation 191
- Aufgeschlossenheit 267
- Berufliche Qualifikation 190
- Brainstorming: Unterstützung des Vertriebs 194
- Der Bezug zum Beruf 214
- Der Diskussionseinstieg 139
- Der Draht zum Beobachter 74
- Der verärgerte Kunde 179
- Der Vermittler 145
- Die Brücke 158
- Direktheit 270
- Diskussionsthemen 122
- Erfolg 260
- Fachliche Anforderungen im Bereich Marketing 92
- Fachliche Kompetenz 37

- Führerlose Diskussion mit Rollenvorgabe 127
- Führungskraft im Versicherungswesen 130
- Geführte Diskussion mit Rollenvorgabe 129
- Geführte Diskussion ohne Rollenvorgabe 128
- Gesprächsthemen für Pausen 110
- Gute Miene zum bösen Spiel 95
- Heiligenschein 50
- Individuelles Profil im Bereich Personal 94
- Joker der Diskussionsführung 146
- Konflikte entschärfen 144
- Körpersprache zwischen den Fronten 150
- Kritik 262
- Misserfolg 261
- Mitarbeiterpotenzialanalyse 60
- Namen in der Gruppendiskussion einsetzen 143
- Persönliche Angriffe auflösen 146
- Politische Themen 191
- Position im Visier 263
- Qualitätsverbesserung 135
- Reden ist Silber 49
- Schlagwortartige Selbstbeschreibung 98
- Schlagworte und Schlüsselbegriffe herausfinden 98
- Schlagworte und Schlüsselbegriffe im Vortrag 195
- Schlagworte und Schlüsselbegriffe in Diskussionen 138
- Schlusszusammenfassung 143
- Schweigende Teilnehmer 145
- Sieben Schritte zum Thema Vertriebsunterstützung 198
- Soziale Kompetenz 86
- Soziale und methodische Kompetenz als IT-Berater 94
- Teamfähigkeit 268
- Teamkompetenz 262
- Themen in Kundengesprächen 174
- Themen in Mitarbeitergesprächen 165
- Themenfindung 124
- Unterstellungen 272
- Warum Sie? 214
- Zukünftige Entwicklungen 189
- Zwischenzusammenfassung 142

Belastbarkeit 13, 31, 39, 182, 192, 206, 253
Belastungsfähigkeit 35 f., 56, 148, 269
Beobachtungs- und Bewertungsbogen 46, 51
Beratungskompetenz 176
Bewerberfehler 86
Bewerberprofile 66
Bewerberrunde 21
Blickkontakt 107, 157, 182, 186, 189, 208 f., 274
Blockaden 71, 170, 183
Blockadehaltung 74, 118, 145, 170
Brainstorming 135, 157, 193 f., 198, 205
Business-Cases 235 f., 245

D

Direktheit 270
Durchschnittsbewerber 84 f.,
Durchsetzungsfähigkeit 39, 51, 123, 269

E

Eigendynamik, zwischenmenschliche 160
Einfühlungsvermögen 36, 39, 47, 51, 201, 269
Einzelassessment 21, 60 f., 70 – 75
Emotionale Stabilität 192, 207, 219, 258, 272, 275 f.
Emotionaler Quotient (EQ) 53
Engagement 39, 269
    - ehrenamtliches 82, 109 f.
Entscheidungsbereitschaft 39, 219
Entscheidungsfindung 124
Entscheidungskompetenz 235
Entschlussfreude 269
Erfolgsquote 12, 17

Erwartungen
- von Bewerbern 66, 109
- von Unternehmen 10, 35, 42

F

Fachliche Kompetenz siehe Kompetenz, fachliche
Fachwissen 16, 19, 35 f., 38, 40 – 42, 121, 123, 237
Fallstudien 26, 28 f., 34, 73 f., 78, 235 f., 245
Fleiß 56
Flexibilität 30 f., 35, 39 f., 47, 51, 73
Freizeitorientierung 86, 103
Fremdeinschätzung 26, 29, 34, 278 – 280
Führungskompetenz 46 f., 51
Führungsstärke 269
Führungsverhaltenstraining 21

G

Gelassenheit 148
Gesprächsführung 17, 73, 150, 162, 170, 181, 183 – 185
Gesprächstechniken 13, 41, 141, 162, 166
Gesprächszeit 65, 162, 165
Gesprächsziele 161, 173
Glaubwürdigkeit 11 f., 83, 208
Grundhaltung 148, 183, 274
- entspannte 148, 157, 183, 277
- kritische 95
- passive 85
Gruppendiskussion 9, 14, 26 f., 29 f., 33, 45 – 49, 51, 58, 62 – 69, 75, 78 f., 108, 114, 117, 119 – 122, 125 – 132, 134 – 136, 138 – 141, 143, 146 – 152 f., 156 – 158, 219, 235, 279 f.

H

Halo-Effekte 48, 50 – 52, 59, 83, 102, 140
Hierarchiegefangener 54 f., 58 f.

I

Initiative 35, 47, 51, 82, 124, 180 f.
Intelligenzquotient (IQ) 53, 248
Intelligenztest 20, 66, 247 f., 255, 257

J

Job-Interviews 258 f., 276, 283, 287

K

Kollegenurteil 278
Kommunikationsgeschick 164
Kommunikationstricks 88, 92, 100, 103
Kommunikationsverhalten 51, 109, 149
Kompetenz
- außerfachliche 13, 16, 18 f., 31 – 33
- berufliche 37, 246
- fachliche 18, 37 f., 42 f., 72, 196
- kommunikative 108
- methodische 36 f., 41 – 43, 46, 53, 62, 72, 88, 92, 94, 103, 117, 121, 159, 206, 219, 276
- soziale 37, 39 – 42, 53, 62, 72, 86, 88, 92, 94, 103, 107 f., 117, 119, 121, 128, 143, 159, 206, 219, 276
- unternehmerische 236
Kompetenzbereiche 36
Kompromissbereitschaft 269
Konstruktionsübungen 26, 28 f., 34, 47, 63, 158 – 160
Kontaktstärke 269
Konzentrationstest 20, 247, 250, 255, 257
Kooperationstraining 21
Körpersprache 15, 45, 50 f., 81, 117, 120, 147 – 150, 157, 182 – 184, 186 f., 189, 192, 205 f., 208, 210, 258, 274, 277
Kreativität 13, 31, 39 – 41, 46 f., 51, 130, 269
Kritik 95, 96, 106, 173, 219, 261 f., 270, 272
- am Assessment-Center 25, 31
- am Auswahlverfahren 114
- konstruktive 115
- sachliche 166, 261 f.

– unsachliche 261
Kritiker 95
Kritikfähigkeit 39, 236
Kritikgespräch 64, 168, 211
Kritikunfähigkeit 280
Kundengespräch 26, 47, 51, 64, 73 f., 78, 161 f., 173 – 176, 179, 181 – 186
Kundenorientierung 36, 39, 122, 139, 163, 284
Kundenwünsche 36, 174 – 176

L

Leerfloskeln 12, 86, 103, 276
Leistungsbereitschaft 58, 154, 263, 269
Leistungsfähigkeit 54, 58, 192
Leistungsmotivation 258, 260, 264
Leistungstest 20, 254

M

Management-Audit 21, 60, 68
Managementkompetenz 161
Medieneinsatz 46 f., 82 f., 193, 203, 205, 207, 209 f.
Menschenkenner 54 – 59
Merkfähigkeit 250
Methodenkompetenz siehe Kompetenz, methodische
Misserfolg 260 f., 265
Mitarbeitergespräche 9, 16, 50, 73, 161, 163 – 166, 168, 170 f., 185
Mitarbeiter-Kritikgespräch 16, 65 f., 73
Mitarbeiterpotenzialanalyse 21, 33, 60 f.

N

Negativbeispiel
– Durchschnittsbewerber 83, 85
– Selbstanklage 86
Neutralität 96
Normalverteilungs-Fehler 48, 53, 59

O

Offene Fragen 167
Offene Kommunikation 61
Orientierungsmittel 203

P

Passgenauigkeit 11 f.
Passivität 85, 103
Pausengespräche 81, 104 f., 110, 112
Peer-Ranking 279 f.
Peer-Rating 279 – 281
Personalauswahl 19 – 21, 25, 30 – 33, 44, 60 – 62, 64 f., 67, 247
Personalauswahlverfahren 13, 18 f., 32, 46, 57, 106, 116, 278
Personalentwicklung 21, 30, 33, 47, 55, 60, 68, 70, 94, 139, 172, 247
Personalentwicklungsseminar 21, 33
Personalentwicklungssystem 190
Persönlichkeitstest 20, 55, 247 f., 253 f., 257
Planspiele 29, 73 f.
Positivbeispiel
– Selbstpräsentation 87, 89, 283
– Weiterbildung 90
Postkorb 26, 28 f., 34, 61, 63, 67 f., 73 f., 218 – 224, 233 f.
Profil 64, 68, 73, 80, 90
– berufliches 9, 11, 81, 282, 286
– individuelles 86, 93, 103
Profilierung, fachliche 39
Profil-Methode 10 – 12

Q

Qualifikationsprofil 53, 90

R

Realitätssinn 47
Referenzen 20, 72
Reizworte 195
– negative 88
Relativierungen 88, 96, 270, 276

Rhetorische Fähigkeiten 28, 189, 205, 270
Rhetorische Stärken 187
Risikobereitschaft 269
Rollenspiele 26 – 29, 34, 161 f., 170, 182, 184, 219, 247
Rollenvorgaben 26 f., 62, 126 – 129, 153 – 155
Rückmeldung 32, 115, 139, 169, 202, 232, 279

S

Sachverhaltsanalyse 46 f.
Schlagworte 74, 88, 90, 92, 97 – 100, 103, 135, 138 – 141, 157, 194 – 197, 200, 202, 204 f., 209, 275, 283
Schlüsselbegriffe 88, 90, 92, 97 – 99, 103, 139, 141, 157, 195 – 197, 202, 204, 209, 275
Schlusszusammenfassung 85, 89 f., 134, 142 f., 157, 197, 201 f.
Schmollecke 262
Schwächen
 – des Bewerbers 32, 62, 74, 258, 266 f., 269 – 271, 276
 – des Assessment-Centers 30
 – von Führungskräften 30
Selbstabwertungen 12
Selbstanklage 86, 96, 103
Selbstbeschreibung 98, 107
Selbsteinschätzung 26, 29, 34, 74, 258, 260 f., 264, 267, 276, 278 – 281
 – taktische 279
Selbstherrlichkeit 96
Selbstkritik 270
Selbstpräsentation 9, 26 f., 29, 33, 46 f., 49, 61, 64 f., 67, 73, 79 – 85, 87 – 93, 95, 97 – 105, 108, 115, 213, 276, 282 f., 286
Selbstreflexion 276, 278
Selbstwahrnehmung 46 f.
Simultan-Effekte 48, 51 f., 59
Small-Talk-Themen 110 f.
Soft Skills 18
Soziale Kompetenz siehe Kompetenz, soziale
Soziales Kompetenztraining 21

Spannungsbogen 203, 205
Sprechtempo 149, 274 f., 277
Standardübungen 14
Stärken 30, 32, 62, 74, 115, 171, 187, 258, 266 – 269, 276, 286, 288
 – rhetorische 187
Stärkenorientierung 11 f.
Störversuche 201
Stressfragen 258, 272 f., 275
Stresspegel 211 f.
Stressresistenz 46 f., 51, 147, 186, 219, 258, 272
Stressstabilität 272
Stressverhalten 16, 272
Stressvortrag 191 – 193, 201
Sympathiebonus 49, 75, 80, 83, 102
Sympathie-Effekt 46, 48, 73

T

Teamfähigkeit 13, 39, 53, 158, 160, 267 – 269
Teamkompetenz 262 f.
Tendenz-zur-Mitte-Effekte 48, 52, 59
Tendenz-zur-Mitte-Trick 280
Testgläubiger 54 f., 58 f.
Themenfindung 124
Themenpräsentation 26, 28 f., 58, 79, 81, 111, 191 – 194, 197 f., 200 – 204, 206, 208, 279
Theorie-Praxis-Kompetenz 41

U

Übersicht
 – Ablauf von Mitarbeitergesprächen 166
 – Beispielformulierungen für das englische Interview 285
 – Die sieben Schritte der Themenpräsentation 197
 – Die wichtigsten englischen Fragen im Überblick 284
 – Übersicht Bewerberauswahl 19
 – Übungen im Assessment-Center 26

- Unternehmen, die Assessment-Center einsetzen 22
Überzeugungsfähigkeit 46 f., 61
Überzeugungsstrategien 120, 134
Übung
- Das aussagekräftige Profil 99
- Der Aufbau Ihrer Selbstpräsentation 91
- Der Neutralität verpflichtet 96
- Einstiegssätze 141
- Fallstudie mit typischen Aufgabenstellungen 237
- Fragen zur Selbsteinschätzung und Leistungsmotivation 264
- Ihre Argumente 133
- Ihre Meinung ist gefragt! 215
- Ihre Themenvorschau 131
- Kundengespräche 181
- Mindestlöhne in der Baubranche 152
- Mitarbeiterauswahl 151
- Mitarbeitergespräche 171
- Pausengespräche 110
- Postkorb 224
- Produktionsverlagerung 152
- Schlagworte und Schlüsselbegriffe aus Ihrer Branche 196
- Schwächen darstellen 271
- Stärken erkennen und vermitteln 268
- Stressfragen entschärfen 273
- Themen präsentieren 202
- Vorbereitung eines Vortrags 205
- Was erwarten Sie von Vorgesetzten? 156
- Wichtige Projekte 150
Übungstypen 9, 78
Unterbrechungsgesten 183, 186
Unternehmensstärken 78
Unterstellungen 146, 258, 272, 276

V

Verantwortlichkeiten 19, 85, 268
Verantwortungsbewusstsein 269
Verhaltensprofil 40
Verlässlichkeit 269
Verständnisfragen 192, 201
Verweigerungshaltung 126, 183
Vielredner 49, 149
Vorbereitungszeit 30, 61 – 67, 81, 117 f., 126 f., 135, 150, 157, 165, 181 f., 191 f., 202, 204
Vorstellungsgespräch 13, 18 – 20, 27, 46, 74, 114, 230, 258, 267, 271, 276, 286
Vorträge 9, 26, 45, 62, 80 f., 86, 148, 182, 187, 193, 200, 203 f., 206 f., 209 f., 219, 247
- Vorbereitung von 193
Vortragsschema 193, 197
Vortragsthemen 189
Vortragstypen 191, 193

Z

Zeitdruck 28, 30, 211, 218 f., 247, 250
Zeitmanagement 107, 165, 200 f., 220, 236, 273
Zielstrebigkeit 39, 273
Zusammenfassung (Auf einen Blick)
- Aufsätze 217
- Der Siegeszug des Assessment-Centers 33
- Einzelassessment 75
- Englisch im Assessment-Center 286
- Erwartungen der Unternehmen 42
- Fallstudien und Business-Cases 245
- Gut informiert 78
- Heimliche Übungen 115
- Gruppendiskussionen 156
- Job-Interviews 276
- Konstruktionsübungen 160
- Postkorb 233
- Rollenspiele 184
- Selbst- und Fremdeinschätzung 280
- Selbstpräsentation 102
- Subjektive Faktoren der Bewertung 59
- Tests 257
- Vorträge 209
Zwischenmenschliche Ebene 27, 161, 262

Püttjer & Schnierda: Coaching und Beratung

Unsere Angebote:

- → Bewerbungsunterlagen-Check
- → Vorstellungsgespräch-Coaching
- → Karriereberatung
- → Assessment-Center-Intensivtraining
- → Führungskräfte-Coaching
- → Rhetorik-Events

Preise und weitere Details zu den einzelnen Beratungsmodulen finden Sie im Internet unter **www.karriereakademie.de**

Püttjer & Schnierda
Raiffeisenstraße 26
24796 Bredenbek/Naturpark Westensee
Tel. 04334 183787
team@karriereakademie.de

Kostenlos:
15-teiliges Videotraining unter
www.karriere-akademie.de

www.karriereakademie.de

Für jede Bewerbung die passende Mappe.

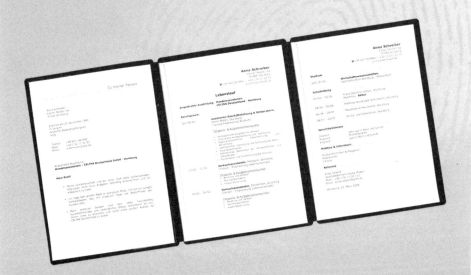

Individuell zum Erfolg.

www.pagna.de/bewerbung

PAGNA